精致教育系列读本

精致教育
叙事研究

主编 戴向平

重庆大学出版社

图书在版编目（CIP）数据

精致教育叙事研究／戴向平主编. -- 重庆：重庆
大学出版社,2023.2
ISBN 978-7-5689-3519-7

Ⅰ.①精… Ⅱ.①戴… Ⅲ.①教育研究—文集 Ⅳ.
①G40-03

中国版本图书馆 CIP 数据核字（2022）第152507号

精致教育叙事研究
JINGZHI JIAOYU XUSHI YANJIU
主编 戴向平
策划编辑:唐启秀
责任编辑:李桂英　　版式设计:唐启秀
责任校对:夏　宇　　责任印制:张　策
＊
重庆大学出版社出版发行
出版人:饶帮华
社址:重庆市沙坪坝区大学城西路 21 号
邮编:401331
电话:(023) 88617190　88617185(中小学)
传真:(023) 88617186　88617166
网址:http://www.cqup.com.cn
邮箱:fxk@ cqup.com.cn (营销中心)
全国新华书店经销
重庆华林天美印务有限公司印刷
＊
开本:787mm×1092mm　1/16　印张:14.75　字数:334千
2023 年 2 月第 1 版　2023 年 2 月第 1 次印刷
ISBN 978-7-5689-3519-7　定价:68.00 元

编委会

主　编　戴向平

副主编　杜文峰　　刘　春　　黄世亮

编　委　夏荣春　　陈道凡　　王　猛
　　　　廖杨琴　　谢　琴　　龙春莉
　　　　高传喜　　代　伟　　杜　艺
　　　　冉奉国　　邓　莉　　陈芳芳
　　　　周　跃　　何　会

序
XU

党的十九大做出"中国特色社会主义进入新时代,我国社会主要矛盾已经转化为人民日益增长的美好生活需要和不平衡不充分的发展之间的矛盾"的科学判断。随着我国社会主要矛盾的转变,广大人民群众对基础教育发展质量的期盼,也越来越多地表现为对美好教育的追求。尽管不同社会群体的教育需求呈现多样化特征,但总的来看,人民群众期盼更加精致、更加卓越的教育,其日益成为我国人民对美好生活向往的重要内容。基于人民对我国基础教育高质量发展的需求,重庆市教科院巴蜀实验学校不断提高学校办学质量,办好百姓身边的好学校,将"精致教育"确立为指引学校发展的办学理念。

学校"精致教育"的理念,不是空泛的口号,而是作为一种学校文化,要深深植入学校师生的心里,要渗透和融入学校生活的每一个角落。从英国教育家斯宾塞的"教育为完满生活做准备"到杜威"教育即生活"和罗素关于"教育与美好生活"的哲学探讨,教育总是与人类的美好生活息息相关。精致教育不仅是实现美好生活的关键,精致教育本身也是美好生活的一部分。马克思指出:"人的存在就是他们的现实的生活过程。"可见,精致教育扎根学校教育场域,必须融入师生的日常生活。教师作为学校教育的重要主体,在推进精致教育的过程中,发挥着不可替代的作用。教师对精致教育的理解和把握是否准确,关涉办学理念能否生长为学校文化,能否转变成学校教育生活现实。

教育叙事是通过教师的故事叙说来描绘教育行为、进行意义建构并使教育活动获得解释性意义理解的一种研究方法,对于促进教师专业成长有着重要推动作用。正是基于这种理念,经由教育叙事路径可以极大引领教师群体内化吸收精致教育理念,并将其贯穿于教育教学全过程。书中开辟了"精致教育""素质培养""教学策略""课程研究""体艺园地"和"教育感怀"六个模块,涉及教育教学多个领域,比较全面地呈现了不同教师群体对精致教育的叙事理解。

希望学校持续加强教师队伍建设,不仅要通过定期培训、专题教研以及课题研究等途径,更加深入理解精致教育办学理念的内涵和要义,而且要在教育教学活动全过程、在学校管理全环节、在学校文化建设全领域,持续有力地下功夫,让精致教育理念成为精致学校的强大引擎!

重庆市教育科学研究院副院长

正高级教师

万礼修

目 录
MULU

──── 教育感怀 ────

精致教育

从"宿而不家"到"寄宿而家"

——城市义务教育学校"寄宿生"问题破解的道与路

戴向平

随着城市化进程的加快和经济的快速发展,城市寄宿制义务教育正逐渐进入社会大众视野并得到家长认可。城市寄宿制义务教育学校中存在大量特殊的"留守儿童",家庭教育的缺位使得生活学习"全包全揽"的寄宿制学校承载着更多的育人责任。寄宿制学校使得教育场景过多地从家庭转移到学校,其实质是育人环境从"亲情之爱"转变到"制度权威"。传统寄宿制学校过于强调日常惩戒,学校将成为"规训在场"的完美铁笼,从关爱到规训的价值偏离导致寄宿生"宿而不家"。重庆市教科院巴蜀实验学校通过构建与实施"五全融合"生活涵养课程体系,探索出一条"寄宿而家"的破解城市义务教育学校"寄宿生"难题的道路。

一、"宿而不家"的学校责任与"寄宿而家"的学校图景

大多数城市寄宿制学生家庭条件较好,因为家长长期不能陪伴孩子,往往用金钱和物质进行弥补,这带来寄宿学生衣着华丽、零用钱较多等现象,从而导致攀比现象较严重。究其原因:一是学生学习发展不均衡。一方面,部分学生容易出现学习动力不足、专注力不够、学习不努力的情况;另一方面,也有部分学生见识广、能力强、起点高,形成了学习上严重的两极分化现象。二是学生人际交往能力不足。由于缺乏父母的有效引导,有些学生性格孤僻,加之社会交往面较窄,这些学生的人际交往能力等社会性发育存在一定局限性,表现为自我封闭的同时缺少与外人交往的信心。三是学生心理素质的不协调。家庭关爱的缺失容易导致部分学生产生自卑心理和孤独感,加上亲子沟通不畅和缺乏与同伴交往的技能,极易造成部分学生性格内向和安全感的缺失。城市"寄宿生"家长多为商业企业经营者、中高级管理者,家长工作繁忙,时间和精力有限,这些主客观条件导致他们不能花更多时间陪伴孩子成长,城市"留守儿童"这一特殊群体学习与生活面临着更大挑战。因此,生活学习全包的寄宿制学校成了这些家庭的最优选项,学校在承担教书育人职责的同时还要肩负生活照养的家庭功能。

重庆市教科院巴蜀实验学校是一所典型的城市寄宿制九年义务教育学校,于2003年8月由重庆市教育科学研究院、重庆市巴蜀中学和重庆市巴蜀小学整合各方优质资源联合创办。重庆市教科院巴蜀实验学校占地面积65亩,现有50个教学班,2 000余名学生,200余名教职工。重庆市教科院巴蜀实验学校实施封闭式寄宿制管理,解决家长因工作繁忙无法接送、辅导与陪伴孩子的困难。学生群体有的来自重庆市区家庭经济条件较好但家长工作繁忙而无暇照顾子女的家庭,也有来自周边农村父母在渝务工无暇照顾子女的家庭。每个"大周末"留校的学生数量并不确定,学生需要根据父母的安排来确定是否留校。重庆市教科院巴蜀实验学校经过十多年的办学经验总结,通过构建与实施"五全融合"生活涵养课程体系,探索出一条"家园化"住校养育机制。"寄宿而家"的学校生活使得学生感受到教师如父母般的温情和滋养,有效地促进城市特殊"留守儿童"的身心健康和协调发展,让"立德树人"真正落地生根。

二、以"五全融合"生活涵养课程促进"寄宿而家"的体系构建

"五全融合"生活涵养课程是基于陶行知"生活教育理论"中"生活即教育、社会即学校、教学做合一"的基本准则,秉持"帮助家长涵养孩子"的教育理念,整合学校人、财、物资源,形成全员参与、全学科融合、全天候践行、全过程渗透、全方位评价的课程体系与课程格局,具体阐释如下。

一是"全员参与"。重庆市教科院巴蜀实验学校建立专业生活老师、班主任与科任老师专兼职结合的师资队伍,争取家长、社会义工、社区志愿者等成为劳动生活课程的兼职、协同指导教师。同时,完善落实全员育人制度,教职工与学生定点结对,以考评方式督促教职工落实育人职责,逐步形成全校教职工、学生家长、社会力量等共同参与的育人格局。

二是"全学科融合"。该课程实现以下四类课程的有效融通:专题型课程培养学生打扫教室卫生、美化教室、班级劳动园地管理等生活技能,以及劳动安全、疾病预防与处理等适应能力;融合型课程体现为多学科融合,语文、思想品德等课程的融合提高学生对劳动的理性认识,数学、科学、物理等课程的融合加深学生对劳动的深层理解,体育、艺术等课程的融合升华学生的劳动人文情怀;活动型课程依据重庆市教科院巴蜀实验学校"五节双游"的整体设计,定期开展劳动节、科技节、感恩节、体艺节、少儿节以及春秋游学活动;生活型劳动教育课程在宿舍生活中培养学生的生活技能,逐渐让学生树立劳动自立意识。

三是"全天候"践行。①在学校生活中落实生活涵养课程:重庆市教科院巴蜀实验学校合理制定学年、学期计划,指导学生整理内务、自我约束、自主管理,开发丰富多彩的社团活动、评比表彰活动、献爱心活动;②在家庭生活中落实生活涵养课程:班主任和科任

老师不定期布置一项生活作业或实践作业,举办亲子运动会、亲子聚餐等活动,邀请家长参观学生宿舍或劳动成果;③在社会生活中落实生活涵养课程:重庆市教科院巴蜀实验学校以"进社区"方式开展垃圾分类、居委会宣传、社区交通管理等社会实践活动,通过开展研学旅行让学生体验种植、农产品加工等农业特色劳动。

四是"全过程"渗透。该课程采用"三阶五法"教学方法,即在活动"准备、实施、总结"三个阶段,合理使用"引导、点拨、启发、示范、激励"五种方法,以考察探究、设计制作、职业体验等形式,让学生参与多样化的活动场景与活动过程。

五是"全方位"评价。该课程坚持多元评价和综合考察的方法,充分肯定活动参与和情感体验的重要性,突出评价对学生的发展价值。该课程通过活动记录、档案记录等方式,将学生在学习与生活过程中的各种表现和活动成果作为分析考察课程成绩与学生发展的重要依据,对活动过程和结果进行综合评价。

三、以"五全融合"生活涵养课程促进"寄宿而家"的实施保障

为全面破解城市义务教育学校"寄宿生"难题,落实"五全融合"生活涵养课程,重庆市教科院巴蜀实验学校整合人、财、物资源,从体制机制构建、校园文化营造等方面予以保障,具体内容如下。

一是成立专门机构负责组织协调工作。重庆市教科院巴蜀实验学校成立生活涵养课程领导小组,选调教科室、教务处、学生处等部门负责人设置专门的生活涵养课程中心,由他们具体负责生活涵养课程的规划、组织、协调与管理等工作,制定并落实生活涵养课程的实施方案,整合校内外教育资源,统筹协调校内外相关部门,特别是加强与校外活动场所的沟通协调,保证生活涵养课程的有效实施。

二是优化生活涵养课程的内部机理。重庆市教科院巴蜀实验学校优化课程预设与生成的关系,统筹各年级、各班级学生的生活涵养课程的课时、主题、指导教师、场地设施等,加强与校外活动场所的沟通协调;优化课程实施与专题教育的关系,将优秀传统文化教育、革命传统教育、心理健康教育、环境教育等专题教育,转化为学生感兴趣的课程主题,通过亲历感悟、实践体验、行动反思等方式达到融合育人的功效。

三是建立生活涵养课程家校共育的联动机制。通过不断加强沟通、互动、协同、互助,形成"学校为核心,家庭为关键,学生为基础,教师为重点"的网格化生活育人实施体系,形成家校共育的联动机制。该机制通过家长会、家长学校、亲子运动会、亲子餐和学生生日会等形式把家长、学生和老师整合在学校场域内,凝聚劳动育人的家校合力。

四是加强生活涵养课程的基础设施建设。重庆市教科院巴蜀实验学校建有三个心理咨询室,一个科技室,一个图书馆,一个舞蹈房,一个武术馆,三个音乐室,两个美术室和两个书法室,开辟了劳动种植园,并为每个班级划定了种植园地,为生活涵养课程的开

展提供有力保障。重庆市教科院巴蜀实验学校进一步完善了校园的安全设施,增设了公共区域的摄像头,加固了护栏和围墙,实现了校园公共区域摄像头全覆盖,增强了校内公共区域防护设施的安全性。

五是营造生活涵养课程的校园文化氛围。重庆市教科院巴蜀实验学校投入专项资金,调动校内外资源,在小学部、学生公寓、教学楼走廊和墙壁等区域开展了以生活涵养课程为主题的物质文化建设;根据传统礼仪文化及《中小学文明礼仪教育指导纲要》,创编礼仪操词曲和动作,并在全校推广;以文体活动、教学活动、健康教育活动、主题班会和综合实践活动为推进生活涵养课程的突破口。同时重庆市教科院巴蜀实验学校完善制度建设,建立并完善了各类安全管理制度20余项,将安全演练、安全讲座、安全体验常态化、规范化。

经过重庆市教科院巴蜀实验学校十多年的实践与探索,"五全融合"生活涵养课程体系的构建与实施取得了显著的育人效果。在不同领域的各级各类比赛中,学校学生获奖人数和奖项数量有大幅提升,获奖等次也有提升,如近三年参加市级才艺比赛获得一等奖的学生人数为17人,获得二等奖的学生人数为48人。同时,重庆市教科院巴蜀实验学校助推特色办学模式,辐射与带动相关伙伴学校共同发展,如2018年9月至今,已有来自海南、山东、四川、青海、西藏等十多个地区的学校近5 000人次慕名前来学习,为解决城市义务教育寄宿制学校难题提供了宝贵经验。

|参考文献|

[1] 曾艳,胡文兰,贾效儒.城市寄宿生问题的社会工作介入研究:以安顺三联学校为例[J].安顺学院学报,2018(3):133-136.
[2] 胡国枢.生活教育理论的当代价值与世界意义:兼论陶行知生活教育理论的"三全"功能[J].教育研究,1997(10):36-40.

智慧课堂在精致教育中的困境与推进路径

夏荣春

生活水平的提高,激发了人民群众对优质教育的渴求,精致教育应运而生。精致教育始于美国课程改革中对"卓越课堂"的追求,其后,台湾师范大学的伍振鹭教授提出"精致教育",经吴清基博士的厘定和推广,"精致教育"成为 20 世纪 80 年代初泛行于中国台湾教育界的一种共识。精致教育是一种润物无声的教育境界,是一种完美的教育追求,是一种关注细节的严谨,也是一种欣赏差异的开放,更是一段让学生生命个体得到更充分的尊重与发展,让教师的生命价值得到更充分的体现与提升,让学生与教师共同收获生命成长幸福的教育旅程。精致教育要发展,离不开信息技术。2018 年 4 月,教育部发布的《教育信息化 2.0 行动计划》指出,要借助智能技术重构教育体系,力促我国教育信息化水平走向世界前列。2019 年 2 月,中共中央、国务院印发的《中国教育现代化 2035》提出,到 2035 年,我国总体实现教育现代化,迈入教育强国行列。教育现代化的实现依靠教育信息化,教育信息化的实现离不开课堂。在信息时代精致教育的推动过程中,智慧课堂建设任重而道远。

一、对智慧课堂内涵的认识

(一)智慧课堂是推动教育信息化的重要载体

教育信息化是教育现代化体系的重要组成部分,是人的现代化发展的重要基础工程,也是课程现代化发展的重要支撑。教育信息化的基础是信息技术在教育教学中的融合、创新与应用,其发展的高阶形态是智慧校园,教育信息化助力学生智慧学习,促进智慧教育的发展。教育信息化不能停留在信息技术在教学中的简单应用层面,而要做到信息技术与教学深度融合,解决教育的核心问题,变革现有育人方式。智慧课堂体现了学校教育信息化发展从理念到实践,从宏观到具体,落实到课堂教学的客观趋势。智慧课堂实现了学习目标由"知识化"向"思维化"转变,学习内容由"复制化"向"任务化"转变,学习评价由"终结性"向"过程性"转变,学习环境由"机械化"向"智能化"转变,这一系列的转变给当代学生赋予了更多现代属性。智慧课堂转变了传统的育人方式,使学生、学习和课堂更具信息化活力,教育信息化的推动,离不开智慧课堂的助力。

(二)智慧课堂是缩小教育城乡二元结构的有效路径

城乡二元结构是我国存在已久的问题,中国教育学会会长钟秉林指出现阶段中国教育入学难的问题得到了根本性缓解,矛盾已经由"上学难"转变成"上好学难",而好学校太少,解决问题的关键就是扩大优质资源供给。目前,一些"超级中学"出现并吸纳全省甚至全国的优生,双一流大学的大多数生源来自这些超级中学,如四川省的优质教育资源集中在成都和绵阳两个城市。若任由超级中学继续发展下去,教育失衡将带来马太效应。基于"互联网+教育"的智慧课堂在解决该问题上为我们指明了新方向。在精致教育的基础上,作为智慧课堂硬件支撑的信息技术可以突破时间和空间的限制,实现教育资源的高速传递和共享,甚至可以实现优质教师与偏远学生的远程教学。教育的复杂性特征决定了教育均衡发展的研究与实践是一个系统而复杂的动态过程,涉及政策、技术、人才与资金等诸多要素,但智慧课堂能在一定程度上缓解教育不均衡的问题。

(三)智慧课堂在新时代有利于培养学生核心素养

新时代人才的重要性在国际竞争愈发激烈的今天越来越突显,国际竞争实质是人才竞争,尤其是创造性人才的竞争。这要求当代青年必须真实学习、勤奋学习、创造学习、终身学习,这与我国提出的中国学生发展核心素养不谋而合。智慧课堂在培养学生发展核心素养方面功不可没。首先,智慧课堂能教学生运用最新技术,多元化解决问题,利用信息技术帮助学生理解问题;其次,智慧课堂能培养学生的信息意识,帮助学生健全人格和高效自我管理;最后,智慧课堂能有效培养学生的理性思维,锻炼其批判质疑的精神,让学生养成勇于探究的好习惯。综合以上三点,智慧课堂在社会参与、自我发展和文化基础方面发挥着不同程度的作用。

二、智慧课堂在精致教育中面临的困境

智慧教育是"互联网+教育"状态下的产物,是未来教育的发展趋势。在精致教育背景下,现只有少数发达地区能在学校推进并应用智慧课堂,在实践过程中,仍然存在一些问题。

(一)"硬件设施"不配套

智慧教育通过构建"云—台—端"整体架构,创设网络化、数据化、交互化、智能化学习环境,支持线上线下一体化、课内课外一体化、虚拟现实一体化的全场景教学应用,因此智慧课堂需要昂贵的硬件设备、专业的智慧教室以及高速的网络条件。如今,智慧课堂还处于起步实践阶段,学校的硬件设施不能完全跟上,如一个智慧教室至少需要一台电子白板以及与学生人数相同的平板电脑,一所学校有很多个班级和学生,按照智慧教室的要求,在上课时间,平板电脑和电子白板需求的数量是非常庞大的。就拿基本的硬件设施而言,实现智慧课堂需要昂贵的经费做支撑。智能设备的正常使用离不开网络的支持,学校普遍使用的网络连接方式是无线上网方式,在带宽总额一定的情况下,连接的智能设备越多,每个智能设备分到的数据就越少,网络速度就越慢,上传如视频、动画之类的资料需要的时间就很长,而这大大影响了智慧课堂的高效性。

(二)"教师应用"跟不上

智慧课堂的构建,除了需要基本的硬件支撑以外,还需要新时代智慧型教师的参与,只有在智慧型教师张弛有度的引导下,才能实现智慧型科技与教育教学相融合。智慧课堂的推广,是未来教育教学的趋势,我们需要一大批富有智慧型、创新型的教师去推动智慧课堂的前进。新时代的学生要具备信息意识,要有技术运用的素养,新时代的教师更应具备这些素养,这既有利于学生的全面发展,也有利于教师自身的专业成长。高新设备的使用依靠的是智慧型教师对高新技术的应用,目前各个学校的教师群体数量大且年龄跨度也较大,教师在短时间内根据自己教学所需灵活使用智能设备,这对教师队伍而言是一个很大的挑战,尤其是对于年龄较大的教师来说,他们对高新设备的使用存在很大难度,这使智慧课堂的教学效果大打折扣。

(三)"资源整合"难度大

智慧课堂本质上是一个动态开放的系统,开放的动态课堂有利于增强学生学习的独立性、自主性,让学生自己有意识地成为学习的主人。智慧课堂就是在这样的系统中去实现教学互动和实施教学影响。构建这样一个动态开放的系统,需要授课教师精心准备的丰富的教学资源作为支撑,现有的传统教学资源已远不能满足智慧课堂教学所需。相对于传统课堂教学已有的成熟配套资源来说,智慧课堂各科现有成熟配套资源数量不多,需要授课教师花费大量时间去收集整合资源,现有的网络资源虽丰富,但符合课堂教学所需的资源依然需要教师进行筛选。当下,教师的教学任务重,空余时间少,在有限的时间里整合符合智慧课堂教学的零散资源对当下教师而言是一大挑战。

(四)"学生重心"易偏离

教师利用智慧教学网络平台,可以通过抢答、点评、得分等多种方式激励学生,提高他们的学习兴趣。

同时,学生也可以自主利用网络搜寻相关资料。课堂是师生互动的场地,教师和学生的数量关系是一对多的关系,教师虽然可以通过智能设备监控学生的平板电脑,但监管不了学生的思想。当代学生从小生活在智能时代,对网络的兴趣非常浓厚,学生在智慧课堂教学中易将注意力和兴趣集中于新奇的网络资源,从而导致教学偏离主题。教育教学过程中,没有学生真真切切的参与,仅是教师唱独角戏,何来教学效果? 因此,智慧课堂利用网络平台开展教学是一把双刃剑,它对新时代智慧型教师提出了更高的要求。

三、智慧课堂在精致教育中的推进路径

"到 2030 年时使我国进入创新型国家前列"是习近平总书记提出的战略目标,实现这一战略目标离不开教育。信息时代的高速发展要求教育变革必须紧跟时代步伐,精致教育符合广大人民群众对优质教育的需求。精致教育背景下智慧课堂存在的问题,可以从以下四方面解决。

(一)设施上,加大资金投入

智慧课堂的建设离不开设备的支撑,购买设备需要大量的资金。全球创新型国家对教育的资金投入都比较大,经济在一定程度上支撑着教育的发展。首先,随着我国经济的不断发展,国家对教育的资金投入日渐增多,但我国是一个人口大国,教育资金投入的学生人均上数额并不乐观,因此,国家在教育的资金投入上还应继续加强。其次,近年来,民办教育蓬勃发展,民办教育集团一般都有较为雄厚的资金储备,且很多民办学校的硬件设施比较完善,民办教育的发展在一定程度上促进了智慧课堂的推广。最后,发展教育不仅仅是国家的责任,社会上每个公民都能为教育贡献自己的力量,政府及学校在适当时机可以通过募捐的形式获得资金。

(二)应用上,多方齐步提升

教师是课堂教学的主导者,硬件设施是教育教学的工具,昂贵的教育设备如果仅仅作为装饰品放在教室并不能体现其价值,能否做到物尽其用关键是使用者是否能因地制宜地运用设备。政府可以组织各类硬件软件的培训提升教师对新兴智能设备的基本运用能力;学校也可以定期聘请专家对教师进行思想和技术的培训;学校还可以以校本研修方式开展解决本校智慧课堂问题的活动或讲座;教师之间的相互交流和帮助也是提升教师应用能力的有效措施;当然,教师自身要有学习和进步的意识,教师可以通过网络资源自学以及进行自我反思来提高自己对智能设备的应用水平。

(三)资源上,建立资源中心

智慧课堂新兴不久,缺乏成熟配套的教育资源是智慧课堂发展初级阶段的正常现象。智慧课堂的发展不在于单一的某个学科、某个学段,而是多学科、多学段的,因此智慧课堂教育资源的整合是一个难度大、内容广、专业性强的大工程。各学科各学段的智慧课堂教育资源的应用关键在于各学科各学段的教师,他们是真正的智慧教育践行者,也只有他们知道什么样的资源符合学生的需要。一个人来整合本学科所需的智慧课堂教育资源劳神费力,难度也极大。所谓众人拾柴火焰高,举全国智慧课堂教师之力将本学科教育资源整合到一起,定能减轻教师整合资源的负担,同时促进智慧课堂的发展。各级教育主管部门可建立不同学科不同学段的多个资源共享中心,教师可将自己整合的资源上传至本学科本学段的资源共享中心,也可从该中心下载其他教师上传的资源,促进资源跨时间空间应用。

(四)重心上,家校共同督促

信息技术迅猛发展,学生对新事物的接收能力,尤其是信息技术方面比大人快,长远看来这是一个好的发展方向,但反映在智慧课堂教学上,学生容易出现偏离教学重心的问题,使教学效果大打折扣。针对学生的学习重心易偏离至网络新奇事物的现状,只有让学生提升自控能力才能防患于未然,捉矢于未发。家校共同督促是提升学生自控能力的有效途径。家庭方面,针对不同年龄段的学生,父母可通过不同方式来培养和锻炼学生的自控能力,如年龄较小学生的父母可选择讲故事、做游戏的方式,年龄较大学生的父母可以选择摆事实、讲道理的方式。学校方面,学生在学校生活的时间很长,班主任及科任教师可在日常教育教学中对学生进行自控力渗透教育,同时,教师在备课时注意提升课堂的趣味性,在课堂上加强对学生的关注。从内在提升学生的自控能力,外在加强课堂趣味性和教师对学生的关注度。

参考文献

[1] 刘晶晶.关于精致教育的再思考[J].学理论,2015(36):111.

[2] 中华人民共和国教育部.教育部关于印发《教育信息化2.0行动计划》的通知[EB/OL].中华人民共和国教育部.2018-04-18.

[3] 中共中央、国务院.中共中央、国务院印发《中国教育现代化2035》[EB/OL].中国政府网.2019-02-23.

[4] 刘邦奇."互联网+"时代智慧课堂教学设计与实施策略研究[J].中国电化教育,2016(10):51-56,73.

[5] 雷励华.教育信息化促进城乡教育均衡发展的国内研究综述[J].电化教育研究,2019,40(2):38-44.

[6] 王艳飞.智慧课堂构建中的问题及措施探究[J].机械职业教育,2018(2):52-54.

［7］刘邦奇,李新义,袁婷婷,等.基于智慧课堂的学科教学模式创新与应用研究［J］.电化教育研究,2019,40（4）:85-91.

［8］修丽.如何让学生成为课堂学习的主人［J］.新课程学习（上）,2015（4）:152.

［9］任维勤,曹骥春.客观认识"智慧课堂"的利弊［J］.人民教育,2018（19）:61-62.

浅谈班级的"精致化"管理

高传喜

近几年,重庆市教科院巴蜀实验学校大力推进"精致教育"管理理念并取得显著成效。而班级管理在学校的管理工作中举足轻重,同时班级管理效果的好坏将直接影响学生能否健康成长,关系到教育教学质量能否提高。班级实施"精致化"管理有利于培养学生养成良好的习惯。班级实施"精致化"管理在于强调求"精"求"细",就是说对于任何事情都要在"精"和"细"上做文章,尤其是学生必须摒弃陋习,要让好的行为习惯内化为潜在的意识,使之成为一种自然的良好习惯,从而让学生、班级实现自我管理。

在实践重庆市教科院巴蜀实验学校"精致教育"管理理念的过程中,我深刻地体会到班级的"精致化"管理是学校管理工作的关键,而抓好班风是班级"精致化"管理工作的重中之重。班风即班集体的作风,是班集体在长期的共同生活学习中形成的情绪、言论和行动上的共同倾向,是班集体的灵魂。良好的班风将为学生的成长和发展提供一种有效的动力和压力,使班级同学间形成和睦互助的关系,营造勤奋进取、文明礼貌的氛围,让学生具备遵守班集体行为规范和维护班集体荣誉的精神状态。作为一个班主任,我在重庆市教科院巴蜀实验学校的"精致教育"管理理念的指导下,从以下几方面开展班级的"精致化"管理工作。

一、精心设计班级目标,以目标教育鼓舞人心,统一思想

一个班集体就是一个生命体,需要有灵魂,没有灵魂的集体如同一把散沙,没有凝聚力,也没有向上的精神面貌。每次新带一个班级,在开学初我都会给学生们讲,我带的班级一贯是优秀班集体,我相信孩子们也会一如既往地努力上进,做优秀班集体中的一员。同时我提出"班荣我荣,班耻我辱""做文明学生,创精彩班级"等口号。我要求每学期期末班级必须获得学校的"精彩班级"称号,从而增强班级凝聚力,从思想上约束学生的行为,让学生明白,他们的言行不仅代表个人,更是代表一个班集体,让学生做事始终从集体利益出发,以集体利益这一面大旗来规范全班学生的言行,同时我以是否有利于集体利益为标准来处理班级中的事情,这也是最有力最公正的准则。我对于不良行为、不良

风气及不良思想的批评都有规可循,有章可依。每周的开始我都会开展以"责任心、上进心,增强自控力"等为主题的主题教育活动,随时以"精彩班级"的标准和要求去激励学生们努力完成这一共同目标。班级的发展总离不开每一个学生的努力,因此我总会让学生们结合学校开展的阶段性检测,确立自己每周的学习计划、每月的学习目标和每学期的学习目标,并与家长交流,相互督促学生实现目标,以个人目标和集体目标来推动班级的良性发展。

二、班级文化"精致"

用精致的班级文化理念促进班级和谐发展,让班级成为学生的第二个"家"。每当我看到孩子们热烈地学习讨论,欢笑打闹,或是为集体荣誉争得激动不已的时候,我总是有一种幸福感,我深深地感到班级就是一个"家",几年的共同生活会使学生们对这个有着共同快乐和烦恼,一起流过泪水和汗水的"大家庭"渐渐地拥有自觉维护的责任感与同舟共济的使命感。当班级成了他们的第二个"家"时,他们就会感受到亲如一家的温暖,形成荣辱与共的默契。所以,我把"家"的感受变成一种理念,从这里入手,用"家"的凝聚力感召和激励学生们关注集体利益,互帮互助,共同打造一个优秀的班集体。

(一)精心打造班级环境

教室的清洁卫生用具、桌椅和学生的学习用品等都按要求整洁摆放。我会用两到三周的时间让学生逐步养成习惯,让教室随时保持洁净明亮的环境,给学生一个舒适的学习生活环境。

(二)精心设计班级文化

初中阶段的学生恰好处于一个世界观、人生观和价值观正在形成而又未完全成型的阶段,初中生对社会虽然有了自己的一些看法但同时又极易受外界因素的影响,所以初中班级教育管理应当从引导学生塑造积极向上的人生理念开始。塑造班级的正面形象,宣传班级的正确理念,营造乐观向上的班级文化氛围,使学生首先对事情有一个正面的认识,知道班集体欣赏哪类学生,认同哪种做法,从而去做一个正直善良、积极乐观的学生,也由此形成正确的世界观、人生观和价值观。在这个过程中,教师关注学生的一举一动,通过班级宣传,随时给出反馈,透过细节引导正确的舆论导向,帮助学生建立正确的是非观,使班级的文化宣传成为学生的导航仪,引导他们选择正确的思想和行为方向。

三、班级管理制度"精致"

（一）精心选拔和培养班委干部

班干部是班集体的骨干,是班主任的得力助手,是师生联系的纽带,是班风建设的重要骨干。一个班级能否成为一个团结和谐的,有集体荣誉感的,有正确价值取向的集体,班干部是关键,因为班干部是学生群体的"领头羊",具有一定的影响力。班主任要把班干部培养成班上的榜样。榜样一旦形成,班风就会初步确立,正气就会得到弘扬,歪风邪气也就没了空间,以后的班级工作开展就会顺畅得多。所以,选拔和培养班委干部是班主任工作至关重要的一环,班主任应该优先确立班干部。班主任选拔班干部要遵循"先使用,后培养,在使用中培养"的原则和宗旨,善于发现各类特色学生,扬长避短,按照"带着走—推着走—放手自己走"的思路循序渐进去培养班干部。班主任在培养班干部的过程中要引导他们怎么去发现问题,怎么去解决问题,提高其组织和管理能力,从而让班干部最大限度地施展他们的才华。在班干部的任职过程中,班主任的职责就是教他们怎么干,怎么干好。凡是责任心强的班干部,班主任一定要大力地支持他们的工作,想方设法为他们搭建施展个人才华的平台,当然,对不能胜任的班干部,班主任则要及时调整,这样更有利于班主任工作及班级工作的顺利开展。

（二）精心设计班级制度

没有规矩,不成方圆。制定切实可行的班级公约,可以使班级工作做到有章可循,有章可依,避免班级工作的盲目性和随意性。班级公约的制定应遵循"人人有事做""事事做得好"的原则,让班级的每一个人都能参与到班级建设中去,这样才会体现班级的管理是每一个班级成员的义务和责任,使班级朝着良好的方向去发展。班级制度的"精致化"须明确每位班委及其他同学的职责,分工细致,责任明确,这样班主任才能有条不紊地管理班级,办事效率也一定不会太低。同时班主任的这种严谨、有序、高效、自信的工作风格,也会时时刻刻影响、感染着学生,对于班主任的管理工作来说,无形之中又助其一臂之力。

四、情感教育管理"精致"

苏霍姆林斯基认为"情感是获取知识的土壤和动力",而初中生的情感极为丰富,但他们又很不成熟,这就需要老师在平时的教育过程中重视学生的情感教育。"精致化"的情感管理常常会使班级管理充满人文气息,洋溢温情,充满真与美的魅力。在多年的班主任工作中,我认为情感管理的精致化主要体现在以下几个方面。

(一)关注生活细节

学生在学校度过大多数的时间,和班主任老师相处的时间常常超过了和父母相处的时间。我们除了关注学生的学习和思想之外,更要去关注学生的日常生活。在我看来,关注学生生活是一个基础性工作,尤其对住校生较多的班级来说,班主任更要用心用情去关注学生的点点滴滴。比如,天气突然变冷时,班主任提醒学生"寒流来了,该添衣服了";晚上查学生就寝情况时,提醒学生把被子盖好,不要冻着;在学生就餐时问候一声"能吃饱吗";学生周末放学回家时提醒一下"路上注意安全"……这些都会让学生感受到一种关爱。

(二)关注心理细节

中学生常常把自己的真实想法隐藏起来,内心的委屈、困惑和迷茫不会轻易对别人说出。因此,学生的心理问题常常带有很大的隐蔽性。关注学生心理细节,常常会在"山穷水尽"的尴尬中,收获"柳暗花明"的惊喜。走进学生的心灵,会看到另一片天空。

关注学生的心理需要我们在工作中用心观察,走近学生,与学生交流沟通,走进学生的家庭,去了解学生的生活状况,与学生建立和谐的师生关系,做学生的朋友,让学生愿意和你说话,愿意说真话。关注心理细节,用一股清泉去滋润学生的心田,那里一定会有鸟语花香,一定会绿意盎然,一定会风景无限,同样也会让班主任工作收获另一种乐趣与成就。

(三)关注学习细节

我们的学生在学习上是有困难的,而且这类学生的数量不在少数。学习上的停滞不前往往是他们最大的困惑,关注学习细节,我们要让他们在需要帮助的时候有人帮助,让学生保持继续学习的勇气和信心是我们首先要做的工作。

总之,班级的"精致化"管理既是一门科学,又是一种艺术。"精致化"的班级管理更是一种态度,我们要持之以恒,长期坚持就形成习惯,良好习惯就成为个性,这种个性终将影响学生的命运。从每个细节入手,把每件小事做"细"做"精"。"千里之行,始于足下",班级管理工作不是一蹴而就的,它存在于我们日常工作的每一个细节中,我们应尽心做好每一件事,并持之以恒。班级管理的每一件小事都是教育,教育是大事,作为班主任,只有时时关注细节,才能真正完成教育这一大事。

参考文献

[1] 周树香.初中班级精细化管理调查研究[J].学周刊,2015(34):197.
[2] 吴昌权.初中班级精细化管理研究[D].武汉:华中师范大学,2012.

谈后勤服务中的"精"

王 猛

遵循重庆市教科院巴蜀实验学校精致教育的办学理念,后勤服务工作的总体思想是精细入微,后勤得到了保障,学校的各项工作才得以顺利开展。在当前的后勤工作中,尤其注重管理的精细化,提升工作效率,保证工作质量,各方面落实"精",将"精"体现在管理与服务工作中。

一、管理上体现"精益求精"

管理必须求精求细,管理者对每一个过程的每一个环节,都要有精细意识,即使是最细微的部分也不忽略,从小事做起,每个岗位、每项工作、每个细节都要认真对待,精益求精,用心做好,并把这种思想贯穿于整个工作始终。各部门管理人员对每一项工作都要精心谋划,细致安排,日常管理中的每一个步骤都要精心,每一个环节都要精细,每一项工作都是精品。

"精"是对科学管理的追求,是一种追求极致的大众思维模式。一方面,管理者要有精细化意识,要强化精细意识,推行精细意识;另一方面,管理者要培养教育员工接受、实现精细化。精细化管理最大要旨在于人的思维模式的转变,要强化精细意识,求真务实,不断追求卓越。从点滴做起,在细微处着眼,脚踏实地,把每一细节做到做实,只有这样才能造平凡中的不平凡。

做任何事都必须行之有据,按章办事,有规可依。首先,制定各部门岗位职责,一日常规,将工作要求作为精细化管理的切入点,做到每一件事情都有目标,有落实,让每个人明确工作应当如何做,何时做,做到什么程度。其次,对工作态度、工作流程、工作方法和工作条件加以规范并贯彻执行。

二、服务上体现"精心服务"

学校后勤工作的服务包括物资管理服务、校舍管理服务、生活后勤服务和基本建设服务等诸多方面。学校的后勤工作没有一件事情小到不值得去做，也没有一个细节应该被忽略或忽视。环境布置、卫生保洁、水电气维修及供给、校舍维护、桌椅门窗维修、伙食供应、食品卫生、医疗保健、车辆安排、物品采购及供应、树木养护等，件件都是不起眼的琐碎小事，而这些繁杂小事如不认真对待或不及时处理，小到影响教学环境或某一方面，大到影响正常的教学秩序，甚至还会造成大的事故或隐患。所以管理者必须认真细致地对待每个细节，在细字上下功夫。

后勤工作的服务性和保障性很强，各部门在工作职责的基础上还必须进一步落实相应的流程和细则。如食堂工作流程是：每天早上五点工作人员到固定点位购买肉、蔬菜、食用油；同时食堂监管员做好记录和留样，监督食堂工作人员按照食品卫生要求进行操作；食堂每两周换一次菜谱，变换菜品。又比如在大家比较敏感的基建维修和大宗采购方面，后勤部一定是采用招投标的方式进行操作，其流程是：校长提要求，后勤做预算和标书，后勤工作人员通过校讯通、教师群和家长群等公众网络发布招投标信息，邀请院领导和本校行政人员现场对参与投标的公司进行综合打分，排出名次再现场谈价，杜绝"个人说了算"的情况发生。工作的细致通过工作流程体现，同时也给督促、检查和评价提供了依据和标准。

三、结果上体现"精彩纷呈"

各项具体服务工作的落实情况必须通过管理者对其的考核来完成。将精细化管理内容纳入各岗位人员的量化管理目标责任制进行综合考核，并将其作为评价考核各岗位工作业绩的重要依据，真正做到"点点滴滴求合理，细微之处见管理"。各项工作的好坏评价最终通过奖惩机制体现。在执行奖惩机制时，如果不能做出正确的考核那就无法进行奖惩，那就不能发挥奖惩机制的作用。

只有更好没有最好，这是大家都很熟悉的一句话。学校后勤管理工作人员必须坚持与时俱进，不断创新，以新的更高的要求不断自我鞭策，自我完善，必须熟悉后勤工作，精通各个重要环节。在后勤工作中人的智慧和经验起到非常重要的作用，但精细化管理必须提升成员的文化素质，加强培训，不断提高成员的各种能力，从而在精的前提下不断完善,不断创新。

宋朝的朱熹说:"治骨角者,既切之而复磋之;治玉石者,既琢之而复磨之。治之已精,而益求其精也。"也就是说,对任何事情要做到精密细致,好了还要更好。

把小事做细,细事做精。把简单的事情做好就是不简单,把平凡的事情做精就是不平凡,"精益求精""精心服务""精彩纷呈",这就是后勤人员的工作理念。

加强财务精细化管理
促进中小学民办教育高质量发展

冉奉国

民办教育是我国教育体系的重要组成部分,随着当前教育体制改革的步伐加快,民办教育已进入新的发展阶段,民办学校的财务管理也面临着前所未有的挑战。精细化和信息化的财务管理,是学校财务发展的必然趋势,提供适应学校发展的财务大数据源,是学校战略发展和科学决策的重要依据,更是学校持续健康高质量有品质发展的重要经济保障。

一、中小学民办学校财务精细化管理的目标

实施民办学校财务精细化管理,学校必须要先提高财务管理水平,使其管理流程更加规范化、系统化,从而提高其资金使用效率。学校财务精细化管理应以"细"入手,做到细致入微,在实际工作中将制度落实到位,利用完善的制度管理体系将财务管理落实到学校的各个环节,实现财务管理无死角,挖掘财务管理的价值。

二、中小学民办学校财务精细化管理的措施

学校财务管理,关系到学校的持续健康发展;学校财务的精细化管理,关系到学校高质量有品质的长远发展。财务管理要与学校战略发展一致,为学校的发展提供积极的支持和保障。

(一)资源配置科学化

民办学校应根据学校实际情况和战略发展需要,科学合理配置财务管理岗位,保证

财务精细化管理能够科学地开展。一是将财务制度落实到每一个相对应的工作岗位上，并能对其职能合理评价，明确岗位的任务和职责。二是在职能分解的基础上按性质和特点，分析设置具体岗位。三是将岗位按照标准进行系统的评比和衡量（对标检查）。四是对每一个岗位设置的工作性质、内容和任职资格等相关内容形成书面文件。

（二）规范化管理

民办学校财务操作行为规范化，就是严格执行规章制度，规范业务操作流程。一是明确分工，完善岗位职责。实施精细化管理主要在于落实职责，将责任具体明确化，将流程规范化，通过不断的检查和督促来确保人员恪尽职守，认真履职，确保财务管理的各个岗位分工明确，工作有序。二是定期检查，加强考核奖励机制。民办学校应加大财务管理制度的执行力，重点在制度的落实，通过自检和互检相结合等方式建立有效的工作约束机制和学校内控制度。由于中小学民办学校为非营利组织，学校应建立财务绩效考核指标体系和激励机制。

（三）建立有效的内控管理制度

建立财务内控制度是财务精细化管理的重要环节，学校内控管理主要体现在以下几点：

一是预算管理。根据国家相关财务法规，民办学校应按照以收定支的原则，合理规划来年的支出，确保经费不透支，保障学校的正常运转，并将其预算报告向教职工公示。在执行过程中，财务管理人员要严格执行学校财务预算，把预算工作全面落实到位，要加强学校预算执行分析工作，重点应落实事前和事中分析，要用客观翔实的财务数据为学校领导决策提供依据，以防止乱收费、侵占挪用教育经费和资产流失等情况的发生。

二是收支管理。收费做到有章可循，有据可依，学校要严格按照行政主管部门给学校审批的收费标准收取学生学费、住宿费和代收费。所有收入及时存入学校开设的账户，不准公款私存。收费印章和票据分别由专人保管，所有支出严格按照预算列支，学校要严格按照中央八项规定文件精神控制"三公"经费的支出，严禁滥发奖金、津贴、补助和福利。财务管理人员要注重所有支出原始凭证的真实性、合法性和完整性，支出凭证必须有报销人、验收人、部门负责人、财务负责人和学校负责人签字方可报入账。

三是采购管理。学校要严格按预算组织采购业务，按照规定组织采购活动和执行验收程序，保存采购业务相关档案。

四是资产管理制度。学校要实施资产管理使用责任制，定期对资产进行清查盘点，对账实不符的情况及时进行处理，按照行政主管部门规定处置资产。

五是建设项目管理。建设项目严格履行审核审批程序，学校要建立有效的招投标控制机制，不得出现截留、挤占、挪用和套取建设项目资金的情况，财务管理人员规范保存建设项目相关档案并及时办理移交手续。

六是合同管理。学校要实行合同规范管理制度，明确应签订合同的经济活动范围和条件，有效监督合同履行情况，建立合同纠纷协调制度。

(四)强化财务管理的履职尽责

一是加强学习,不断提高财务管理人员思想政治水平及业务知识技能。财务管理人员学好用好会计法律知识,自觉树立诚信理念,努力构建学法、用法和守法长效机制。面对民办学校发展的新要求,财务管理人员要积极主动地去学习新知识,以更好地掌握财务管理的能力,不断提高财务管理水平,以合理利用经费,为学校理好财,管好财,履行好自己的职责。

二是提高财务管理人员职业道德水平。学校要树立财务管理人员的责任感和荣誉感,优化财务职业道德环境,用良好的职业道德和严格的财务制度来不断约束财务管理人员的职业行为。

三、中小学民办学校财务精细化管理的不断创新

(一)财务内控管理的精细化落地

在财务管理日常内控方面,使用分级管理、分类管理和分阶段管理的模式,强化责任,履职尽责。将财务管理内容细化至每个科室、每个教研组以及每一个与此相关的责任人。设置相应的管理目标和负责人,形成相应的过程记录,真正实现精细化管理的落地。

(二)借助信息化建设促进财务精细化管理

建立财务管理信息数据库和信息共享平台,定期整理财务各个模块数据并进行有效的对比分析,并将所有的财务信息传送到平台上,形成财务数据包。通过数据来了解学校财务发展现状和趋势,为财务预算管理提供依据,为学校的战略规划和发展提供可靠的财务参考。

(三)财务考核机制的新探索

1.财务会计方面

(1)规范会计业务核算考核。财务管理人员要按照会计基础工作规范化要求,正确核算会计业务,按照财政部门规定使用会计科目,按业务分类进行业务核算,正确完整地填制凭证、账簿。

(2)规范收入业务管理考核。财务管理人员要按票据管理要求,正确使用票据,按规定办理票据的领、用、销手续。学校要严格按照行政主管部门审批的收费项目收费,收费

项目、标准、金额清楚,资料齐全。

(3)规范支出业务管理考核。学校要按国家财政部门规定科学列支学校经费,杜绝滥支滥用现象发生,报销凭证签字流程完整,所有支出有据可依。

(4)科学编制财务报表考核。财务管理人员要依据会计基础资料,按科目类别编制会计报表,保证会计报表的真实性、准确性、及时性、合法性。

(5)规范会计档案考核。学校要建立档案目录,完善档案保管设施,加强会计档案保管,建立档案查阅制度。

2.财务管理方面

学校严格执行行政主管部门收费政策和资金管理条例,杜绝乱收费行为,确保学校资金安全。学校建立往来资金台账和资产动态管理制度,定期对资产进行盘点、核查,控制债务发生,保证账物一致。此外,学校对包括食堂管理在内的其他项目管理,加强定期账务清理、核算,控制成本。

总之,中小学民办学校财务精细化管理是个系统工程,财务管理工作的开展与学校教育教学工作息息相关。提高管理水平,正确认识精细化财务管理的重大意义,通过精细化财务管理服务学校教学的同时,实现资金使用的规范化和使用效率的最大化,才能积极推动学校高质量健康发展,为"办人民满意的教育"做出积极的贡献。

素质培养

基于核心素养的中学生劳动素养培养路径

何 会

21世纪是智能化、数字化和信息化的时代,社会的劳动形态及形式正发生翻天覆地的变革,因此赋予了劳动素养新的内涵。就中学教学而言,劳动教育处于被边缘化的状态,培养中学生劳动素养的高效途径是对学生进行劳动教育。习近平在2018年全国教育大会的讲话中特别指出:"要努力构建德智体美劳全面培养的教育体系,形成更高水平的人才培养体系。"这是在新时代、新国情背景下,他对劳动教育的落实提出的更高要求和期许。就五育而言,劳动教育是德育、智育、体育、美育的基础,没有劳动就没有教育,劳动教育具有根和魂的作用,是实现整体育人和全人培养的必要条件。家庭、学校和社会在劳动教育方面均不同程度地对学生施加影响,但家庭及社会在此方面的教育影响是零散的、片面的、单一的,且中学生对这些隐性教育没有甄别能力,故中学生劳动素养的培养主要在于学校劳动教育,中学学校劳动教育任重而道远。

一、培养学生劳动素养的必要性

(一)劳动素养的重要性

1.劳动素养对个人的重要性

劳动教育是培育学生核心素养的关键工程。人与动物的区别在于人能制造和使用工具并利用工具进行劳动,劳动创造了人类,也促进了人类的发展。纸上得来终觉浅,素养形成需躬行。首先,劳动可以强身健体,这是人类最基本的生理和安全需求;马斯洛需求层次理论表明,尊重和自我实现等高级需求的实现需要以低级需求的实现为基础。其次,在劳动过程中,学生可以将平时所学知识与实际问题相联系,在应用理论知识的同时提升学习能力、创新能力和协调能力,所以劳动教育要让学生正确认识劳动,培养学生尊重劳动、热爱劳动、善于劳动的价值观。最后,学生从事不同类型的劳动,能和各个劳动群体进行接触,促进人与人之间的相互了解与尊重,这有利于让学生更好地适应不断发展变化的劳动大环境。

2.劳动素养对社会的重要性

当今社会处于快速发展的时代，新知识层出不穷，知识和人才的竞争空前激烈。新时代需要的是德智体美劳全面发展的青年英才，而人的全面发展不囿于高学历、高分数，这需要我们的青年学生能通过对劳动真谛的把握，将劳动作为贯穿品德和知识的中心线索，在劳动素养的养成中把握理想未来，在劳动素养的养成中提升自身的综合素质，在劳动素养的养成中铸造自己的意志品格。在信息全球化的今天，各国综合国力的竞争实质是人才的竞争。致天下之治者在人才，人才是社会发展、国家进步的内在动力，国民素养的提高是社会发展的前提，劳动素养是核心素养的关键工程。

(二)当代学生劳动素养缺失

马克思在《资本论》中提出教育本身是要服务于生产劳动的，结合劳动才能显示出教育真正的本质，而目前学校教育在不同程度上与劳动脱节。在新一轮基础教育课程改革的过程中，学校教育从以"教师为中心""课本为中心"转化为以"学生为中心"，这是值得肯定的，但还未达到全面推进素质教育这个目标。苏霍姆林斯基说过："劳动素养是指人在精神发展上达到这样的阶段，这使人不为公共福利而劳动就觉得无法生活，这时劳动使他的生活充满着高尚的道德鼓舞，从精神上丰富着集体的生活。"显然，目前中学生的劳动素养离这个目标还有很远的距离。自改革开放以来，我国综合国力日渐提升，国民生活质量提升了，然而与之对应的中国学生自我生存能力却越来越弱，学生劳动量日渐降低，学生的劳动素养在社会的变革中也逐渐地缺失，这已是一个不容否定的事实。杜威反对传统教育的"书本中心"，主张"从做中学"，同时也强调"做"的重要性；陶行知也曾提出行是知之始，知是行之成。杜威提出的"做"和陶行知提出的"行"皆强调实践的重要性，对应的是全人培养的"劳育"即劳动教育，也就是对学生劳动素养的培养。

二、学校培养学生劳动素养存在的现实问题

(一)思想上:重视不够,为应试让路

受我国传统思想"劳心者治人，劳力者治于人"的影响，大众在思想上将劳动和学习对立起来，崇尚"智育"，轻视"劳育"，甚至将劳动作为未完成智育任务的惩罚，久而久之学生形成了"智"优于"劳"的观念，加重学生对劳动的轻视。在劳动教育实施过程中，学校及教师对此并不重视，以应付和敷衍的态度完成劳动教育，接收到该信号的学生从态度和思想上轻视甚至忽视"劳育"和劳动素养，形成了教育与劳动相脱离甚至相对立的现状，造就了一批又一批高分低能的学生，这对学生的全面发展极为不利。但事实上，劳动

创造了物质财富和精神财富,是人获得幸福的基本来源和现实保障。这些现状的形成与应试教育密切相关。目前新一轮课程改革已取得显著成效,但学校劳动教育方面的问题亟待解决。

(二)内容上:不同劳动教育课程缺乏有机联动

目前的劳动教育主要阵地包括思想品德课、劳动课、劳技课、学科实践课和学生德育场合五大板块。且这五大板块除了思想品德课和个别学科的实践课以外,其他课程并不是每个学校都有开设。这五个板块各自有各自的教学内容以及实施形式,不同的板块内容与形式对于培养学生的劳动素养而言是散乱无序的,缺乏整合联动。同时,学校给予学生的劳动教育更多的是教授最简单基本的劳动技能,对劳动价值、劳动观和劳动态度缺乏升华,处于浅尝辄止、浮于表面的状态。学生行为上的劳动技能与思想上的劳动理念也缺乏整合。一方面学校实施的劳动教育课程本就不多,另一方面各类劳动教育又缺乏整合联动,故劳动教育对学生劳动素养提升的收效微乎其微。

(三)保障上:师资不足,课时不够,缺乏物质基础

一定程度而言,教师水平是教育水平的表征,教育目的的实现离不开教师的参与,德智体美劳全面发展的优质均衡教育也是如此,劳动教育教师的专业发展是新时代落实劳动教育的保障。以往劳动教育基地主要是学农学工场所,劳动教育的工具主要是锄头、铁锹等,这在当今时代显得单调和狭隘,远远不能满足新时代劳动教育的需求。革新劳动教育模式,劳动教育教师是有力的推动者,没有专业的劳动教育教师的指引,学生的劳动素养不会自然而然形成,这好比无源之水,无本之木。而目前的中学学校中,几乎都没有专业的劳动教育教师,劳动教育教师均是由其他老师代替。从《基础教育课程改革纲要(试行)》的相关描述可以看出,关注技术,强调实践,追求创新是新时期劳动教育的新的实践导向,但当前学校劳动教育与上述强调的导向大相径庭,劳育实施多见于外显的、单一的、粗重的体力活动。开发新时期劳动教育课程需要一定的物质基础作为保障,所谓巧妇难为无米之炊,没有物质基础的劳动教育自然达不到预期目标。总体而言,当前劳动教育既缺乏专业的师资保障,又缺乏物质基础保障。

(四)时间上,课时不足

学生在中学阶段涉及中考和高考两个大型的考试,我们不否认中考、高考的重要性,但目前的中学教学将所有工作的重心都放在考试上,几乎没有劳动教育的容身之地。中学阶段,我国大多数学校劳动教育课程周的课时为一甚至是零,或是在学期内教师忍痛割爱几天让学生参与各类社会实践,教师在这似有非有的时间内漫无目的地培养学生的劳动素养,效果可想而知。教育者没有时间和精力的付出,受教育者谈何收获?但是事实上,并不是教育者不愿意付出时间和精力,而是教育环境的不允许,最大的问题之一就是劳动教育的课时不足,教育者也只能是心有余而力不足。

三、培养中学生劳动素养的优化路径

（一）将习近平"幸福都是奋斗出来的"的理念落实在劳动教育中去

习近平总书记曾指出："幸福都是奋斗出来的。"幸福永远都不是虚无缥缈的，人离不开劳动，劳动能创造物质财富和精神财富，只有劳动才能成就幸福。新时代的劳动教育要有内在的灵魂，即以"幸福都是奋斗出来的"作为新时代的劳动教育之魂，将其落实在中学教学的方方面面，如材料的选择、教育的互动等。马克思认为，劳动是人的本质，是创造性的活动，是人幸福的源泉。而目前的大环境在于劳动被异化，人们认为劳动束缚了自己的生活。思想决定行动，人们要从被异化的劳动中解脱，首先要解放思想，认可劳动幸福；要做到思想上认可劳动幸福，就必须把新时代"幸福都是奋斗出来的"劳动理念落实到劳动教育的方方面面。

（二）提升教师劳动教育的专业技能

劳动教育课程的开展具有一定的综合性、丰富性和联动性等特点，只有专业的劳动教育教师才能胜任这个角色。目前大部分中学学校的劳动教育教师多由其他教师兼职，没有专职的劳动教育教师。从我国中学学校现状而言，由劳动教育教师根据课时安排系统化开展丰富多彩的劳动教育活动难以实现，但提升学校教师劳动教育的专业技能其实可行。提升教师劳动教育专业技能的可行性方法有很多，学校可以从创新教师沟通渠道，构建网络合作平台，开展各类培训，加强培养院校建设和教师自我反思等方面来分析教师劳动教育专业能力提升的路径与策略。教师劳动教育专业能力的提升是新时代、新阶段落实劳动教育，培养中学生劳动素养的有效保障。

（三）创新劳动课程，积极开展形式多样的联动性劳动课程

《教育部　共青团中央　全国少工委关于加强中小学劳动教育的意见》指出，中学要推动建立课程完善的劳动教育体系。以往劳动教育基地主要是学农学工场所，这些场所显然与新时代劳动教育有一定的脱节，劳动教育课程开发面临着前所未有的挑战。约瑟夫·施瓦布强调，课程开发的终极目标是"实践兴趣"，课程开发的主体是教师与学生。教师运用"互联网+"的思维模式，探索适合学生学情的劳动教育课程，如生物老师可尝试教导学生做果酒、泡菜，化学老师教导学生做精油、香皂等。教师要让学生切身感受到知识是可以作用于客观世界并改变客观世界的。同时，各学科教师之间相互协作，充分挖掘学校教育资源，开发拓展校本课程，让学生在学校教育的合力共育中提升劳动素养，为

他们的终身发展和幸福人生奠定基础。

（四）加强合作，构建学校、家庭、社会"三位一体"模式

随着教育现代化的迅猛推进，某种单一形式的教育活动已经担负不起教育现代化的重任。劳动教育作为教育的一个子项目也具有相同的特点。家庭、学校和社会分别在劳动教育方面对学生施加影响，三方教育虽各自不同，但可和合而生。学校、家庭和社会是相互独立的互补关系，学校在合作中应处于主导地位。以学校劳动教育为支点，发挥家庭的基础作用，扣好日常劳动教育的第一颗纽扣，撬动社会的支撑作用，开拓劳动教育的大课堂，形成家庭、学校、社会合作育人的劳动教育体系，体现劳动教育的协同性。要将三方教育有效联动起来，教师在其间起着践行者的作用。家校合作可以通过家访、家长会和开放周等方式进行；社会学校合作可以采用社会实践、社会调查和生产劳动实践基地实习等方式进行；与此同时，教师可在学校允许范围内开展丰富多彩的第二课堂活动，如社团活动、志愿者活动等。

综上，培育中学生劳动素养的方法有很多，中学教师在此阶段中肩负重任。劳动素养是学生核心素养不可或缺和不可替代的一部分，一方面，劳动素养是其他素养形成的基础，在另一方面，劳动素养的育人作用是综合的，其可以促进其他素养的形成。正如习近平总书记所说："无论时代如何变化，我们始终都要崇尚劳动、尊重劳动者。"对学生劳动素养的培养，促使新一代中学生尊重劳动，热爱劳动，懂得劳动光荣、劳动伟大，长大后他们能辛勤劳动、创造性劳动和幸福劳动，在劳动中实现自身的价值和全面发展。

参考文献

[1] 吕文清.劳动教育需要"四个进化"[N].中国教育报,2018-11-07(009).

[2] 卓晴君.劳动教育:培育学生核心素养的关键工程[J].创新人才教育,2017(1):14-16.

[3] 苏霍姆林斯基.帕夫雷什中学[M].赵玮,译.北京:教育科学出版社,1983.

[4] 杨燕华.马克思的劳动幸福观及其对当代青年的启示[J].上海师范大学学报(哲学社会科学版),2017,46(1):20-26.

[5] 何云峰,宗爱东.中学劳动教育的现状、问题及对策[J].青年学报,2019(1):6-11.

[6] 张洪华.和而不同和合而生:家庭教育、学校教育和社会教育合作的生态分析[J].当代教育论坛(下半月刊),2009(10):8-10.

[7] 曾天山.劳动教育的时代价值与落实机制[N].中国教育报,2018-12-27(008).

[8] 习近平.习近平在庆祝"五一"国际劳动节大会上的讲话[EB/OL].新华网.2015-04-28.

浅析幼儿劳动能力培养

谢 琴

苏联教育家苏霍姆林斯基说过："儿童高尚的心灵是在劳动中逐渐培养起来的,关键是要使儿童从小就参加劳动,使劳动成为人的天性和习惯。"一个全面发展的人的基本特征是体力劳动和脑力劳动相结合。如今家庭生活水平普遍提高,独生子女居多,家长包办、代替幼儿劳动,滋长幼儿的依赖心理,使幼儿的劳动意识越来越差。因此在幼儿教育教学中,鼓励儿童自己去做事情,在做中去发现问题,在劳动中去思考问题是调动幼儿学习的积极性、主动性最有效的手段。作为幼教工作者,我们要重视幼儿劳动观念的培养,对幼儿进行潜移默化的劳动教育,使他们有劳动的兴趣,知道劳动是光荣的。

一、在领域学习中树立劳动光荣的观念

根据幼儿身心发展的规律,教师在教学中对幼儿进行科学引导,结合教材,利用故事和图片开展教学。教师开展语言活动时用浅显易懂的语言给幼儿讲《懒惰的狐狸》《熊妈妈病了》《小猫钓鱼》等童话故事,让幼儿知道勤劳与懒惰的区别,知道劳动最光荣的道理;教师通过开展音乐活动让幼儿学习《小蜜蜂》《勤快人与懒惰人》《劳动最光荣》,让他们懂得只有勤劳的人才会收获快乐、幸福和成功,一切美好的事物通过劳动可以得到,只知道好吃懒做的人将一事无成,从而达到使幼儿热爱劳动的目的。教师通过开展社会活动让幼儿认识各行各业的人,引导幼儿认识周围的劳动者,带领幼儿参观成人的劳动,进行劳动教育。如教师带领幼儿观察清洁工人劳动,让他们知道我们整洁、美丽的校园是清洁工人们辛苦劳动换来的,我们要尊重他们的劳动成果;教师带领幼儿观察幼儿园花工、水电工人的工作,让幼儿知道我们的幸福生活是靠劳动创造出来的。同时在观察的过程中教师让幼儿做一些力所能及的事,在教学过程中让他们充分感受和体会劳动的辛苦与快乐,从而培养幼儿劳动的意识。

二、在一日活动中培养幼儿的劳动习惯

(一) 开展区域活动,激发劳动兴趣

游戏是幼儿最喜欢的方式,我园采用游戏的方式来开展幼儿劳动教育,将劳动教育融入幼儿一日生活中,将劳动教育转变成使幼儿快乐的游戏。为了培养幼儿自理能力,让其养成良好的自我服务习惯和劳动意识,我园充分运用区域活动开展教学。如在"医院"区域活动中,幼儿当医生给病人看病、打针,照顾、安慰病人;在"娃娃家"区域活动中,教师为幼儿提供娃娃用的生活日用品,有衣服、袜子、小裙子、袜子等,引导幼儿扮演妈妈和爸爸角色,让幼儿给娃娃穿衣、喂奶、盖被子,唱摇篮曲哄宝宝睡觉等,激发幼儿的劳动意识。再如在"理发店"活动中,教师为幼儿提供各种头饰、夹子、梳子等工具,让幼儿扮演理发师,为顾客洗头、美发;在"超市"区域活动中,幼儿当售货员卖菜、卖水果、称重,让幼儿在活动中不知不觉爱上劳动。

(二) 创设劳动情景,营造劳动氛围

幼儿的天性是玩游戏,在模仿中学习。我们抓住幼儿这一特点,为孩子创造条件,让幼儿在游戏中、体验中、快乐中劳动,让幼儿有机会自己去做、去发现、去思考。我园创设了"木工房",幼儿在敲敲、打打的劳动中,提高了小肌肉的灵活性,在这样的劳动情景中,让幼儿自己去操作,唤起他们劳动的兴趣和意识。我园还创建"快乐小厨房",老师为幼儿配备了生活中的锅、碗、瓢、安全的锯齿刀等厨房工具,中、大班的幼儿每周轮流到小厨房去,从择菜开始,让幼儿感受到洗菜、切菜、调蛋、煎饼的乐趣。让幼儿动手操作包饺子、汤圆,让幼儿观察如何团面、包馅、捏拢面皮,让幼儿自己去观察、发现。烘烤小饼干时,让幼儿在一次次失败中感受到劳动的不容易。当孩子们品尝着自己的劳动成果,享用着自己做出的美食时,他们脸上洋溢着自豪、快乐,心里是幸福的味道,孩子真切地感受着劳动带来的快乐。为了让幼儿对劳动教育有进一步的认识和了解,使劳动教育生动、有趣,让幼儿们更喜欢劳动,我园开辟出一块菜地,每个班都有种植的"责任田",让幼儿有机会亲自动手参与种植活动。每周他们都会到菜地劳动,从播种到养护,给蔬菜浇水、施肥,再到蔬菜的采摘,孩子们全程参与。孩子们在参与过程中,丰富了知识,感受到了劳动的艰辛,陶冶了情操,让他们更加懂得珍惜食物,珍惜劳动成果。孩子们卷起袖子,汗流满面,嘴角却挂着开心的笑容,那是一幅生动、热闹的劳动场景。

(三) 坚持劳动习惯,收获劳动快乐

教师要对幼儿的劳动表现和劳动能力及时给予表扬和鼓励。老师要善于发现幼

劳动中的闪光点,树立典型,榜样引领,鼓励更多的幼儿参与到劳动中来。在培养幼儿的劳动品质中,教师要常态化培养,因为幼儿劳动能力的形成不是一天两天就能完成的,应是幼儿生活、学习中不可或缺的一部分,需要老师与幼儿的长期坚持和不懈努力。在日常学习生活中,大家轮流当值日生、老师的小助手、小班长、图书管理员、卫生管理员等,这样有利于培养孩子的责任意识、劳动观念和服务思想。教师开展小组间评比活动,如果哪个小组在哪一项做得好,就可以在这一项中获得奖励,如一个大拇指、一个笑脸娃娃、一张劳动卡,不同的劳动表现可以获得不同的奖励,孩子们非常喜欢这种方式,更加乐于劳动。通过这种多样、有趣的评比活动,幼儿对劳动工作保持浓厚的兴趣和热情,而且让幼儿知道了关心集体,培养了幼儿的集体责任感。这些活动能让他们把爱集体的情感转化到为他人、为集体服务的实际行动上去。根据幼儿身心发展的规律及特点,老师要分析幼儿情况,根据幼儿和班级的不同情况,分类进行有效引导,循序渐进地推进幼儿劳动能力的锻炼和提升。如小班的幼儿能自己穿鞋子,能够整理图书,玩完玩具能让玩具物归原处;中班的幼儿能够自己穿衣服、洗毛巾、浇花、倒垃圾等;大班的幼儿能够系鞋带、整理书包、扫地、叠被子等。教师要善于观察和引导,根据幼儿不同的劳动能力将他们分组,以"大带小,强帮弱"的原则进行搭配,提升幼儿劳动的能力。老师划分责任,幼儿明确自己每天负责的劳动内容,老师要关注、引导幼儿完成任务,并适时给予鼓励,让幼儿获得劳动认同感,同时对于不爱劳动的幼儿要大胆鼓励他们,让他们逐渐将热爱劳动内化为自身的习惯。在活动中,教师对幼儿的劳动表现进行表扬很重要,我园还专门设计了"劳动光荣卡",开展积卡换礼物活动,以此形式进行鼓励、肯定,让幼儿爱上劳动,乐于劳动。

三、在家园配合中提高幼儿劳动能力

(一)转变家长观念,增强劳动意识

我园通过开设家长学校、举办家园橱窗、发放家长手册等方式定期向家长宣传引导家长重视幼儿劳动的重要性,让家长要舍得让孩子劳动,对孩子不能过于溺爱,不能轻视家务劳动的作用,切莫为图省事而包办代替幼儿劳动。我园通过开展多样有益的活动,引领家长与园所共同培养幼儿的劳动习惯。如幼儿在家里做一些帮助家长择菜、扫地、摆碗筷等力所能及的劳动,以培养幼儿自我服务意识,让幼儿养成良好的劳动习惯。让幼儿知道自己的事情自己做,如自己穿衣服,自己整理书包、玩具等。我园要求家长教会幼儿一些简单的劳动知识和技能。幼儿开始劳动时,家长要耐心、细致,给孩子做示范,手把手地教,以后逐步放手让孩子自己做。同时在家庭中家长要肯定幼儿的劳动能力,让幼儿劳动后得到认同感。幼儿园精心设计了劳动信息卡,让家长记录幼儿在家的劳动表现,每周进行一次信息卡评比活动,评比谁在家帮助爸爸妈妈劳动表现得最好。通过

劳动信息卡,老师能够了解幼儿在家的劳动情况,便于老师及时与家长沟通,做到家园教育的一致性,家校同步、携手、增强幼儿劳动意识,提高幼儿劳动能力。

(二)开展社会实践,培养劳动习惯

劳动与我们的生活息息相关,因此幼儿园与家庭要让幼儿多参与社会实践活动,我园每年都会组织这样的活动。春天,我们来到茶山,采摘茶叶,与幼儿一同观赏茶叶的成长变化,满足孩子的好奇心,引导幼儿形成保护自然环境的观念。夏天,我们组织家庭自主水果拼盘活动,让幼儿清洗食材,切食材,拼摆食材等,参与劳动,最后幼儿将水果喂给爸爸妈妈吃,让幼儿懂得感恩父母。秋天,我们让幼儿来到田间、地头参加劳动体验,如挖红薯,刨土豆,掰玉米,虽然每次活动中孩子们满头汗,脸上弄得脏兮兮的,但孩子却乐此不疲,他们灿烂的笑容向我们展示劳动者的快乐。冬天,我们组织孩子们来到敬老院,开展送"温暖"活动。孩子们给老爷爷、老奶奶们送上爱心礼物,为爷爷、奶奶表演我们带来的节目,给他们捶捶背,捏捏肩。这项活动让幼儿感悟到劳动给自己带来快乐,更会带给别人欢乐。在劳动体验中我们要求家长必须以身作则,树立良好的榜样作用,必须持之以恒完成劳动任务。

四、结语

综上可知,幼儿良好劳动习惯的养成是学前教育中的重要内容,把劳动教育与幼儿教学、生活加以融合,使幼儿能够从小树立正确的劳动观念,在实践中体验劳动带来的快乐,养成良好的劳动习惯。家园携手共同抓好幼儿劳动教育,确保幼儿健康成长。

参考文献

[1] 孙学勤.幼儿劳动能力培养及其迁移[J].家庭与家教(现代幼教),2007(Z1):49-51.

[2] 徐依芹.如何帮助幼儿树立劳动意识[J].好家长,2017(64):1.

[3] 张增伦.劳动体验是艰苦朴素教育的有效途径[J].山东教育,1998(7):43.

[4] 张海燕.生活情境中培养幼儿热爱劳动的品质研究[J].成才之路,2019(24):12.

[5] 许春芳.劳动教育的家园一致性[J].教育现代化,2006(3):1.

[6] 张丽萍.浅析家庭教育中幼儿劳动习惯的培养[J].基础教育论坛,2019(22):63-64.

浅谈核心素养背景下的初中语文学习习惯的培养

周玉芳

叶圣陶先生说:"习惯不嫌其多,有两种习惯却养成不得。哪两种习惯养成不得?一种是不养成什么习惯的习惯,又一种是妨害他人的习惯。"不养成什么习惯的习惯,这是刚进入初中的学生的一种通病,一定要改。

那么,核心素养背景下的初中学生,最起码应该养成哪些习惯呢?教师如何培养学生的一些习惯呢?笔者总结自己在教学过程中一些经验,将其概括为六个方面,来浅谈核心素养背景下的初中语文学习习惯的培养。

一、积累摘抄的习惯

俗话说"好记性不如烂笔头",随着课程的增加,阅读量的加大,初中学生应该养成积累摘抄的习惯。具体怎么积累?怎么摘抄?学生积累摘抄应准备两本较厚的笔记本,一本名曰积累本,一本名曰摘抄本。摘抄本专门摘抄名言警句,比如阅读课上优美的语句,名著阅读中的精彩句段,语文课上师生即兴创作的精彩对联、吟的诗、填的词等。这里,我想重点谈谈积累本的安排和运用。

语文基础知识博大精深,语文课上涉猎的内容包容万象,这就需要培养学生及时积累、天天笔记的习惯。如果不对一本积累本作宏伟规划,学生就会眉毛胡子一把抓,什么东西都挤在一块儿,复习时也没有头绪。规划好积累本,可以这样安排为两部分,前部分为现代文,后部分为文言文。现代文部分又可分为易错基础、阅读题型、写作问题三部分,每一部分大约留正反面一页,待随时记笔记。文言文部分这样安排:实词、虚词和句式,仍然按照每部分留正反面一页,以待记笔记时从容填用(表1)。

表1

积累本规划	现代文		文言文
	易错基础	易错字音	1.文言实词 注:按照26个字母的顺序笔记
		易错字形	
		易错成语	

		现代文	文言文
积累本规划	易错基础	易错病句 易错修辞	1.文言实词 注:按照26个字母的顺序笔记
	阅读题型	1.事件概括填空型 2.赏析句子型 3.人物形象(性格)概括型 4.段落作用型 5.标题理解型	2.文言虚词 按照18个重点虚词积累
	写作问题	1.审标题关键词问题 2.第一段点题问题 3.详略细节问题 4.结尾点题升华中心问题 5.语言修辞问题	3.文言文固定句式 文言文重点句式

二、广泛阅读的习惯

初中语文课程标准对阅读有不同的要求,大致分为朗读、默读、略读、跳读、精读等,本人在具体教学中,要求如下:晨读时能使用普通话有感情地高声朗读;浏览文章时,能养成默读的习惯,通过略读和跳读,训练自己的阅读速度;对于需要重点思考的地方,采用精读方法,理清结构,赏析词句,体会情感。

我这里重点说说课外阅读。

初中语文课程标准也对课外阅读作了具体要求:要求学生课外阅读总量达到260万字以上,每学年阅读两三部名著。为了提升语文核心素养,7至9年级学生每学期必读两本名著,六学期共计12本名著。阅读的系统方法大致有五种:策略阅读、系统阅读、专题阅读、评价阅读、展示阅读,最后达到自我发现、自我构建的境界。至于选读内容,教师可根据具体情况具体安排,当然更多的是要求学生选读精品散文,如《琦君散文选读》《林清玄散文选》《张晓风散文精选》《史铁生散文选读》。

在广泛阅读的过程中,学生应养成摘抄的好习惯。摘抄本上也应该有具体的规划,如格言警句类、诗词名句类、修辞描写类、自由创作类等。总之,有计划地运用一定方法培养学生广泛阅读课外读物的好习惯,是每一个中学语文教师应尽的职责和义务。

三、周记写作的习惯

在作文教学中,写作习惯的培养非常重要,一个人写作的起始阶段练好了,将直接影响他今后的人生。怎样训练学生的写作呢?我是通过周记的形式采取几项结合来训练学生的写作。一是课文里要求的写作系列,如"细节描写""思路清晰""突出中心""文从字顺"等,老师布置周记时一定有具体的要求;二是新近发生的事情,学生必须详略重点地记载下来;三是老师将中考作文题目适当改编作为周记题目,训练他们的审题立意能力。具体的操作过程大致如下:

表2

周二至周四	评改	1.面批		备注
		2.打等级全批全改		
周五	评讲	老师	1.表扬优秀 2.存在问题 3.展示范文	1.周记不得少于600字。 2.必须注意细节描写。 3.具体要求随课本写作系列进行。
			4.安排下周周记内容	(1)身边新近发生的事 (2)中考作文题训练
		学生	1.欣赏学习 2.写"作后记"时,针对自己的事迹,不得少于三条	

特别是写"作后记",相当于学生反省自己的周记写作。有反省,就会有进步,语文核心素养就会提高。

四、正确书写的习惯

初中语文新课标对初中学生的书写要求比较明确,临摹名家书法,正确书写正楷字,学写规范、通行的行楷字。正楷和行楷,是中学生应该训练的字体,老师一定要在他们面前强调书写要求。练字是学生一辈子的事业。

笔者是这样要求学生练字的。每课后面的"读读写写",学生必须在课后的田字格里正确书写汉字;大作文和周记,学生必须用作文方格纸书写,且要求尽量不留污迹,字体上空下满，左右留白；学生作业本封面的"学校、班级、名字"，学生一律不准用红笔书写；学生每周临摹名家书法，临摹三页，仿写三页，学生主要运用田英章随教材内容书写的字帖，由小组长督促检查。学生写字，要求一定的速度，尽量一次写好，如果写错了，就在字的右上角打叉，不要随意涂改，让书面更加整洁，这样赢得中高考的绝对胜利，形成"字如其人"的独特风格。

五、语法思维的习惯

语法修辞知识点在初中语文新课标里有具体的介绍，初中语文课本对语法知识的安排是渐进式的，比如七年级上册主要是词类知识介绍，七年级下册主要是短语知识介绍等，这些内容基本上穿插在课文后面。所以中学老师要适当给学生讲点语法，让学生懂点语法，让语法成为训练思维的钥匙。特别是"划句子成分"这把万能钥匙，在语文教学中特别好使，训练学生思维能力特别好用。比如学生懂得文章标题是由什么短语构成，就能更好地把握文章重点；学生懂得病句为什么错了，就能知其然，更知其所以然；学生知道文言实词为什么要解释为"使动用法""意动用法""名词作动词""形容词作名词"等，就能更好地理解和运用文言语句；学生审好作文题目的关键词，就能通过语法精准地审题立意，如标题《我的另一片天空》关键词为"另一片"，《有你在我身后》中的关键词是"身后"，学生抓住了关键词，写作文走题的可能性就不大了。

把知识学活，把语文学轻松点；让思维动起来，让质疑能力和创新能力强起来。这就是一种好习惯，借叶圣陶先生的话说，这个习惯可以养成。

六、道德情商的习惯

陶行知先生说："教育就是教人做人，教人做好人，做好国民的意思。"他还说："先生不应该专教书，他的责任是教人做人；学生不应该专读书，他的责任是学习人生之道。"看来教书育人重在育人，育道德情商高的人。习近平总书记也说过："有时候情商比智商更重要。"这里所说的情商，我觉得应该理解为从古至今形成的民族价值观，它是使中国人之所以成为中国人的文化身份证。比如天人合一的宇宙观，格物知理的科学观，拯救苍生的天下观，守土有责的爱国观，忠于职守的集体观，仁善为本的人性观，孝为核心的家庭观，衣锦还乡的桑梓观，坚持原则的正义观，扶弱济贫的侠义观等。

那么，作为教师，我们不仅要严谨地传授学生知识，更要注意学生道德情商的培养。

如何培养道德情商高的学生呢?

首先,教师在课内外,必须以身作则,加强学习,特别是学习"学习强国"上的方方面面的知识,学好学牢,潜移默化,熏陶学生。身正为师,德高为范!

其次,教师要严格要求学生时时处处养成好习惯,习惯是一种顽强而巨大的力量,它可以影响人的一生。所以,初中学生一开始就应该接受高尚的思想品德教育,养成一种良好的情商习惯。具体来说,我是这样教育学生的:

1.说话懂场合,做事有分寸。

2.善于倾听,有错就改。

3.待人和善,常替他人着想。

4.家国天下,有责任担当。

"铁肩担道义,良言育未来。"作为教师的我们,应该在立德树人的过程中,在提升学生核心素养的环境下,多注重培养学生的好习惯,他们是国家的栋梁,民族的希望。叶圣陶先生不是说了吗? 去掉两种不是习惯的习惯,其他的习惯多多益善!

培养阅读习惯，树立学习榜样

陶海燕

从教近三十年，教了一批又一批学生，结识了一位又一位家长，我总是听到家长们这样的声音——"我家孩子呀，回来只是做作业，从来不看书！""书，我给孩子买了一大堆，可是非得我强迫他才会看。""老师，你在布置作业时连带说一声让娃儿回家看书嘛，你的话他们听一些。"家长们口中所提及的书不再只是教科书，而是课外书。显然，家长们清楚在孩子的成长过程中课外阅读的重要性。虽然如此，但我还是想先谈谈课外阅读的重要性及其作用。

唐代大诗人杜甫曾深有感触并挥毫写下"读书破万卷，下笔如有神"，也有人说过"熟读唐诗三百首，不会作诗也会吟"，我们由此推断，多读书定能提高孩子的写作水平及能力，多年的教育经验也告诉我确实如此。培根说过读诗使人灵秀，读史使人明智。著名教育家苏霍姆林斯基大力提倡让孩子多进行课外阅读，他不光让学有余力的优生阅读，更注重后进生的阅读，他认为阅读能引起学生思考，发散学生思维，提高学生分析问题和解决问题的能力。一直以来，他都在这样做，并且行之有效。书传承了我们的过去，记录着正在发生的现在，描绘着未来的美好蓝图，所以，阅读能促进学生蕴积文化内涵，提升文化品位，培养高雅志趣，最终让学生成为中华民族复兴的主力军。

读书的好处不胜枚举，所以培养孩子读书是不是显得尤为重要呢？孩子知识的获取，习惯的落成，除了学校教育外，家庭教育也不容忽视。处在教育第一线的我，同时也是一位十二岁孩子的母亲。今天，我想就家庭教育中如何培养孩子读书谈谈我个人的观点，虽算不上真知灼见，但希望能给处于迷茫与无奈中的家长些许帮助。

一、听书，轻叩兴趣之门

怎样培养孩子的阅读习惯和阅读能力，让孩子从小就爱上阅读？这是众多家长为之棘手的难题。让孩子养成读书的习惯不是一蹴而就，立竿见影的事情，它需要的是循循善诱，细水长流。美国教育家杰姆·特米里斯发明了幼儿启蒙教育法。他认为培养孩子的阅读兴趣要从小开始，越早越好，要靠父母来"诱发"。家长们通过每天20分钟抑扬顿挫的朗读,持之以恒,在孩子幼小的心灵里播下爱书、读书的种子,让孩子慢慢领会词语结构和词意神韵,逐渐产生读书的渴望。

孩子在入学前,这时需要家长花更多的时间与精力去给孩子讲故事。根据幼儿身心发展的特点,家长宜在孩子睡前半小时(当孩子安静下来时)给其讲故事。为让孩子注意力集中,家长讲完故事后,最好针对故事内容对孩子提提问,考考他。比如"这个故事的主人公是谁呀?""这个故事发生在哪个地方?""假如你是这个主人公,你遇到这样的事情会怎么做?"孩子如果能迅速回答,家长要给予夸奖;如果他不能及时答出,家长千万不能发火,而应循循善诱。貌似简单的问题却也可以发散孩子的思维,开启孩子的智慧,让孩子听有所获,因而产生兴趣。与其说是家长给孩子讲故事,倒不如说是家长们首先要让孩子学会听书。不过让孩子学会听书的关键是父母一定要有爱心,有耐心,有恒心。

二、看图,插上想象翅膀

"读书好,读好书,好读书。"一本好书可以开启一个人的知识、智慧和思想。在孩子是非判断能力还不是很强的情况下,家长就有责任与义务替孩子把关,选择适宜他们的读物。根据儿童的身心发展特点,读物应当遵循循序渐进、逐层提高的原则。

入学前,读物以形象直观、色彩鲜明的图画书为主。孩子爱看图,会看图并能简单说出图中故事即可。入学后,在孩子学会拼音了,家长则可购买拼音读物给孩子。不过,这一时期一定要注意读物应具有较强的故事性,建议以孩子们喜闻乐见的童话为主,因为唯有这样,才能让孩子有持久的兴趣,让孩子们在享受童话的快乐时,又让自己想象的翅膀在不知不觉中变得丰满。

三、经典,给予情感熏陶

小学语文教材在不断地更新,一、二年级的孩子的识字量特别大,老师又教会了孩子查字典。因此,家长在孩子三年级时就可以让孩子脱离拼音读物,阅读的难度、广度和深度随知识与阅历的增加而递增。据我多年观察,小学生家长们所选读物总走不出"单一性"这样的怪圈。要不是《作文大全》,就是《创新作文》等,家长总希望孩子在看完以后,作文水平能突飞猛进。这或许和应试教育有关。我们中国有着上下五千年的悠久历史,文化底蕴丰厚,在历史的进程中,诞生了很多文化经典,如《西游记》《红楼梦》《水浒传》《三国演义》等。余秋雨在《晨雨初听》里这样写着:"经典为何成为经典,总有其独到之处,要让孩子多读经典,了解历史,了解过去。"他提出要让小学生读四大名著。现代儿童文学家杨红樱的作品带给孩子们真善美;曹文轩的唯美文学让孩子们赏心悦目;沈石溪的动物小说也让孩子们流连忘返……

读文学经典旨在熏陶孩子,我们不能将孩子局限于文学的殿堂里,家长们更应该让孩子们涉猎多方面的书籍,如文学、科普、漫画、魔术、益智、情感……遵循"我喜欢,我选择"的原则。曾记得有位教育家这样说过:"一个小学毕业生,如果他没有读过《中华上下五千年》《百科全书》《十万个为什么》《海底世界》,那这个孩子的阅读是空白的。"

四、亲子共读,做孩子的榜样

为人父母者,总希望自己孩子爱读书,但是平心而论,自己一天又有多少时间在读书呢?

在我们班里,有一个叫小迪的孩子,她才华出众、才思敏捷、身心健康,可谓是小学生群体中的优秀代表。她之所以这么优秀,除了个人因素外,我认为更是因为她有一位好母亲。从四年级开始,她母亲就陪着她一起看课外读物,孩子每看一本,母亲就必定将其读完。更难能可贵的是孩子和母亲会针对所读之书进行讨论交流。在她们一次次激烈的交流中,定然碰撞出无数思想与智慧的火花,这些火花让孩子的眼更亮,心更明,视野更广。其实这位母亲仅仅是一位初中毕业的家庭主妇。她告诉我,陪孩子看书,就是简单地不想和孩子有代沟,想和孩子成为朋友,成为无话不谈的朋友。

从这一事例我们看出陪孩子一起看书至少有这样的好处:

1.成为孩子的知心朋友。现在很多读物隐含的意义深远,与孩子共读,家长也可触发心里的一些感受,并与孩子交换想法,这是非常有意义的沟通。孩子从内心深处信任父母,共读缩短了父母与孩子心灵的距离,这样就能让父母真实地了解孩子,教育孩子健康成长。

2.和孩子共同成长。随着社会的进步和时代的发展,人们所要学习和更新的东西越来越多。亲子共读体现出了求知上进的精神,父母给孩子做出榜样——爸妈同样在学习,在进步啊!这样便于孩子明白学习新知、不断进步是伴随终生的。随着孩子年龄的增长,家长就渐渐从一个陪伴者转变为一个引导者,最后转变为一个分享者。

3.营造和谐的氛围。现在很多家庭父母与孩子相处的模式就是:家长往往甩一部手机给孩子,换取表面上的安宁以赢得自己畅快的娱乐。殊不知孩子拿着手机要么玩游戏,要么刷抖音短视频,甚至还可能看不良信息。久而久之孩子养成习惯,连做作业都依赖于手机,既浪费了时间又荒废了学习,还影响了视力,甚至玩物丧志。如果父母养成看书的习惯,每天晚上不看电视,不玩手机,手捧一本书,甚至夫妻还可以当着孩子的面交流书中精彩的内容,那么孩子也会被慢慢影响,爱上书籍。

五、亲身实践，内化书本知识

孟子说："尽信书则不如无书。"书里有真知和假知。一个人如果读死书，死读书，那必然会读书死，无法分辨知识的真假。书只是一种工具，和锯子、锄头一样，都是给人用的。我们与其说"读书"，不如说"用书"。

纸上得来终觉浅，绝知此事要躬行。书上所知最终要结合生活，用生活来检验真伪。孩子还要学会从无字句处读书，拥有"处处留心皆学问"的眼，用"绝知此事要躬行"的手去读"生活"这本书。孩子爱观察，会观察，爱思考，会思考，才能将书本上的知识内化，转化为自己的知识。读再多的书，唯有将书本知识与生活相衔接，书本知识才会变为有用有为的知识。

如何培养孩子读书是一门艺术，怎样将这门艺术演绎得精妙，家长们需要做一个有心人，用自己的爱心、耐心和恒心，从培养孩子的兴趣入手，多渠道地将孩子引上爱书的路上，并最终让孩子爱上读书，成长路上与书为友。

参考文献

[1] 张香兰.班主任工作艺术[M].北京:高等教育出版社,2011.
[2] B.A.苏霍姆林斯基.给教师的建议[M].杜殿坤,编译.北京:教育科学出版社,1984.

基于学习进阶理论的初中学生物理建模能力培养策略

——以沪科版八年级"简单机械"为例

周爱萍

为了适应社会的发展,我国在教育领域提出了核心素养的总体目标。物理作为一门基础科学学科,在培养学生核心素养上任重而道远。在全国"3+3""3+1+2"高考改革的推动下,物理肩负了更重的培养人才的任务。但是由于物理知识本身抽象、复杂,需要较高的形象思维能力,物理学科的难度系数居高不下。尤其是高中物理,部分学生学习遇到很大障碍,不得不选择放弃。初中物理知识点相对简单,老师应该重视对学生学习物理的兴趣和能力的培养,增强学生的信心,减少学生在高中放弃学习物理的现象。模型是物理的核心内容,建构物理模型是学好物理的重要能力之一,初中老师在教学过程中应该注重学生物理建模能力的培养。物理建模具有一定的复杂性,需要科学的思维过程。学习进阶的研究对象正是学生刻画思维的发展过程,老师在此理论的指导下培养初中学生物理建模能力,能深化学生对物理模型的认知,让学生容易将相关物理模型联系起来,高效、科学地建构完整的物理模型。

一、核心概念

(一)学习进阶

学习进阶理论是指"随着时间的不断增加,学生对某一学习主题的思考和认识不断丰富、精致、深入的过程"。学习进阶主要包括进阶起点、进阶层级、进阶终点。其中进阶起点就是学生已经掌握的知识和具备的能力,进阶终点是要求学生达到的认知水平,从进阶起点到进阶终点之间分为多个层级,即"阶",每一个"阶"像阶梯一样连接在起点和终点之间,每一个"阶"便是学生认知过程中的一个"脚踏点",学生便通过这个脚踏点一级一级从起点开始,逐渐达到终点,完成某一主题的学习。

（二）物理建模

在物理中，模型被视为是对真实世界的一种表征，可以对物体、事件、系统、过程、物体或事件间的关系等进行表征。物理建模是建构或修改物理模型的动态过程，即从复杂的现象中，抽取出能描绘该现象的物理元素或参数，并找出这些物理元素或参数之间的正确关系，建构正确描述、解释该现象的物理模型的过程。

生产生活中的真实世界往往比较复杂，对于初中生来说难以看到其中的物理模型，老师需要从最简单的现象入手教会学生构建物理模型，再逐级深入，最后应用到复杂的物理现象，便可以将复杂的物理现象化整为零。

二、基于学习进阶理论进行物理建模能力培养的可行性分析

（一）学习进阶理论尊重学生的认知结构

教师在教学过程中将学生已有的情景感知、科学知识、生活经验作为进阶起点，由简到繁设置进阶层级，引导学生由形象到抽象建立物理模型，最后达到进阶终点，即学生能够应用所建构的物理模型解决问题，甚至产生创造性思维。学习进阶理论在学生现有的能力水平上，提供一种可以最大限度对某一主题进行系统学习的过程，尊重学生的认知结构，使学习更加科学有效。学习进阶有利于学生建构完整的、系统的物理模型，能促进物理模型间的连续性，符合学生的认知规律。

（二）学习进阶理论尊重物理模型建构的逻辑性

物理建模具有一定的复杂性，一个物理模型，初中学生很难一次建构完整，需遵循一定的方法流程，将复杂的物理模型分解成多个简单模型，层层推进，慢慢建构，最终建立完整物理模型。教师在学习进阶理论指导下，抓住某类模型的层次性，每种模型之间的连续性，确定进阶起点，沿着学生必经的思维主线确定进阶层级，逐级深入，逐步引导学生构建科学、完整的物理模型。整个过程尊重物理模型建构的逻辑性，有利于培养学生的物理建模能力，培养学生具有逻辑性的科学思维，使学生形成正确的物理观念，更好地培养物理能力，增强学习物理的信心和兴趣。

（三）在学习进阶理论下培养学生物理建模能力更加有效

初中物理中除了本文提到的简单机械，还有很多物理模型，如光学中有反射、折射、平面镜成像、凸透镜成像，力学中有浮力、压强、液面变化，电学中有各种电路模型。这些

真实世界的物理现象都需要学生在学习的过程中不断建构、修正、完善,形成完整的物理模型,这样才能让学生拥有更深入全面的理解。教师在学习进阶理论指导下实施物理建模能力培养的课堂教学,更容易引导学生将相关知识衔接起来,建构有关联的物理模型,使某个主题知识的物理模型更加完整,老师在课堂实践中培养学生物理建模能力更加有效。

三、基于学习进阶理论的物理建模能力培养策略

在每一次建构物理模型之前,教师首先应了解学生已有的认知水平,包括情景感知、已有科学知识和生活经验,确定好进阶起点,然后根据不同模型之间的逻辑性,由简到繁确定进阶层级,并根据课标要求学生应该达到的水平确立进阶终点。下面以沪科版初中物理教材"简单机械"一章的模型建构为例来说明,学习进阶理论下对初中学生进行物理建模能力培养的实践策略。

"简单机械"是沪科版初中物理教材八年级分册的第十章,课本要求学生了解的简单机械有杠杆、定滑轮、动滑轮、滑轮组,本文在学习进阶理论下,对建构这四种机械模型的过程进行教学设计,引导学生完成机械模型的建构。

(一)根据学生已有知识确定进阶起点

教师首先对学生进行学情分析,了解学生已经掌握的相关知识,确定进阶起点。八年级的学生关于机械的认识只停留在生活中见过的机械,认知水平处于只是知道一些常见工具,了解它们的使用方法这个阶段,这就是初中学生对于简单机械认知的起点。老师在讲杠杆之前可以引导学生说出生活中结构单一、使用方法简单的机械。例:剪刀、筷子、起瓶器等。

(二)根据本节建模的逻辑性和难易程度确定各进阶层级

在"简单机械"的教学中,学生必须先构建好各种机械的模型,才能够准确地分析各机械的特点,因此构建各种机械模型是学习的基础。本章所涉及的机械包括杠杆、定滑轮、动滑轮和滑轮组,在构建这些模型的时候,从杠杆开始逐级构建,逐层深入,符合学生的认知结构,让学生容易突破难点。

将最简单的模型作为第一个进阶层级。杠杆是生活中最简单且用途十分广泛的机械。学生对所列工具的认知停留在已有的前概念,需要在此基础上找到共同的参数,构建能表征这些工具的物理模型。老师从刚刚学生列举的机械中,引导学生找出它们的共同特点,即都有一根能够绕固定点转动的硬棒,这就是物理学中的杠杆,从而构建杠杆模型。学生对所列工具的共同点和使用过程进行分析,找到工具中的固定点和绕固定点转

动的硬棒,便可以从生活中的工具进阶,构建杠杆的模型。学生在完成杠杆模型的建构后,进一步认识杠杆的要素和原理,以及其在生活中的应用,能分析每一个杠杆的特点。

在进阶层级1的基础上,教师引导学生发现问题,优化模型解决问题,确定进阶层级2。在杠杆的应用过程中,不难发现杠杆的缺陷,如:①用杠杆提升物体时,物体不能竖直移动;②当物体需要移动的距离越高时,需要的杠杆越长,需要的空间也越大。因此杠杆在使用过程中受到很多限制,需要对已建立的杠杆模型进行修正。根据杠杆在提升物体时的运动轨迹,不难发现,如果将杠杆的支点固定,并将两端的运动轨迹连接成一个环,用绳子绕过环连接物体,拉动绳子自由端,物体就可以竖直向上提升,便能解决杠杆使用过程中出现的缺点,这样的机械就是滑轮。从杠杆的使用过程的缺点着手进阶,构建滑轮的模型,物理学将周边有槽、能绕轴转动的轮子称为滑轮。

滑轮在使用过程中,轴固定不动的滑轮称为定滑轮。回到构建滑轮模型的起点——杠杆,可以分析出定滑轮的作用原理实质是等臂杠杆,所以不省力,只可以改变动力的方向。

分析进阶层级2不能解决的问题,优化模型解决问题,确定进阶层级3。定滑轮在使用过程可以改变动力的方向,但不能省力。如果要利用滑轮省力,需要借助省力杠杆构建滑轮模型,即动力臂 l_1 大于阻力臂 l_2,构建的滑轮在使用过程中,轴会随物体一起移动,物理学上称为动滑轮。从构建动滑轮的杠杆着手分析,动滑轮实质是动力臂为阻力臂2倍的省力杠杆,因此动滑轮可以省力。

综合前面已有模型及其特点,确定进阶层级4,建立具有多种特点、更优化的模型。滑轮分为定滑轮和动滑轮,定滑轮可以改变力的方向,动滑轮可以省力。如果需要同时满足改变力的方向和省力两个条件,需要将定滑轮和动滑轮组合起来,即构成滑轮组,构建滑轮组的模型。在用绳子将定滑轮和动滑轮连接在一起的时候,绳子的绕法会决定滑轮组的省力情况。在构建好滑轮组模型后,根据不同的绕线方法,教师引导学生分析滑轮组的省力情况。学生已经构建好定滑轮、动滑轮模型,并且已经熟悉了定滑轮和动滑轮的特点,在此基础上再分析滑轮组的特点,会显得简单、易懂,继而突破此难点。

(三)根据课标要求明确进阶终点

"简单机械"属于义务教育物理课程标准一级主题"运动和相互作用""能量"中的内容,物理课程标准有关本节的要求:知道简单机械;了解人类使用机械的历程;了解机械的使用对社会发展的作用。

在学生的认知层面上构建好杠杆、定滑轮、动滑轮和滑轮组的模型,接下来需要学生能够根据实际需要选择适当的机械,组装机械,或者分析已有机械的特点,能将所学模型及特点应用于实际生产生活,即进阶终点。例如:旗杆顶端的定滑轮,吊车挂钩上的动滑轮等。

四、总结

学生在简单机械的学习过程中先认识杠杆,完成杠杆模型的建构,了解杠杆的平衡条件,能将生活中的杠杆分类。教师由杠杆在生活中应用的缺点引导学生思考、改进,完成定滑轮、动滑轮和滑轮组的模型建构,每个环节有理有据,学生们更容易理解各种机械模型之间的联系和区别,能够灵活地将各种机械应用于生产生活情境中,将物理与生活、科技紧密联系。

初中物理有很多物理模型需要学生建构,这些模型对学生的抽象思维、逻辑思维要求越来越高,老师坚持在学习进阶理论指导下,不断培养学生物理建模能力,使教学过程更加高效、科学,能增强学生对物理学习的信心和兴趣,减少学习过程中的障碍,减少学生在高中因学习困难放弃物理的现象。

参考文献

[1] 皇甫倩,常珊珊,王后雄.美国学习进阶的研究进展及启示[J].外国中小学教育,2015(8):52,53-59.

[2] 陈丽彬,黄皓.基于学习进阶理论的弹力概念教学[J].新课程研究(上旬刊),2019(1):29-31.

[3] 房潇磊.基于物理建模的学习进阶教学研究——以牛顿运动定律为例[D].贵阳:贵州师范大学,2018.

[4] 张静,郭玉英,姚建欣.论模型与建模在高中物理课程中的重要价值:基于国际物理(科学)课程文件的比较研究[J].物理教师,2014,35(6):4-5,10.

"道德与法治"课堂教学中培养学生创新意识的途径

郭可可

"道德与法治"是中学思想政治教育的重要组成部分,其关键在于提升学生的综合素质,塑造良好的道德品质以及提升学生的法治意识和法治观念。如今,国家间综合国力的竞争激烈,也把教育推向了前沿,随着科技的突飞猛进,社会对人才需求旺盛,知识经济初见端倪。"道德与法治"课堂教学重视培养学生的创新意识与创新精神,这是当前实施教育教学改革的重要举措。鉴于"道德与法治"学科的特性,无论是社会还是国家,该学科都有较高的关注度,各个学校就必须要关注如何提升课程教学的效果。提升课程教学效果,这就要求教师在实施课堂教学中,要立足素质教育和新课改的相关要求,积极探索创新性的教育改革之路,培养学生的创新实践意识,注重培养学生的核心素养。传统的教学模式下所暴露的问题已表明目前的教学已无法满足当今时代发展的需要,这就要求在新时代背景下的教师必须转变传统教学的理念,对当下的教学模式进行创新,做到与时俱进。

一、初中"道德与法治"教学中存在的问题

(一)学生的理解能力较弱

现代"道德与法治"课堂上教师大多采用传统的教学模式开展教学,学生对于国家、社会的新闻关注度不够,虽然新教材已经注重接近学生的生活,学生的积极性也较高,但由于部分教师的教学观念还未转变,故教学方法较为落后,学生本身吸收知识的能力不强。为了解决这一系列的问题,教师应该不断创新课堂教学方法,培养学生的创造性思维,从多角度来传授知识,让学生树立创新意识。

(二)"道德与法治"的教学实践性不强

"道德与法治"这门学科的特性是生活性和实践性较强。人们的思维意识、价值观念

与日常生活中的诸多细节、传统习惯息息相关。青春期的学生可塑性较强,教师可以用与时俱进的教学模式引导学生形成正确的三观及初步的法治意识。但是,在当前的教学过程中许多教师教学观念陈旧,而教师的教学观念往往会影响到课堂教学的效率。

(三)教学内容的时代感不强

当前,很多教师在"道德与法治"课程教学中将精力主要投放于一些基本理论知识和观点上,重点则是要求学生能将这些理论知识记住,但较少把理论和当前的时事政治联系起来教学,即便有联系时事政治开展教学,但材料普遍不够新颖,过于滞后。部分学生的学习兴趣没有很好地被调动,用知识点解决生活中实际问题的能力也不能得到很好的锻炼。在考试或者作业中呈现的结果就是学生能流利背诵知识点,但因不能联系到材料,以至于知识的运用能力不强。

二、培养学生创新意识的依据

(一)情感、态度、价值观目标的创新意识培养

引导学生珍惜生活,热爱生活,懂得抓住自身机遇,积极应对生活中遇到的各种挑战,就是"道德与法治"教学中情感、态度与价值观的教学目标。中学生正处于青春期,他们在价值观、思想等方面可塑性较强。学科教师可将学生的生活实际与课堂教学中的爱国主义、中华优秀传统美德、革命文化、优秀民族文化相结合,从而真正培养学生的核心素养。

(二)理想目标与生活实际相结合

如果把人生比作四季,那么少年就是生机盎然的春天,是逐梦的季节。新时代背景下,当代少年更需要具备明确的目标和蓬勃向上的精神面貌,在生活中能具备百折不挠的意志。"道德与法治"课堂教学应该尽力做到教学内容与生活实际紧密相连,让学生学会运用教材知识点解决生活中实际遇到的问题。

(三)以自主学习培养能力

新课改要确立以学生体验为主,构建以学生自主学习为核心的课堂教学体系。因此,在教学中,教师应该利用视频、微课来搜集展示时事新闻等教学素材,切实提高学生运用"道德与法治"教材知识开展自主学习的能力,推动初中生知识学习、能力发展、情感培养等方面的和谐统一。

三、培养学生创新意识的途径

(一)转变教学观念,创新德育方法

"道德与法治"课堂教学能否实现主旨清晰、目标精准明确、成果丰硕的目标,与学校的办学理念以及德育教学的观念是否具有创新意识分不开。学生的创新意识需要教师思想的引领,而道德品质的提升则取决于德育工作。因此,"道德与法治"教学应该是学校、教师以及学生三者协同的系统德育工程。例如:我校德育中心围绕着十个行为好习惯在校内开展了一系列的教育活动,与小学、初中阶段的"道德与法治"课程无缝结合。就教师而言,教师应该认真研究课程标准,精心备课,结合学生实际开展课堂教学。例如:课堂教学中教师可适当让学生观看当年"全国十佳道德模范"颁奖典礼或法治在线等栏目,引导学生在思想上认识"道德与法治"学科的特性。就学生而言,学生应该认识到"道德与法治"学科知识对日常生活和学习的重要性,学会用法治知识、道德观念来辨别社会生活中的各种是非对错,从而建立正确的三观。

(二)弘扬革命传统文化,正确引导理想道德教育

弘扬爱国主义教育,培养学生从小树立远大理想,立志报效祖国是"道德与法治"教学内容的核心。让学生正确理解理想教育、爱国主义教育的真谛是其中的关键。因此,教师在教学中切忌一味空洞地说教或用时间久远的案例来宣传爱国主义教育的内容,要学会借助老一辈优秀革命家与当代楷模相结合或近期学生身边的模范人物、先进事迹等来讲解爱国主义的真谛,来拉近学生与理想道德教育之间的距离。例如:春秋季游学活动教师可组织学生前往市内的一些红色主题场所实地参观学习,如歌乐山白公馆、渣滓洞、红岩村、抗战纪念馆等。

(三)创新德育教学,增强课堂针对性

在全面深化改革的背景下,我们的教育领域也出现了很多不和谐的现象,例如单亲家庭、重组家庭、留守儿童等引起的教育问题。"道德与法治"课堂教学中教师必须要结合学生家庭的实际情况,开展有针对性的教学。另外学生们还应当树立起正确的道德意识,远离身边的假恶丑现象。首先,教师应该经常电话联系留守儿童的家长或者走访每个留守儿童家庭,关注这些儿童,了解他们的具体情况,学校也单独为留守儿童建档,保证他们的学习生活得到最基本的保障。其次,教师应深入学生家庭中,了解学生的家庭状态,对特殊情况家庭做到心中有数,必要时可向学校申请给予学生一定的物质帮助,从

而增强他们的自尊心和自信心。最后,教师应积极引导学生运用"道德与法治"教学中的知识点来明辨是非,提高学生抵御不良诱惑的能力。

(四)注重联系当前生活进行教学活动

初中生生理、心理发育不够全面,其本身的思想层次就非常有限,因此在进行"道德与法治"课程教学过程中,教师应该注重联系生活实际开展各类教学活动,以助于学生理解知识点。这也就要求教师本身在生活中,要注意多搜集相关案例,关注国内外大事,将时事新闻作为学生学习新知的媒介,培养学生将知识点联系到生活实际的能力。教师采取生活时事协助教学,学生就能够结合自身的生活经验参与到教学活动中,学生通过熟悉的生活、时事场景来了解相关教材知识点,以达到理解并熟练运用知识的教学目的。

(五)创建高效课堂,要以和谐为主

师生是一种相互有好感,相互尊重的和谐关系,有利于教学任务的完成。我国崇尚民主、平等、和谐的新型师生关系,其应该以尊重学生为首,以保护学生自尊心为辅,坚持以人为本,以学定教,真正做到教学相长,让每一位学生都能体会到学习的快乐,让学生在高效、轻松的学习氛围中学有所成!

参考文献

[1] 黄艳珠.道德与法治课堂教学中存在的问题及改进对策[J].教育观察,2018,7(10):111-112.

[2] 刘雪莲.论初中道德与法治课堂教学的必要性和有效策略[J].教育现代化,2018,5(20):337-338.

论小学数学课堂中学生主体作用的发挥

刘　春

课堂中的教学时间仅有40分钟,数学教师在课堂中仍然作为知识的传授者和课堂的组织者,占据着主导地位,学生处于较被动的接受方的位置,不利于学生充分发挥主观能动性去发现问题和解决问题,去主动建构自己特有的学习过程。那么在数学课堂当中,教师应该如何调整教学方法,从而调节课堂的气氛,发挥学生主体作用呢? 本文从以下几个方面进行分析。

一、采用情景教学法,集中学生的注意力

人们常说,好的开始是成功的一半。开展一堂课的教学时,如何迅速集中学生的注意力,成为每位教师首先要面对的问题。由于学生思维比较活跃,他们的注意力很可能还停留在上一节课或课间某些趣味性的事物上,如果教师忽略学生的注意力,盲目地直接开展教学,那么教学效果将会大打折扣。对于数学课,学生的注意力会比平常更难集中,这时候数学教师可以讲数学领域的趣味小故事,创设数学情景,让学生的学习情景更加多样性,具有更多真实生活问题,把学生的注意力拉回数学问题之中,让学生关注问题,提高注意力,这样有助于推进学生自我思考。

二、激发学生兴趣,改善课堂氛围

众所周知,兴趣是最好的老师,学生如果拥有对数学的学习兴趣,那么他们将会对新信息和新知识产生疑问,并进行深入探究,不断地思考、观察、请教、分析,疑问的解决又反过来激发学生学习数学的兴趣,形成良性互动。教师应当利用好兴趣,丰富课堂内容,激发学生的数学兴趣,更有效地开展教学。

数学证明当中有一种著名的证明方法叫作反证法,为了激发学生的学习兴趣,数学教师可以在本节教学活动中引入趣味推理题目。笔者曾经给学生提过这样一个问题:三个嫌疑犯接受审讯,甲说乙在撒谎,乙说丙在撒谎,丙说甲乙两人都在撒谎,那么真相到底是什么?这个问题引起了同学们的激烈讨论,同学们很快分成了不同的阵营,并期待自己的答案成为真相。在学生的这种求知欲望极强的状态下,笔者再引入反证法,整节课学生的兴趣高涨,教学效果出乎意料地好。数学趣味故事的引入,使教学活动的开展有效性得到很大的提高,同时也会给学生留下深刻印象。

三、教学方案中要把握好学生的主体地位

(一)深入探究教材知识

数学教师需要在开课之前对教学知识进行深入的探究,对于不同的难度、不同的模块做到烂熟于心,并根据具体的内容不断完善教学方案。只有在对教材知识反复琢磨的基础上,教师才能够发掘出新的思路和灵感,以基础知识为依托,灵活打造数学课程结构。

(二)合理分析学生数学水平

教师是知识的传授者,学生是学习的主体。教师必须要先对学生的数学水平和数学思维有足够的了解,数学教师在分析学生的思维方式时,要格外注重不同学生之间的数学水平可能会存在较大差异的问题,针对这些差异,教师还应当设计不同难度的问题,循序渐进地引导学生进行数学学习,使每个学生在自己原有的基础上都有收获。

(三)改善教学方法

学习是在学习者已有的知识经验基础上的自我建构,在新课改的背景下,数学教师如果依然沿用传统的以灌输为主的教学模式,对课本知识进行单一的讲解,那么有可能会导致学生的数学学习兴趣逐步丧失。因此,数学教师应当在学生已有的知识经验基础上将课本知识有机融合,结合多种教学手段,比如多媒体技术和互联网的应用,丰富课堂的教学内容,通过多种教学方法,提高课堂的效率。

(四)鼓励学生提问,活跃学生思维

学起于思,如果学生想要提高学习的效率,那么必须要进行思考,学生通过思考来加深对知识的印象和理解。而思起于疑,思路的涌现起源于疑问的产生,如果数学教师不

设置合理的问题导学，那么学生也不能够很好地投入到关于基础知识的思考当中。所谓的问题导学，也并不局限于由老师提问、学生作答，或者一味地由老师讲授。数学教师应该重视学生的疑问，激发学生主动提出问题，以问题为导向探索解决问题的途径和方法，解决学生的疑问，因为这些疑难之处很可能就是学生在数学领域取得突破的关键。如果教师只为了单纯地完成教学任务，追赶教学进度，忽略了学生心中的疑问，那么很可能会导致学生对未知领域丧失好奇心。

在现实的教学活动当中，教师经常可以看到这样的景象：整堂课下来学生循规蹈矩，在学生的脸上看不到任何疑问的表情，学生看似已经全部学会了课本当中的知识，却往往在课后测试中出现一些基础的错误，这说明学生对知识掌握不牢，脑海中有疑问没有解开，学习的效率大大降低。对此，数学教师可以在讲授知识之前设置问题，引发学生思考，在讲授知识之后，主动地询问学生是否还存在疑问，鼓励学生积极踊跃地提出问题。尤其是对于一些成绩比较落后的学生，他们有可能会因为成绩的落差而产生自卑心理，学习进度慢，存在疑问时反而更不敢向老师和同学请教。

当代青少年成长的物质环境和经济条件要比以往的学生好，电子设备的广泛应用以及互联网知识获取的便捷性，使一些学生的认知水平甚至比教师还高。这个时候尤其体现出学生在数学课堂上主体地位的重要性，不论教师的水平如何，教师都不应该打击学生提出疑问的积极性。相反，教师应当保护学生思维的活跃性，在学生的质疑、反问与教师的主导教学当中，找到平衡点，达到数学课堂的最高境界。

（五）采用小组学习，促进交流，丰富课堂形式

英国著名的剧作家萧伯纳曾说："你给我一个苹果，我给你一个苹果，我们每人只有一个苹果；你给我一个思想，我给你一个思想，我们每个人就有两个思想。"这给数学教学带来的启示是：在数学学习上，合作和交流将会为学生的进步带来较大的促进作用。无独有偶，新课改理念也提倡学生之间应当在学习方面加强合作交流。在具体的数学教学活动当中，教师可以采用小组合作学习的方式，以小组为单位，鼓励学生通过合作探究自主学习，激发学生的主观能动性和探索积极性，同时也锻炼了学生的人际交往能力和协作能力。这不仅有助于学生当前阶段的学习，还有助于学生今后的职业发展过程。小组学习的方式可以体现出以学生为主体，教师为主导的教学理念，把新课改的理念贯彻落实到课堂当中。在实际应用过程当中，小组合作探究期间，教师可以走下讲台，近距离地观察学生讨论状况，发现不同组别之间的差异，还可以加入各小组中进行指导和纠正。学生之间相互帮助可以使学习变成轻松愉悦的群体性活动，还拉近了师生之间的距离，使学生更容易对教师敞开心扉，提出心中的疑问，也更容易产生收获知识的成就感，对学生今后的学习将会起到很好的促进作用。小组学习的过程将会更大程度促进学生数学思维的养成。趣味性十足的小组讨论能激发学生对数学的好奇心，学生之间交流数学思想，能培养他们的数学核心素养。

（六）理论联合实际，鼓励学生将数学应用到生活中

数学来源于生活，也应用于生活。数学存在的价值体现就是要解决生活中的实际问题，学生不仅应当获得知识，更应当主动将知识应用到生活上，在解决问题中去领悟数学思想、方法，感受学习数学的价值意义，体验到解决问题后的内心愉悦。在传统的教学模式下，学习在很大程度上都是为了应试；而在新课改的背景下，教师应当培养学生的数学思维，并引导学生在数学的视角下思考和解决生活当中的问题。

比如，数学课程中概率的学习会让很多学生感到头疼，教师便可以将彩票与概率相联系，彩票的中奖是否有规律可循？如何发现彩票的规律？若通过学习数学概率，学生可以推算提高中奖概率，那么学生一定会对数学概率产生较高的兴趣。购买彩票是生活当中常见的概率事件活动，相信很多学生并不陌生，教师引用彩票这一事例将会大大提高课堂效率，加深学生对于数学概率的了解。当学生在生活中看到像购买彩票一样的概率性事件时，就会想起数学当中和概率有关的知识，实现教学和生活相结合，达到把知识应用到生活当中的效果。

总而言之，在新课改的背景下，教师应当转变观念，将学生放在数学课堂的学习主体地位，依据学生特有的学习方式和原有的知识经验，有针对性地开展差异化的教学活动，培养学生学习数学的兴趣，通过多种渠道激发学生的主观能动性。当学生成为主体，教师便可以把课堂变作学生尽情发挥的舞台。

参考文献

发挥学生主体作用，构建高效课堂：浅析小学数学教学如何激发学生的主动
导航（下旬），2018（8）：7，10.

发挥学生的主体作用，构建高效小学数学课堂[J].学周刊，2014

用信息技术优化小学数学课堂教学[J].读与写，2019，16（5）：180.

[4] 李安华.试论多元化教学法在初中数学中的应用[J].读与写，2019，16（1）：127.

[5] 曹兴波.关于小学数学教学要充分发挥学生的主体作用[J].读与写，2019，16（6）：171.

浅谈家庭教育中幼儿劳动习惯的培养

周　源

一、培养幼儿劳动习惯的意义

(一)劳动习惯的培养能满足幼儿精神的需求

1.幼儿独立性的养成

幼儿时期是培养劳动习惯的关键时期,从小让孩子体验劳动,锻炼身体,让孩子学会做一些自己可以做的事情,减少对家长的依赖,这将会促进孩子独立意识的形成,对培养劳动习惯,培养幼儿的独立性起着重要的作用。

2.愉悦情绪,增强自信

在家庭中,家人对孩子的称赞,让幼儿感受到自己存在的价值,感受到他为家里做的贡献得到了肯定,进而萌发孩子的责任感,增强幼儿的自信。

3.增强幼儿的社交能力

在家务劳动过程中,父母让孩子独自去完成一些有挑战的事情,对他来说是一种锻炼,也给他打开了与外界交流的大门。父母多给孩子提供劳动锻炼的机会,让他学会如何与其他人打交道,增强自己的社交能力,也为以后独立生活打下基础。

4.有利于培养幼儿的审美情操

美需要我们用眼睛去发现,用心去体会,用双手去创造。幼儿的审美情操是在实际操作的家务劳动中渐渐培养出来的,如收拾、打扫等实际的劳动。

(二)劳动习惯的培养有助于锻炼孩子的身体,增强其体质

孩子年龄小,身体发育不够完善,手指不灵活,手脚不协调,大臂、小臂肌肉没有力量等。我们可以抓住孩子好玩、好动的天性,在劳动中锻炼幼儿的身体。比如,拣豆子,妈妈把一些红豆和绿豆掺在一起,然后对幼儿说:"我们来把红豆和绿豆分别拣出来,今天

晚上,我们用宝宝拣的豆子做饭。"在这个过程中,幼儿反复地拿、捏豆子,对手指进行锻炼。通过适当的劳动,幼儿的肢体可以得到锻炼,从而促进新陈代谢,增强其体质。

(三)劳动习惯的培养有助于幼儿掌握基本的劳动知识与劳动技巧

劳动是一门学问,不是那么简单就能被掌握的,必须投入时间和精力。例如,在家里面,妈妈和孩子一起打扫卫生时,妈妈让孩子帮助她去倒垃圾。倒垃圾就是一门学问,首先孩子要学习如何将垃圾进行分类,比如,报纸属于哪一种类垃圾,苹果核属于哪一种类垃圾,废电池属于哪一种类的垃圾等。通常妈妈会告诉孩子,报纸属于可回收垃圾,苹果核属于厨余垃圾,电池属于有毒有害垃圾,孩子对于妈妈所说的知识不了解,只有让孩子实际动手投放垃圾,他才会对垃圾分类的知识有所了解。我们要在劳动过程中让孩子学到劳动知识。只有在实际操作中,才能发现孩子是否掌握了这项技巧,以后孩子再面对相同的事情时,就有能力自己解决问题。

(四)劳动习惯的培养有助于开发幼儿的智力

劳动是通过手的作用完成的,人们经常说"手指灵活,脑子就灵活",手指的灵活程度相当于反映幼儿大脑的发育状况。现在的家长只侧重于对孩子大脑的开发,为了提升孩子的智力,为了让孩子变得越来越聪明,从小就让孩子参加奥数班、心算班等。实际上,这些培训班对于孩子的成长并没有起到太大的作用。家长总是认为孩子考取的分数高,就说明自己的孩子比其他同龄孩子聪明。不能仅从分数的高低来判断这个孩子智力水平的高低。现代社会需要创新型人才,而创新来自生活。幼儿在劳动中对劳动环境进行观察,对面临的劳动问题进行思考,对劳动技巧进行学习,这些流程可以培养孩子多角度思考问题,从而提高孩子的智力。

二、对幼儿不愿意参与劳动原因的分析

(一)父母对劳动观念的错误认识

正确的劳动观念应该是没有劳动人类就无法生存,社会就不能进步发展,参加劳动是每个人对社会应尽的义务。一些父母缺乏对劳动观念的正确认识,如果要给劳动加一个代名词,他们的脑海中都是辛苦、肮脏等词语,这种观念已经潜移默化地影响了许多人。渐渐地,劳动与我们的优良传统愈行愈远。部分人认为劳动就是大老粗,劳动就是脏乱差,从而不待见田间劳作的农民,瞧不起马路上打扫卫生的阿姨,看不上在工厂忙碌的工人。家长总是说知识可以改变人的命运,却很少有家长说劳动可以改变人的命运。

有知识的人被人崇拜,会劳动的人却不值一提。

(二)父母过分的爱心和善意

父母善意的拒绝,等于在扼杀孩子的独立意识和劳动意识。在不少家庭中,因为孩子是家中的独子,所以父母就格外地疼爱孩子,从来不让孩子参与任何劳动,害怕孩子在劳动中受到伤害,让孩子只管好好学习,对孩子释放过多的"爱心"和"善意",掠夺了孩子参与劳动的权利,错失了培养幼儿劳动习惯的关键时期。有时候父母总是抱怨说:"自己家孩子太懒,让他做点家务,他就会顶嘴说不会做,太累了,太麻烦等。"造成这样的后果,家长总是一味地责怪孩子,不能从自身寻找原因,其实就是因为父母过多的"爱心"和"善意",让孩子渐渐地养成不爱劳动的习惯,让孩子认为不劳动也是理所应当的,对于这种习惯的养成,家长有不可推卸的责任。

(三)父母对劳动看法不统一

在一些家庭中,父亲从不参与家务劳动,认为挣钱养家是他的责任,家务劳动就应该是妻子承担的责任,之后他也会给孩子灌输这种思想,给孩子树立坏的榜样,孩子就不会参与到家务劳动中,就不会形成责任感。父母对劳动看法的不同,对孩子进行劳动教育时也会出现错误。现在有不少家庭,因为家务劳动的分工不当而引起争吵。

父母对劳动看法不统一,在对孩子进行劳动教育时,就会出现分歧,产生矛盾,这些都会打击孩子参与劳动的积极性。因为父母都不愿意参与到家务劳动中,为了分清楚谁做家务,经常会采用不同的措施。比如,掷骰子比大小、抓阄、剪刀石头布等,有时候某一方要赖,还会出现吵架的现象。种种的迹象出现,会让孩子感受到劳动是一件很痛苦的事情,就不愿意参与劳动。

三、家庭中培养幼儿劳动习惯的策略

(一)把握幼儿参与劳动的最佳年龄

当幼儿刚学会走路的时候,妈妈坐在床上叠衣服,幼儿就在旁边"捣乱",这种现象就表明幼儿有想成为爸爸妈妈得力小助手的强烈欲望。一岁多的孩子,就能听懂父母的要求,帮忙拿个东西,还会把自己的玩具放到箱子里。两三岁的时候,幼儿就会模仿父母的行为,幼儿看到父母做什么,他也做什么,这个时期有利于劳动意识的树立,因为这个时候,孩子对所有事情都充满好奇,特别爱动手。孩子五岁的时候,也是孩子最喜欢帮助父母干活的时候,父母正确的引导,会让孩子养成好的劳动习惯。

(二)让孩子做力所能及的事情

3 至 4 岁的幼儿可以做的家务:收拾自己的房间,整理自己的被褥,擦拭房间的桌子和板凳,整理书包,收拾玩具,给自己养的小动物喂食,打扫院子、收拾垃圾,给种的花花草草浇水、拔草、松土、施肥,自己穿衣服、扣扣子、系鞋带、拉拉链,帮助大人拿一些工具等。

5 至 6 岁的幼儿可以做的家务:取牛奶,取报纸,收拾玩具,扫地,拖地,把垃圾扔到垃圾桶中,做简单的食物,餐前摆餐具,餐后擦饭桌,清洗餐具,清洗衣物,叠放干净的衣服,分辨安全标识等。

不同年龄阶段的幼儿可以做自己能做的事情,对于幼儿,家长不要放纵或者急于求成,要顺应幼儿不同年龄阶段身心发展的特点,让幼儿参与适当的家务劳动。

(三)父母给予幼儿正确的帮助

1.家长给予幼儿正确的引导

家长要抓住幼儿的兴趣,鼓励幼儿做自己感兴趣的家务,在幼儿做家务的过程中,家长要适当地加以引导,避免孩子受到打击,失去对劳动的兴趣。家长不能只看着幼儿做家务劳动,应该和幼儿一起参与到家务劳动中去,正确地引导幼儿,让幼儿体验劳动带来的乐趣,树立正确的劳动态度,学习蕴藏在劳动中的知识和道理。

2.家长给予幼儿精神的鼓励

很多家长为了让幼儿参与家务劳动,用不同的物质来诱惑幼儿,让孩子有了参与劳动就可以得到物质报酬,没有物质报酬就不参与劳动的错误观念。所以家长应少用物质报酬来诱惑幼儿参与劳动,应该多给予幼儿精神鼓励。家长让孩子做家务时,对孩子说话的语气和词汇很重要,不要用命令的词汇,要用求助的词汇,适当地"利用"一下孩子的同情心,让他觉得你很可怜,需要他的帮助,同时在这个过程中要对幼儿所做的事情进行鼓励,满足一下孩子的虚荣心,孩子会更加愿意帮助你做家务。

3.家长要言传身教,给孩子树立榜样

家长应该以身作则把家务做好,给孩子树立好的榜样,让孩子知道做家务是生活中实际存在的事情,并且是一件平常且必要的事情,孩子是家庭的成员,必须参与家务劳动。有的孩子经常对父母发脾气,埋怨父母做的饭菜不好吃,老是无理取闹,向父母伸手要这要那,却不知道父母持家的辛苦,工作的不容易。孩子参加家务劳动后,感受到父母劳动的不容易,就会经常承担一些自己可以做的家务活,孩子也会更加有责任心。

(四)教孩子做家务,祖辈不溺爱和干扰

由于工作压力的原因,大多数父母没有时间教育孩子,就把孩子扔给自己的长辈,让长辈帮着带孩子,渐渐地他们会发现,长辈与自己在教育孩子的观念上产生了分歧,长辈

对孩子过分宠溺,不让孩子做这个,不让孩子做那个,不让孩子离开他们的视线,生怕孩子磕着碰着,更别说让孩子参与家务劳动了。针对这种情况,他们应该及时与长辈沟通,与长辈达成相同的教育观念,让长辈认识到劳动习惯的养成对孩子成长的重要性,然后,当自己在教育孩子的时候,长辈不要插手。

(五)家园合作,形成教育合力培养幼儿的劳动习惯

在幼儿园中,老师根据《幼儿园教育指导纲要(试行)》,针对孩子的年龄特点,培养孩子的劳动习惯,对孩子进行严格的要求,进而孩子会主动参与劳动服务。比如教师引导幼儿和小伙伴一起收拾玩具,帮助老师打扫卫生,帮助老师分发碗筷等,在学校孩子餐前餐后自觉洗手,能够独立进餐,饭菜不洒在餐桌上,但是在家里面,孩子玩过玩具后到处乱扔玩具,吃饭前洗手要父母提醒,吃饭耍脾气要父母喂,把食物丢弃得一片狼藉。

幼儿在幼儿园形成的劳动意识到家里面就涣散了。针对这种情况,家长要认真对待,在家里面也要严格要求孩子,培养幼儿的劳动意识。幼儿园要帮助家长认识劳动的重要性,重视劳动教育对孩子的影响,家长也要积极配合幼儿园的劳动教育观念,在家庭中培养幼儿的劳动习惯。

总之,人类通过劳动改变了生活的状态,创造了丰富的物质世界,也缔造了华丽的精神世界,没有劳动就没有现代文明。我们每个人都渴望得到幸福,而幸福既不能从天上掉下来,也不能通过投机倒把得到,而是依靠自己的双手通过劳动得来的。因此家长要充分重视在家庭中对孩子进行的劳动教育,树立正确的劳动观念,把握好对不同年龄阶段孩子进行教育的时机,通过各种各样的形式吸引孩子参与劳动,让孩子体验劳动带来的快乐,树立正确的劳动观念,形成良好的劳动习惯,锻炼孩子的身体,愉悦孩子的情绪,增强其自信,提高其审美情操,发展其智力,为幼儿形成健全的人格奠定坚实的基础。

参考文献

[1] 韩学娣.新课改理念下幼儿劳动习惯的培养[J].科技信息,2009(28):287.

[2] 张爱玲,冷木草.如何在家庭中培养幼儿的生活自理能力和劳动习惯[J].甘肃高师学报,2015,20(6):114-117.

[3] 肖红梅.浅议幼儿期家庭劳动教育[J].科技创新导报,2010(13):162.

[4] 刘国奇.浅谈幼儿良好劳动习惯的培养[C].国家教师科研基金十一五阶段性成果集(湖南卷),[出版者不详],2010:123-124.

[5] 薛晓梅.如何培养幼儿的劳动能力[J].赤子(上中旬),2015(12):194.

核心素养下初中历史地图运用问题及对策分析

谢　静

　　历史学科有五大学科核心素养——唯物史观、时空观念、史料实证、历史解释、家国情怀，其中"史料实证"和"时空观念"作为历史学科的特有性质，在历史教学中具有重要的实践和培养意义。历史地图作为重要的教学资源，大量穿插在历史课本上，以及有序编排在配套的历史地图册上。教会学生正确分析运用历史地图，从历史地图中获取有效信息，直接关系到历史学科核心素养的渗透效果和历史课堂教学模式的优化性。在当前的初中历史教学中，越来越多的师生已经意识到历史地图的重要性，但是关于教师如何在课堂上专业化、步骤化引导学生分析历史地图，是一个值得探讨和分析的问题。

一、历史地图在教学中的重要性

　　历史地图是反映人类历史各时期自然、政治、经济、军事和文化状况及其变化的地图，是显示有史以来一切与人类活动有关的具有空间分布和地域差异现象的地图。历史教学地图则是一种专门性的为适应教学需要而编制的特殊图种，它以简明、特定的地图符号和语言，再现了历史事件和进程，其载负的图形信息能够反映文字表达难以实现的直观效果。在初中课堂教学中，我们运用的地图绝大多数是历史教学地图。

（一）有利于促进学生学科素养的养成

　　中学历史教科书和地图册选编的历史地图几乎均由今人绘制，其大多依据历史文献、考古资料等研究编绘而成，学术特点鲜明，通常也是国家意志的反映。基于这样的特点，历史地图被视作可靠可信的素材经常运用于历史教学中。通过对历史地图的观察、分析以及推导，可以得出一些历史结论，或者可以佐证一些文字史料。所以学会分析历史地图，可以培养初中学生"史料实证"的历史学科素养。

　　历史讲述的是特定时期下，特定地域内发生的事情。历史地图把难以用文字表述的历史时空感直观表示出来。学生在分析历史地图的过程中会逐渐在头脑中构建起直观的时间和空间概念，这个过程是最能体现历史学科"时空观念"学科素养的。

(二)有利于激发学生对历史学科的学习兴趣

一方面,从历史地图的特征而言,历史地图是历史现象和历史事件赖以存在的空间环境的具体表现,其载负的图形信息能够收到比文字表达更精炼、更直观的效果。历史地图与抽象、枯燥的文字叙述比起来,具有形象、直观、具体的特点,特别是当老师讲述到有关领土疆域、跨地域重大历史事件和战役等方面的内容时,历史图片比文字更有吸引力。古人曰:"左图右史。"足见历史地图在历史教学中的重要性。另一方面,从学生的认知角度来讲,根据皮亚杰的"认知发展阶段论",初中生刚刚从具体运算阶段进入形式运算阶段,可以开始利用语言文字在头脑中的想象和思维,重建事物和过程来解决问题,但是还很不成熟,重建能力还比较弱,还是需要一些具体的事物来进行想象和运算。历史地图的优势就是运用地图符号,形象直观而又简洁生动地反映历史现象和历史事件发生的区域、位置及动态。借用历史地图辅助理解文字,符合初中生的心理发展特征。

(三)图片教学的分析引导过程有利于启发性教学

在课堂教学中,教师如果仅用语言来讲述历史,会让学生误以为学习历史其实就是简单地将历史事件的时间、地点、人物和影响用死记硬背的方法背下来就可以了。这种传统的极端的"背多分"教学模式,早已被证明不符合当代社会教育教学的实践要求。给学生创设一个学习情境,在一环扣一环的教学引导下,让学生自己得出结论,甚至有所创新,这样才符合教育的规律和原则。关于启发式教学,早在几千年前,东西方都有教育家提出来。古希腊苏格拉底的"产婆术"和春秋时孔子的"不愤不启,不悱不发"等都阐述了启发式教学的重要性。历史地图就是一个很好的历史教学情境,教师要利用历史地图的显性信息和学生已知的历史知识,一步步追问,引导学生推导出历史结论和其他隐藏信息,而不是直接告诉学生某一个历史结论。

二、历史地图运用在教学中存在的问题

历史地图在教学中的重要性,被越来越多的师生所意识到,教师在教学中也越来越重视对历史地图的分析运用,但是,根据对初中历史课堂教学经验和试题检测结果分析总结,我发现,关于历史图片的运用和分析,存在着一系列的问题。

首先,历史作为偏文科性的专业,历史教师的学习经历使得一些教师缺乏地理学专业知识,这导致老师在引导学生分析的过程中不能以专业准确的视角去看待一些历史问题。其次,少部分学生的地理专业知识也不够充分,学生对一些基本的识图常识掌握不够,比如不会判断方位,忽视图例的重要性等。再次,学生缺乏将历史地图时间和空间结合起来的意识,不能准确定位历史地图所示的时间和空间。最后,大多数师生缺乏在特定教学情境下推导历史地图隐藏信息的能力和经验。

三、历史地图教学运用问题对策分析

(一)教师要加强对地理知识的掌握

许多的历史现象已经说明地理环境对历史发展的方向起着极其重要的作用。历史地理学是史学界研究的一个重要领域。历史教师要转变单一的教学思维,加强对地理知识的掌握,要掌握一些常用的关键的地理知识,包括识图常识(图例、方向、比例尺等)和海陆关系、地形、纬度对气候的影响等。比如,教师分析世界五大文明发源地的时候可以从地理知识的角度得出以下结论:古代中国、古代印度、古代两河流域、古代埃及都是大河文明,而古代希腊则是海洋文明,它们的共同点是几乎都分布在地球的北纬30度左右,这说明在上古时期,这一纬度的气候非常适合人类生活;四个靠近大河流域的文明几乎都采取奴隶制君主专制的统治方式,而古代希腊的雅典却采用了奴隶制民主制的管理方式,出现这种差异的原因之一就是,大河地区地形都比较平坦,水源充足,适合发展农业,容易形成稳定的、统一的大国,国土面积大,人口数量多,需要强有力的中央集权进行有效管理,而雅典这种城邦制国家,靠海经商,贸易繁荣,其特点是小国寡民,再加上商人强烈的自我管理意识,所以可以采用"民主"的管理模式。

(二)强化学生识图常识

"工欲善其事,必先利其器。"因此,要使学生学会运用历史地图学习历史,首先要让他们学会如何识读地图。初中生进入初中后开始在地理课上系统学习识图常识,知道地图三要素:方向、比例尺、图例。关于方向,在有标注的情况下,字母 N 表示北方,在没有特殊标注的情况下,地图方向都采用"上北下南,左西右东"的标准;关于比例尺的基本常识是,比例尺越大,实际面积越小。

在读图常识中,最重要的应该是图例。所谓图例,就是地图中各种符号的简单说明。要读懂一幅地图,首先要知道地图的特殊语言符号。历史图例可分为两类:一类是统一图例,它与普通地图上的常用图例基本相同,一般对首都、重要居民点、岸线、河流、运河、国界、地区界、长城、山脉、铁路等符号作统一规定;有关中国历史的地图中,对诸侯国、郡、州及省级驻地以及政权部族界等也会作统一规定。另一类是分幅图例,即各历史地图中所用特殊符号的简单说明。这类图例与所要表示的历史内容有密切关系,且不具有同一性,因此,往往会在相应的历史地图中单独标注出来。比如:两支刀剑交叉或炮火爆炸表示战争发生地点。

识图常识培养,可以通过两个步骤来实现:第一阶段,老师在学生刚开始接触地图的时候,就用提问的方式来强化学生的识图意识。老师可以这样提问:"大家看这幅地图有没有象征方向的标识？没有的话,怎么来判断方向？这样看来,甲地在乙地的什么方位？箭头的指向是哪个方位？这两幅地图哪幅地图所表示的实际面积更大……"第二阶段,学生在经过一段时间的识图训练后,教师直接提问:"从图上能得出哪些信息?"学生回答后,教师再追问学生是如何得出来的。我相信通过在课堂上有意识的强化训练,绝大多数学生能在一年的时间里掌握基本的识图常识。

(三)历史地图时间和空间定位方法建议

识读历史地图,学生必须要明白自己所看的是哪个时间和空间的地图,这样才能在特定的时代和地域范围内去分析历史问题。关于如何确定地图所示的时间和空间,本文有以下几点建议。

1.历史地图时间定位

一部分的历史地图的图名就已经明示了地图所示的时间。比如《秦朝形势图》《三国鼎立形势图》等。然而有一部分历史地图的图名没有包含时间信息,识读这些历史地图,就需要我们通过其他的途径来定位时间。第一,我们可以通过图名中包含的隐藏信息进行推导,比如解读历史地图《武王伐纣》,我们可以引导学生通过"武王""纣王"等信息,推导出此图表示的是商朝末期的事件。第二,根据图中特殊地区名称推导出本图所指的具体时代。比如解读历史地图《江南地区的开发》,在地图上,我们可以看到一个地名叫建康,并且其是作为都城存在的,根据已学历史知识,我们知道建康在历史上作为都城是在两晋南北朝时期。第三,根据地图上所示历史事件进行推导。比如解读历史地图《日本发动全面侵华战争和国民党正面战场的抗战》的时候,根据图上所示的七七事变、台儿庄战役、长衡会战等一系列战役,我们可以推导出,这幅地图表示的是 1937 至 1945 年的中国正面抗战局势。第四,根据地图轮廓推导。这种推导方式主要是针对某个朝代,也比较难,对学生的要求较高,需要学生熟悉不同时期不同政权的疆域范围,也就是疆域的四至点。

2.历史地图空间定位

学生生活在当代,自然是对当代的地理范围比较熟悉,定位历史地图的空间范围,就是要结合古今地域对照来讲。第一,根据地名定位空间。有的历史地图上的地名和今天的地名是一样的,学生根据地理知识,就可以定位地图所示的大概空间范围。有的地名是历史上某一时期的存在,一般情况下,地图旁注记也会特别标注出来,教师要提醒学生对照。第二,根据特殊地理事物定位空间。一般而言,江河、山脉等地理位置古今变化不会特别大,比如关于中国史的地图,学生如果熟悉长江和黄河的流向和流经地区,那么其根据长江和黄河就能基本定位许多地图所示的空间范围。

(四)特定教学情境下结论引导方法

历史事件浩如烟海,初中历史教学有其特殊的教学任务,在课本篇幅有限的情况下,作为教材内容的历史事件是经过历史专家和教育专家严格筛选的,文字资料如此,那和文字资料相辅出现的历史地图更是如此。从哪个角度利用历史地图？如何引导学生凭借图中的已知信息去推导出更深层次的结论？这些是历史地图运用在教学中所面临的需要解决的重要问题，是对历史教学提出的更高要求。

在日常教学中，每一幅图都可以提出"是什么""在哪里"，直至解决"为什么"，这样由浅入深，由表及里，由形象到抽象，就会使学生的认识不断深化，思维程度逐步提高。

例如部编版初中历史教材八年级下册《中国历史》第四单元第12课"民族大团结"中的民族区域自治示意图，这幅图展示了在我国广阔的疆域里分布着的民族自治区、民族自治州、民族自治县（旗）。这幅图片为民族区域自治这个知识点的讲解提供了很丰富的资料。教师可以通过环环提问，引导学生去发掘信息。

师："根据地图来看，我国少数民族自治管理机关有几个等级？"

生："有自治区、自治州、自治县（旗）三个等级。"

师："为什么要分为三个等级，为什么不统一为设一个等级？"

生："民族聚居的人口多少和区域大小不同。"

师："等级最高的是什么？"

生："自治区。"

师："自治区在地域分布上有什么样的特点？这些地方在地理条件上有什么特点？这些地方的经济发展怎么样？"

……

通过这样一番推导，学生理解课本中"按照民族聚居的人口多少和区域大小不同，设立不同级别的民族自治区域和自治机关"这句话的时候就非常容易了。学生通过观察理解，可以更好地理解本课后面"共同繁荣发展"部分中"经济措施"和"西部大开发"及"兴边富民行动"的知识。

参考文献

[1] 高茂兵,苏雪.试论中国古代史教学中历史地图的利用[J].兰州教育学院学报,2012, 28（3）:121-123.

[2] 於以传.改进中学历史地图教学的思考与实践[J].课程·教材·教法,2014,34(5): 65-71.

[3] 谢彩娥.历史教学中历史地图的阅读和运用[J].科技信息（学术研究）,2008(18): 316,318.

[4] 孙智勇.学生识用历史地图能力的培养对历史教学的作用浅析[J].中国校外教育（理论）,2008(S1):107.

教学策略

计量史学视野下
初中历史数据运用的教学策略分析

王 莹

计量史学是指把数学方法特别是数理统计方法运用于历史研究中的一套方法。它是从欧洲兴起并发展起来的历史研究方法,后来逐渐传至中国。这门学科打破了传统的定性研究方法一统天下的局面,为揭示深层次本质提供了新的科学手段。但是任何事物都有其局限性,我们只有认清其利弊,才能趋利避害,使我们的历史学研究健康发展。《义务教育历史课程标准(2011 年版)》中明确讲到初中历史教学需利用丰富的教学材料,使历史的信息资源得到充分适当的运用。那么,教材中出现的历史数据就应当被好好利用和分析,从而帮助学生找到历史事件发生的深层次原因。初中学生认知水平有限,对于分析得出历史现象的本质有一定的难度。对于抽象的问题,教师如果运用具体的历史数据来分析,那么在教学中就更容易得到学生们的共鸣。本文以人教版初中历史教材为例,分析历史教学中历史数据运用存在的问题,并从中找到更为合理的教学策略,从而更好地贯彻历史学科核心素养。

一、初中历史数据的分类

巴勒克拉夫曾转述一位法国历史学家的话,"如果今天的历史学家对待'群众'的兴趣超过了对'英雄人物'的兴趣,那么,计量史学就是打开这扇大门的钥匙。通过这扇大门,我们便可以接近那些名不见经传的、没有书面记载的千百万群众的秘密"。这个说法很经典,说明了利用计量的方法可以从另一个侧面了解社会现象背后的深层本质。为了贯彻党的十八大提出的"立德树人"教育根本任务,《普通高中历史课程标准(2017 年版)》创新地提出历史学科五大核心素养,即唯物史观、时空观念、史料实证、历史解释、家国情怀。历史学科核心素养的提出既明确历史学科应完成的目标方向,也指出新时代下中学生应具备的基本历史素养。计量史学在历史教学中的运用正好符合历史学科核心素养的培养要求。这些数量的分析,可以培养学生的唯物史观、时空观念、史料实证等素养,体现了新时代历史教学的方向。既然学界对计量史学给出了如此之高的肯定,那么在初中历史教学中教师也应该充分运用历史数据引导学生探究历史事件背后的深层次

本质。在历史教学中,我们通常能看到的历史数据大概分为以下三类:

(一)原始数据

所谓的原始数据,通常指的是第一手的文献资料中明确记载的数字记录。这是我们研究历史的重要参考,也是历史数据教学赖以进行的基础。而这样的例子也很常见,比如中国宋代史学家李心传指出:"西汉户口至盛之时,率以十户为四十八口有奇;东汉率以十户为五十二口。"(《建炎以来朝野杂记》甲集)这是李心传依据《汉书》《后汉书》等提供的人口和户数。户数的增加说明汉代处于鼎盛时期,这也成为了经济迅速发展的重要指标。这就是历史数据来源于第一手文献资料,这些珍贵的历史数据有助于更好地印证历史结论,使学生更好地理解历史真相。

(二)提取数据

原始数据十分宝贵,也不易获取,并且往往十分匮乏。所以,有的时候我们只能通过文字记载的内容提取历史数据。比如从记录的人名及相关信息我们就可以知道有多少人参与,男女比例如何,家庭教育背景怎样等。例如,19世纪60至90年代,清政府掀起了洋务运动,这一时期安徽、上海、福建和湖北等地纷纷开设了军事和民用工业。首先,学生可以根据企业开办的时间在地图上标注地理位置,最后会很明显发现这些企业地理位置的特点,它们大都集中在沿长江、沿海一带。其次,学生可以统计洋务派所创办企业的数量,分析其对中国产生的影响。最后,学生根据甲午中日战争中清政府损失的军舰数量,总结洋务运动失败的教训。当然,这样只是做简单的数据提取,在复杂情况下,我们还得多查阅相关文献资料进行仔细佐证。

(三)生成数据

第三种类型就是生成数据。有时为了研究的便利,需要生成一些新的数据来揭示历史的真相。比如,1968年诺思写了一篇《1600—1850年世界航运生产率变动的原因》。他采用的是"间接计量法",通过计算航运成本的下降值得出当时航运安全性上升的比值。在新的科学数据面前,他的观点得到了大家的一致认同,他从表面的史料上面,揭示出了不为人们所知的深层奥秘。

二、历史数据运用例谈

计量史学的运用可以在教学中帮助学生直观系统地了解问题的本质,再配合传统的文字阐述,学生可以理解得更加准确。比如,通过相关教材中的数据,学生可以揭示分析历史事件发生的原因、过程以及影响。

(一)揭示事件原因

鸦片战争前,英国率先完成了工业革命,成为世界上实力最强的资本主义工业强国。而中国则是落后的封建国家,仍然处于农业社会时期。英国的大量商品需要广阔的销售市场,而在中英贸易中,中国处于明显的出超地位。为了打开中国的大门,英国人开始了可耻的鸦片贸易。

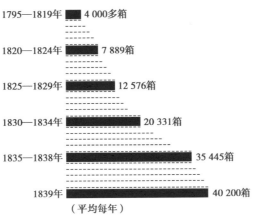

英国输入中国的鸦片激增表

从表中可以看到英国逐年大幅度增加了对中国的鸦片输入量。于是,鸦片泛滥给中华民族带来了深重灾难。1839 年,林则徐在虎门销烟。一年之后,鸦片战争爆发。表面上,战争的爆发与虎门销烟有关,但是我们可以看到从 1795 年就开始的鸦片贸易一直持续到 1839 年,长达 44 年。由此可见英国人的"良苦用心",这个资本主义世界的头号强国为了在亚洲对外扩张,特别是打开古老中国的大门,他们可谓是下足了功夫。新兴的资本主义制度在与历经两千多年的封建制度的较量中,明显占据了上风。

中国与印度、美国的钢产量和发电量的比较

国家	中国 (1952 年产量)	印度 (1950 年产量)	美国 (1950 年产量)
钢产量(人均)	2.37 千克	4 千克	538.3 千克
发电量(人均)	2.76 千瓦时	10.9 千瓦时	2 949 千瓦时

新中国成立之初,依然是一个落后的农业国,工业水平很低,没有建立起门类齐全的工业体系。而这样的结论我们是从中国与印度、美国的相关数据比较得出来的。从表中的数据可以看出,新中国成立之初,工业产品的人均拥有量还不如印度,和美国相比差距很大。所以,新中国成立之初的一项重点工作便是建立起完整的工业体系。我国的钢产量和发电量数据偏低,也说明了这一时期我国应该重点发展重工业。于是,1953 年我国开始实行第一个五年计划。学生在学习这部分内容的时候,特别是"为什么中央要实行

第一个五年计划? 为什么这个阶段要重点发展重工业?"等问题用数据就能解释原因。

(二)分析事件发展过程

根据人教版初中历史教材八年级上册第 22 课"抗日战争的胜利"中的相关史事记叙:"抗日战争期间,中国军民伤亡 3 500 多万人,中国直接经济损失 1 000 多亿美元,间接经济损失 5 000 多亿美元。"从这些触目惊心的数字中,我们可以看到十四年抗战中,中华民族团结一致、浴血奋战的一幅幅画面。鸦片战争以来,清政府与西方列强签订了一系列不平等条约,赔款数额巨大,国家财政早已入不敷出。中国是参加世界反法西斯战争最早的国家,中华民族迎难而上独自面对日本帝国主义的屠刀,中国军民的伤亡数字足以证明这一点。当时中国的妇女、儿童、老人均参与到对抗日本侵略者的战斗中。战争开始以来,日本法西斯分子抢掠他们眼前出现的一切中华优秀文明成果,无法带走的则尽数毁之。这些法西斯行径打断了中国原有的经济生活,造成中国经济的崩溃。十四年的抗战,中国的经济损失高达 6 000 多亿美元。中国在世界反法西斯战争中做出了重要贡献,是世界反法西斯战争的东方主战场。从中国的伤亡数字和经济损失数据中可以看出战争过程的残酷,第二次世界大战成为了人类历史上的一场浩劫。战争之后,人们应该好好反思,珍爱和平,避免战争,共建人类命运共同体。

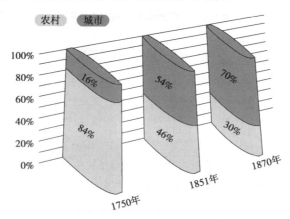

另外,人教版初中历史教材九年级下册第 6 课"工业化国家的社会变化"一课中用大量数据说明了当时欧洲国家的城市化进程。从图中学生可以很清楚地得出一个结论,即城市人口数量最终超过了农村人口数量,并且发展的速度相当快。在 120 年间,农村人口和城市人口一直在变化中。1750—1851 年,城市人口在全国的比例增加了 38%,而农村人口则相应减少了 38%,并且城市人口首次超过了农村人口。这段时间正好是第一次工业革命时期。而随着第二次工业革命的发生,1851—1870 年,城市人口占全国总人口的比例越来越大。从这些数据可以看到社会正在发生着深刻的变化,由过去的农村本位转变为城市本位。城市的工业化进程是这个时代新的发展方向。在学习这部分内容的时候,学生可以从城市化进程这个侧面了解两次工业革命的发展情况,从而理解工业革命所带来的重要影响。

(三)总结事件造成的影响

在学习历史的过程中,对于历史事件影响的分析非常重要,但是初中生很难自行得出结论并且理解其本质。如果教师能够将历史数据作为材料,这样就可以帮助学生直观地感受到当时的相关情况。

材料研读

军阀割据混战造成的一些后果

农户	1914—1918年	减少1 500多万户
耕地	1914—1918年	减少2 600多万亩
荒地	1914—1918年	增加4 900多万亩
陆军	1914—1919年	增加92万多人
军费	1916—1918年	增加5 000多万元

根据材料想一想,北洋军阀的割据局面对中国社会造成了哪些不利影响?

例如图中显示的数据,在1914至1918年期间,短短4年时间农户和耕地都大幅度减少,荒地面积却成倍增加。分析图中的这三项数据,学生可以很直观地得出这段时期农业发展非常滞后,中国经济发展缓慢甚至停滞的结论。那么,学生自然就会得出北洋军阀割据对中国社会造成的第一个不利影响就是中国人口的减少,劳动力严重不足,中国的农业发展停滞,阻碍了中国经济的发展。而这段时期数量迅速增加的是陆军人数以及军费投入,这点说明了当时各地的战事非常多。军阀割据局面会给中国社会带来频繁的战争,造成民不聊生的境地。对表格数据进行分析,学生可以从各个方面了解当时军阀混战局面对民生、对社会经济的破坏。历史数据的运用,不仅直观而且科学地反映历史的真实面貌。学生在运用数据的过程中,培养了自己的史料实证能力,这也是历史学科"论从史出,史论结合"的真谛。

三、初中历史教学中历史数据运用存在的问题及对应策略

(一)教学中采用的历史数据不准确

卡尔·马克思说:"一种科学只有在成功地运用数学时,才算达到了完善的地步。"在历史教学中运用历史数据的情况越来越多,但是我们也发现数据选取的正确性决定了历史结论的正确性。八国联军攻占北京后,日本侵略者掠夺了清政府的户部存银,共计300

万两。可见，当时国库存银不多，足见当时的清政府在与西方列强的较量中已经是不堪一击了。政府财政已经空虚，仅有的存银也被全部掠夺。之后，清政府被迫再一次与列强签订了不平等条约——《辛丑条约》，沦为傀儡政权。如果列举的数据不准确，那么很难得出当时的中国已经到了民族危亡的时刻，而清政府只能甘当侵略者的傀儡，因为再无还手之力。在平时的教学中，教师引用历史数据时应当反复核查数据的准确性，这样学生才能得出正确的结论。

（二）教学中堆砌繁复的历史数据

由于历史数据的重要性，在教学中教师很多时候会利用数据来帮助学生分析历史事件的原因、过程、影响。于是，一堂课中会出现大量数据堆砌的现象。这样，不仅没有提高课堂教学的有效性，反而会使学生陷入繁复的数据之中。盲目地堆砌数据，违背了"论从史出，史论结合"的初衷。在讲授抗日战争这部分知识时，教师如果只是将各大战役中双方投入的兵力部署、死伤数字等罗列出来，那么会使学生分不清楚具体情况。为了避免这样的情况发生，教师可以选取具有典型意义的重大战役来分析，没有必要罗列太多的战役。初中学生知识水平有限，不能从众多数据中看清楚历史现象的本质。教师在教学中应当注意选取恰当事例来分析，避免历史数据在运用的过程中出现繁复性。

（三）教学中历史数据运用的缺失

乔治·勒费弗尔讲过："不能把所有历史都用图表上的曲线来表示，总会有特殊的和无法估计的情况。但只要情况合适，就要用自然科学的统计方法。"历史教学中，有些问题学生难以理解，很难分析出深层次的本质。如果我们能在教学中运用计量史学的方法，绘制一些图表、柱状图等，那么学生能一目了然看清本质。这样的教学方法可以辅助学生学习历史，但是历史数据的运用只能起到画龙点睛和补充性的作用。如果教师将其作为历史教学的主要手段，这是不符合实际的。就像乔治·勒费弗尔说过的，适合的历史情况才能使用自然科学的统计方法。而对于初中学生而言传统的文字叙述和图片等材料才是更加容易理解的。人教版初中历史教材八年级上册第24课"人民解放战争的胜利"的材料研读中写道："……占乡村人口不到百分之十的地主富农，占有百分之七十至八十的土地，残酷地剥削农民。而占有乡村人口百分之九十以上的雇农、贫农、中农及其他人民，却总共只有约百分之二十至三十的土地，终年劳动，不得温饱。"如果这段材料只有数据，初中学生很难理解何意。但是恰到好处的是在每句结尾都有一行文字阐述，解释了数字的含义，这样学生理解起来就降低了难度。然后教材又配了解放区土地改革的图片，学生自然而然可以得出进行土地改革的原因。这就是历史数据在关键处的补充作用，而不能将其作为历史教学的全部。

综合以上，我们不难看出计量史学在初中历史教学中的重要作用。计量史学不仅可以丰富我们的教学手段，对于学生历史学科核心素养的培养也起到了很重要的作用。我们在运用历史数据时只要注意历史数据的准确性、繁复性、补充性等问题，就能选择最为恰当的优化路径，从而实现课堂教学的有效性。

参考文献

[1] 教育部基础教育课程教材专家工作委员会.义务教育历史课程标准(2011年版)[M].北京:北京师范大学出版社,2012.

[2] 霍俊江.计量史学研究入门[M].北京:北京大学出版社,2013.

[3] 戴辛财.量化史学视角下的中学历史数据运用例谈[J].课程教学研究,2018(1):71-75,87.

[4] 袁传伟.计量史学刍议[J].探索与争鸣,1987(5):48-51.

[5] 郭超.计量史学简论[J].天中学刊(驻马店师专学报),1995(4):72-75.

[6] 石潭.计量史学研究方法评析[J].西北大学学报(哲学社会科学版),1985(4):99-104.

[7] 李批改.对新编人教版初中历史教材的透析与思考[J].池州师专学报,2007(4):136-137,140.

[8] 周莉.对人教版初中历史教材的思考:以中国古代史部分为例[J].西部素质教育,2016,2(2):102.

[9] 郭晓宇.计量史学与中国近代教育史研究[J].学理论,2018(7):160-161.

[10] 王爱云.计量史学方法在当代中国史研究中的运用[J].当代中国史研究,2013,20(6):94-102,128.

小学古诗教学策略探讨

邓　莉

中华文明,悠悠五千载,我们的祖先留下了绚丽多彩的文化。诗,便是这璀璨文明中最浓墨重彩的一笔。教育部 2022 年最新修订的《义务教育语文课程标准(2022 年版)》总目标提到,要让学生"认识中华文化的丰厚博大,汲取智慧""热爱国家通用语言文字""建立文化自信"。课程标准要求学生背诵古今优秀诗文,其中一至六年级学生的背诵篇目都是古诗。《中共中央　国务院关于进一步加强和改进未成年人思想道德建设的若干意见》也明确指出:让少年儿童学习中华民族优秀的传统文化是提高其思想道德水平的有效方法。当今时代,许多教育家和学者通过现代教育、教学科学的研究证明了古诗文积累是有其科学依据的,是符合教育规律的,是有其积极意义的。《当代儿童发展心理学》也指出儿童诵读文化经典积累古诗文符合儿童心理发展的特点。因此,鼓励小学生学习、诵读经典的古诗文,让中华文化浸润每一个学生的心灵,可以提高学生的人文素养,丰富学生的传统文化积累,培养学生对中国语言文字的热爱和对中华历史文化的自豪感。

一、小学古诗教学中存在的问题

(一)学生学习动机不强

虽然中华文化一脉相承,但古今差异还是存在的,古诗的表达特点、遣词造句等与现在的语言表达习惯有一定的不同,古诗本身的深奥含义、优美韵味是很难只通过语言的描述让学生体会、感悟的,加上小学生知识储备量少,生活阅历浅,对古诗所展现的时代背景、思想情感、风土人情等都会感到陌生。所以他们觉得古诗含义深奥,字词生涩,难以理解。因此在古诗面前,学生的畏难情绪特别严重,表现为要么死记硬背、不求甚解,要么瞎猜乱想、曲解诗意。大多数学生都没有掌握正确的学习古诗的方法,没有扎实的鉴赏古诗的能力,更没有学习古诗的热情。

另外,"快餐文化"也带给学生一些不良影响,导致学生不重视古诗学习。现在的社会多元文化并存,这既让学生的视野拓宽,学习空间增加,也带来了许多负面影响,其中就包括了所谓的"快餐文化"。这种"快餐文化",让学生更偏爱动漫、武侠、玄幻类的书籍,以及一些娱乐杂志和畅销书等。现在的小学生,大多数都喜欢看色彩丰富的动漫,几乎没法静下心来品味古代诗文;同时,家长对古诗学习态度的误区也让学生学习古诗的积极性不高。很多家长对传统文化的态度走向两个极端:要么"崇洋媚外"认为"学好英语,走向世界"而漠视对古诗的学习;要么崇尚所谓"国学",让孩子"跟风"参加"国学班"。无论哪种现象,都造成了学生对古诗学习的抵触,甚至厌恶。

(二)教学方法程式化,教学手段单一化

虽然教学改革在不断地深入,但是目前的小学语文古诗教学仍然存在一些误区:有的教师在古诗词教学中偏重古诗词的背诵积累;有的教师侧重古诗词的字词解释;有的教师偏重古诗的讲授;有的教师多媒体运用不当。这些误区,只是达到了古诗字义(语义)的理解疏通和诗句的背诵积累的目的,而古诗中优美的意境和真挚的情感却让学生难以体会。所以,教学方法的程式化,教学手段的单一化,弱化了古诗的意境美和情感美,抑制了学生的学习兴趣,扼杀了学生思维的活力。

(三)古诗教学评价标准和方式单一

开展古诗教学时,有的教师只关注学生是否"会背""会写",而忽略了学生在学习过程中的变化和发展;有的教师只关注学生是否"能说""会诵",而忽视了学生在古诗学习活动中所表现出的情感和态度。总之,古诗教学的评价标准和方式略显单一。这一现象产生的主要原因是教师没有充分利用评价的多元化、多样化来促进学生的发展。古诗教学过程是学生思维活动的过程,而评价是连接教师与学生思维、情感的重要途径,它对学生的学习心理活动能造成重要的影响。教师的评价对学生来说是非常重要的,因此教师在教学过程中要牢牢把握评价"促发展"的本质。

二、小学古诗教学对策

(一)提高教师素质,更新教育观念

教师队伍专业素质的高低是小学古诗词教学能否顺利开展的基本保证。因此,教师首先应该热爱中华优秀传统文化,应具有传承祖国优秀传统文化的责任感、使命感;其次,教师还要不断学习,以提高自身的文化素养和准确解读古诗含义及意境的能力;再次,教师要掌握先进的教学理念与教学方式;最后,教师在教学过程中,要善于与学生沟

通,鼓励学生了解、学习源远流长的中华传统文化,鼓励学生用新思维分析古诗,鼓励学生掌握正确的古诗学习方法,提高学生学习古诗的兴趣,增强学生学习古诗的信心。

（二）教学方法的灵活运用

教师在古诗教学中要重视诵读、品味情感和感悟意境,遵循学生认知规律,结合小学生的生活经验,结合小学生自身的特点,采用诵读、吟唱、绘画、表演等孩子们非常喜爱的艺术表达形式来激发学生学习兴趣。

1.诵读感受诗的语言美

古人云:读书百遍,其义自现。语文课程标准也指出"读"为学生应具备的语文能力之一。教师如何让学生愿意读,敢于读,有感情地读,是古诗教学的第一关。首先,读准确字音。古诗中有一些生僻字,特别是通假字的存在,往往给学生的诵读和理解带去一定的困难。此时,笔者会鼓励学生结合生活实际或根据现代汉语的表达习惯猜一猜该怎样读或怎样理解这些生僻字,尊重学生的理解,让学生有读下去的兴趣。接着,在读准字音的基础上读出古诗的韵律感。古诗一般为"五言"或"七言"。"五言"的节律一般为"二二一""二一二";"七言"的节律一般为"二二二一""二二一二"或"二二三"。这样的节律读起来朗朗上口,有一定的节奏感。当然,有的学生也会有属于自己的诵读感悟,例如,学习《江南》时,有的学生为了突出鱼儿在水中欢快嬉水的画面,将"鱼戏莲叶东"等句处理成"二三"或"二一一一",用不同的形式表现出鱼儿的活蹦乱跳。总之,教师应尊重学生的感悟,鼓励学生大胆表达自己的感悟,并加以正确的引导。另外,古诗一般有韵脚,因此在把握节律的同时注重把韵脚读得响亮而悠长,加上"摇头晃脑"的"古味"诵读会激起学生的表现欲望,让学生更喜欢诵读古诗,在诵读中感受古诗的语言美。

2.吟唱感受诗的音韵美

古诗讲究对仗工整、平仄押韵,加上诵读时的抑扬顿挫,如同一首优美的歌。与"诗"并列的"词"最初就是与音乐相配的。所以,在古诗教学中,配以相宜的音乐,可以唤起学生的生活体验,与古诗产生共鸣,从而让学生感受古诗的意境美,让其产生身临其境的感受。因此,在古诗教学过程中,学生在诵读的基础上进行吟唱,才能感受古诗的音韵美,还可以配乐吟诵,古诗新唱。

3.图画感受诗的画面美

首先,教师可以巧用教材插图让学生感受古诗的画面美。小学语文教材中配有一些富有童趣、色彩艳丽、栩栩如生的插图。在教学过程中,教师可以巧妙地利用插图这一教学资源,把课文内容具体化、形象化、直观化,让学生通过插图感知古诗内容。在以往的研究中,很多老师在利用教材插图的教学中习惯按"读诗—看图—品诗"等模式展开教学。笔者却喜欢"看图说话—读诗品诗—诗画交融品读"的模式,即教师先利用教材插图,让学生看图说话;接着,抓住时机提问,从而引起学生的探究兴趣,让学生带着强烈的求知欲学习古诗;接着读诗品诗;最后,诗画结合品读。这样,化难为简,慢慢地,学生会觉得古诗学习简单有趣。在教学《江南》时,笔者结合中国地图,让学生了解"江南";结合插图突破难点"田田""间""戏"。巧妙地借助插图,可以让学生用更直观、形象、具体的图画来理解较难的字词,这比单一的讲解让学生更易于接受。其次,合理利用多媒体展现古诗的画面。多媒体的运用能让学生更直观地感受诗中所表现的景致:黄沙、红日、炊烟,一行孤寂的驼队展现"大漠孤烟直,长河落日圆";荷花、荷叶、鱼儿戏水,采莲的劳动人民述说着江南水乡的"江南可采莲,莲叶何田田";滚滚长江水,一叶白帆展现"孤帆远影碧空尽"……总之,诗中有画,画中有诗。另外,教师还可以鼓励学生展开想象画一画古诗展现的画面。在教学《村居》时,笔者让学生结合自己放风筝的生活实际来画一画诗中之景,要求学生画出周围的景色和放风筝的人物等。学生在绘画的过程中逐步加深了对古诗的理解,这种方式同时也提高了学生的想象力和创造力。

　　4.“写”“演”感受诗的意境美

　　一首古诗即一个故事,《江雪》中有被贬、孤寂却仍积极乐观的蓑笠翁;《秋思》中有"临发又开封"的思乡人;《赠汪伦》中有热情好客的汪伦,也有豪放不羁、不拘小节的"诗仙"。所以,让学生写一写诗中的故事,更能让学生感悟诗中的意境,同时也提升了学生语言文字的运用能力。学生的年龄特点、认知规律决定了每个孩子都有表现的欲望,他们亲自参与活动,将抽象的语言符号变得生动、直观。例如在教学《回乡偶书》时,我让一名学生饰演贺知章,一名学生饰演钓鱼的孩童,饰演贺知章的学生通过表演感受到久客他乡、无人相识的伤感,也体会到久别回乡的亲切,饰演钓鱼孩童的学生还将小孩钓鱼时的专注表现出来。表演过程中学生通过丰富的想象、积极活跃的思维,身临其境地感受诗人所描写的意境。

（三）有效的评价促进学生积极地学习

　　一些心理学家通过实验表明:面对不同的评价学生会有不同的情感反应。良好的情感反应会成为学生学习进步的动力,不良的情感反应会阻碍学生的学习,使其心理和智力活动受挫,造成学习困难。在古诗教学的过程中教师要对学生进行激励性评价,鼓励学生大胆表达自己的感悟,鼓励学生总结出适合自己的古诗学习的方法,鼓励学生自我评价,鼓励学生正确评价他人,鼓励学生将自己学习古诗的成果整理成册,归入古诗学习档案袋。总之,教师要关注学生的学习过程,关注学生的成长,评价形式的改变,也会提高学生学习古诗的兴趣。

　　古诗教学不仅是对学生语言能力的培养,还是对审美情趣的培养。笔者将和学生们一起徜徉诗海,踏寻古人的足迹,游历祖国的壮丽山河,弘扬中华民族优秀传统文化,诗意地走在文化自信的道路之上。

参考文献

[1] 桑标.当代儿童发展心理学[M].上海:上海教育出版社,2003(6):45-46.

[2] 章师亚.基于核心素养的古诗教学六大策略[J].小学教学参考,2019(1):16-18.

[3] 李军.让古诗在情境教学中更加诗情画意[J].甘肃教育,2019(8):1.

[4] 刘雪.基于新课程理念下的小学语文古诗教学探究[J].基础教育论坛,2019(1):3.

初中化学复习课激发学生学习兴趣的策略

郎钱燕

复习是学生对所学知识的温习、整理和延伸,复习是一个系统提高的过程。根据新课改的要求,复习在化学教学中的作用愈发重要。课程改革强调学生学习方式的多元化,注重开发学生潜能,关注学生的个性差异,引导学生自主参与,培养学生的创新能力,这已成为优化课堂教学,提高教学质量的重要指导思想和有效途径。初中学生的性格养成处于决定人生方向的关键时期,初中的课堂主要是让学生喜欢上学习,对化学产生一定的兴趣,为今后的高中学习奠定基础。那么,在初中化学复习课的教学过程中,如何提高学生的学习兴趣,从而提高化学复习课的课堂效率呢? 笔者结合目前初中化学复习课存在的问题,谈谈初中化学复习课激发学生学习兴趣的策略。

一、初中化学复习课存在的问题

(一)教师的教学方法过于单一

之所以说初中化学教师教学方法单一,这是由于在某些时候化学教学往往成为"如何提高学生考试成绩"的大课堂。随着课程改革的推进,部分教师虽然已经认识到自身教学存在的问题,但是在实际教学中他们往往受到传统教学观念的影响,在课堂上还是喜欢灌输式的教学,学生始终处于被动的学习状态,课堂氛围无法得到活跃。虽然学生在刚接触化学的时候是有一定兴趣,但是,学生长期处于这种教学环境中会逐渐丧失学习兴趣。

(二)师生互动严重缺乏

初中化学的高效课堂是建立在"教与学"有效联系的基础之上,而师生互动就是其中的关键因素。但在实际的化学复习课的教学过程中师生互动严重缺乏。由于部分教师受到传统教学思想的影响,在复习课教学中他们很少照顾学生的想法,不会在教学中主动与学生进行沟通交流。师生之间的互动严重缺乏,不仅仅阻碍了师生关系的建立,这也在很多时候影响到学生学习化学的兴趣。

(三)教师急于求成

由于初中化学的复习时间短,任务重,大多数教师仍采用题海战术,在复习课中总是以练代讲,或者一讲到底,急于求成,而忽视了学生之间的差异,总是想"一鞭子赶"。这样的模式反而让学生觉得枯燥乏味,上课走神,对复习课根本提不起兴趣。

二、初中化学复习课中激发学生学习兴趣的策略

(一)设置有趣的问题情景,激发学生学习兴趣

1.把"问题情境"生活化,增加学生的感性经验

化学知识来自于生活,我们在教学的时候应该从生活实际出发,创设的问题情景也要从实际出发,这样才符合学生的认知特征,才能调动他们学习化学的兴趣与欲望。而我们教师应该结合学生已有的知识和生活经验来设计有效的问题情境,使学生切实感受到化学就在身边,用化学知识就可以解决生活中的实际问题,从而让学生对化学产生亲切感,增强学生对化学知识的运用意识,培养学生解决问题的能力。如,在复习分子原子这一章节时,教师走进教室前可以准备一瓶香水,多喷一点(保证效果)在自己身上,然后缓慢地在教室里走一圈,同时提出问题,如"同学们有闻到一股香味吗? 你能看见这个香味吗?"这样就能自然而然引入今天的"分子和原子"这一章节,同学们的兴趣瞬间就被激发起来,知道今天就要复习分子相关的微观知识。

2.把"问题情境"故事化,提高学习的趣味性

教学的艺术在于激励、唤醒和鼓舞学生的心灵。教师在化学教学中,给学生营造一个适当的故事情境,就会让学生对化学更加感兴趣。因此,教师在化学教学中将问题编制成一个小故事,更能激发学生的学习兴趣,就能使学生主动参与学习活动,形成兴趣盎然、积极向上的学习气氛。例如,在复习人教版初中化学教材第五单元的第一个课题"质量守恒定律"时,教师利用《神探狄仁杰》中网红语言"元芳你怎么看"设计故事情境。"神探狄仁杰探案发现蜡烛燃烧后质量减轻,铁刀生锈后质量增加,这个连元芳都无法解释的问题,看来是一个千古难题呀,同学们你们如何看待呢?"教师让这个故事贯穿整个课堂来吸引学生的注意力,加深学生的印象,这样就能使学生在一个轻松、欢快、和谐的课堂气氛中学习,从而把学生们的兴趣调动起来。

(二)将化学理论联系实际生活,激发学生学习兴趣

生活中处处有化学,兴趣的源泉在于对知识的运用,教师把教材内容与生活实际相结合,最是符合初中学生的认知特点,能使他们体会到化学就在身边,领悟到化学的魅力所在,积极主动地参与其中,感受到学习化学的乐趣。生活本身就是一个化学大课堂,中学生已经具备了一定的生活经验,老师应对生活中客观存在的有价值的化学现象给予应有的关注和分析,以真实的生活为基础,使学生有代入感。如复习"燃烧与灭火"时,我们结合学生到户外春游时自己烧火做饭,自己生火灭火的生活体验,复习燃烧的条件及灭火的原理,让学生在回顾春游乐趣的同时将化学知识联系起来,提高了学生的学习兴趣,复习了化学知识。

(三)设置小竞赛,利用学生的好奇心,激发学生学习兴趣

教育家夸美细斯曾说过:"应用一切可能的方式把孩子们的求知与求学的欲望激发起来。"既然我们现在处在一个大的竞争社会中,那我们为何不在化学课堂中设置一个竞争的情景呢?在化学课堂上引入竞争机制,为学生提供一个展示自我,表现自我的平台,促进所有学生相互比拼、超越。例如在复习"化学式、化合价、化学方程式"这一专题时,我们可以以竞赛的形式,把学生分成几个小组,先让小组一起复习元素符号、化学式、化合价和化学方程式。然后以小组比赛的形式激励学生写元素符号、常见物质的化学式,标化合价,写化学方程式。这样一来,为了集体荣誉,优生会带动后进生,后进生也会更加努力学习,不仅学习氛围变得更加浓厚,学生之间还可以相互学习分享自己的学习方法。

(四)让学生自己动手设计化学实验,提升学生学习兴趣

如果说,复习是学习之母,那么,观察就是知识的理解和记忆之母。观察能力强的学生,绝不会成绩不良。化学是一门以实验为基础的科学,实验在化学课的教学中起着非常重要的作用。化学实验容易帮助学生形成化学概念,让学生更好地理解化学知识,这样形成的知识对于学生来说印象也会更加深刻。

初中化学演示实验特别多,复习课的演示实验也不能忽视。在复习课上,教师可以让学生轮流当小老师进行实验演示,要求学生操作规范,其余学生认真观察,找出他的错误操作,准确描述实验现象。对于部分实验,教师可以让学生自己设计实验,设计问题,进行实验,提高他们的兴趣。例如,探究燃烧条件的实验,我们可以让学生自己来设计实验,学生会给出很多的设计方案,同学们一起分析选出几组最佳方案进行实验演示,在试验中同学们一起发现问题,分析解决问题,这样的方式让学生们在探索中获得知识。

教师认真指导学生做好实验,让每个人都有机会参与其中动脑动手。即使是上课听讲专注力不够的学生,在开展实验时也能展示他们动手能力强的特点,促使他们积极地参与到课堂中来。比如,开展"探究水的组成"教学时,教师让学生用电解器对水进行电

解。学生就会积极连接电路,兴奋地检验电解水后电极上产生的气体。他们很快就会发现一个有趣的现象:水电解后,两个电极上都有气体产生,连接电源负极的刻度管内产生的气体多,该气体能够燃烧,产生淡蓝色的火焰,是氢气;连接电源正极刻度管里产生的气体少,能使带火星的木条复燃,是氧气;但是两种气体的体积之比大于2:1。这和我们平时所讲的结论不符。然后教师引导学生思考大于2:1的原因,再结合溶解度知识,既对溶解度的知识进行了巩固,又增强了学生的动手动脑的能力,让他们通过实验分析问题,解决问题,在体验做实验的快乐的同时获得成就感,培养了学生的科学素养和探索精神,调动了他们学习化学的积极性。

在化学课本和练习题中有许多有趣的实验,教师可以选择一些趣味实验向学生展示,也可以让学生在生活中寻找相关物质来做化学趣味实验。教师在课余时间鼓励学生做一些课外的实验,这些实验是用生活中常见的原材料进行的,材料来源较为广泛,价格也较低。比如,教师可以教学生做一些魔术实验,像烧不坏的手帕,制作汽水饮料,自制净水器等。这些实验的材料易得,也比较安全。教师也可以为学生提供展示的平台,如开展一些化学趣味实验比赛、化学实验创新比赛,这样不仅可以提高学生的动手能力,还可以培养学生的想象力,让学生可以在快乐中学习化学,在生活中应用化学。

(五)灵活运用多媒体教学设备,提升学生学习兴趣

教师利用多媒体技术进行化学教学可以很好地将一些文字、图像、色调、声响和视频有效地交融在一起,可以把枯燥的知识丰富化,把抽象的知识具体化。教师通过多媒体可以展示那些无法进行的实验现象,可以展示肉眼无法看到情景,以此来调动学生探究知识的热情,使学生能够主动有效地参加到课堂教学中来。例如,在复习"酸和碱的中和反应"时,我们可以通过多媒体动画展示出酸和碱在溶液中的微观示意图,发生反应的过程,反应后的微观粒子,学生根据动画展示的过程总结出酸和碱的反应实质。通过多媒体来吸引学生的注意力,把抽象问题具体化,这样学生更容易理解。在教学中我发现学生对这些知识的动画、视频非常感兴趣。学生的注意力很容易被动画、图像和声音吸引。这样就能让学生在一个轻松、欢快富有画面感的课堂环境中学习,激发了学生的学习兴趣,调动了学生的学习主动性,从而达到很好的教学效果。

总之,教师要在教学中不断地学习,不断地总结经验,不断地改进教学方法,优化课堂教学过程,充分利用语言魅力、化学实验和丰富的学生活动等多种手段来开展化学复习课,激发、培养学生学习化学的兴趣,调动学生的积极主动性,让学生享受学习化学知识的过程,让其主动参与到化学复习课中来,从内心体会到学习化学的乐趣。只有这样,才能真正减轻学生负担,提高教学质量,提高学生的综合素质和适应社会的能力。

参考文献

［1］缪陈亚.核心素养背景下初中化学复习教学策略初探[J].化学教与学,2018(3):3.

［2］王伦金.浅谈初中化学课教学中存在的问题[J].教育理论研究,2015(6):73.

［3］B.A.苏霍姆林斯基.给教师的建议[M].杜殿坤,译.北京:教育科学出版社,1984.

［4］李忠孝.初中化学教学中激发学生学习兴趣的策略探析[J].中国校外教育,2018(12):1.

小学高年级学生班级自主管理的问题及对策分析

周　跃

一、前言

　　班主任"累"，身累，心更累，往往花了时间还不见成效或效果不好，缺乏幸福感，班主任的情绪会传递给学生，导致学生也缺乏幸福感。班主任的情绪会直接影响学生的情绪，班主任精神满满，工作认真负责，严格要求学生，学生自然就在学习中全力以赴。要想班级健康发展，班主任的情绪很重要，班主任没有良好的情绪就会对所做事情产生倦怠感甚至厌恶感。如果班主任不能以良好健康的心态来管理班级，班级的发展就会受阻或导致恶性结果。班级琐事繁多，只靠班主任一人管理班级，无论从时间还是精力来说班主任都有限，不可能都由班主任一人操办解决，学生们多才多艺，每个学生都有其特长，发挥他们的特长也是在锻炼他们的能力。学生的任务不仅是学习，也包括德智体美劳全面发展，让班级事事有人做、人人有事做正是自主管理的要求。以重庆市教科院巴蜀实验学校为例，所有班主任都负责两个班的教学任务，而绝大多数班主任都是主学科教师，如此繁重的教学任务加之烦琐的班级事务让班主任们身心劳累，因此提高小学高年级学生自主管理能力势在必行。

二、班级自主管理的必要性

　　通过问卷调查、一对一访谈、教师会议、班干部会议和查询资料等方法，了解重庆市教科院巴蜀实验学校小学高年级学生自主管理现状，剖析存在的问题，并对问题进行分析，探寻出一条符合实际的自主管理之路，也为其他学校的研究提供一些理论依据。学生层面，重庆市教科院巴蜀实验学校学生以住读学生为主，住读生占全校学生90%左右，学生在最应该培养自主能力的年龄阶段选择了住读，这就给教师们提出了很高的要求，教师要在这样的阶段培养学生的主观能动性和主人翁意识,帮助学生形成正确的三观,从而促进学生在德、智、体、美、劳方面全面发展。教师层面,班级自主管理使班主任对自己所处的位置和任务有了更清晰的认识。提高学生的自主管理能力,既能让班主任事半功倍,又能让学生得到全面发展,同时为学校的教学累积经验,促进素质教育的推进。

三、研究现状

在欧洲文艺复兴运动人文主义思潮的影响下,一些学者重视人的主体性教育的研究。杜威提出"教育就是生活,学校等于社会"的理念。克鲁普斯卡娅、马卡连柯等人创立了班集体理论。这一理论强调班干部与集体在班级管理中的作用。日本作为教育强国,从幼儿园开始就为学生灌输自主管理的思想。美国更加侧重于课堂上的主动管理。综上所述,国外班级自主管理研究早,成果比较成熟。但这些成果都无法照搬用于我国,我国的国情不同于其他国家,因此一定要探寻出符合我国特色的自主管理之路。在教育新课改的浪潮下,一些学者运用立德树人以人为本的新观念对班级自主管理进行研究。林东桂提出"德育先导,全面育人,整体发展"。陈法友在《中学生自主管理研究》一文中,从主体性教育理论、马斯洛需求层次理论和目标管理理论出发对中学生自主管理进行分析总结,突出了学生的主体性地位和人本主义思想。我国许多学者对班级自主管理进行了研究,并取得了一些成果,为教育改革提供了一些理论依据及实践的基础,但这些研究远不能满足目前教育的发展,很多方面还需要不断改善和提高。如何把学生自主管理真正地落到实处,让学生、班主任、学校成为自主管理的受益者。

四、自主管理的现状

调查目的:掌握重庆市教科院巴蜀实验学校小学部高年级学生班级自主管理的基本情况。

调查对象:重庆市教科院巴蜀实验学校小学五、六年级学生。

学生调查问卷结构:此问卷共设定 20 个题,主要围绕是否自选班干部,是否参与班规的制定,是否自行组织班级活动,违反班规是否由班干部监管,班主任是否参与班级管理等问题展开调查。

调查方式:分时间分班级逐一进行问卷调查,且由每个班的班干部统计调查结果。

调查结论:师生地位未发生质的变化。教师仍是主导地位,负责管理班级大小事宜。

学生没有真正参与到管理中去。部分班干部的岗位设定不科学,很多岗位形同虚设,也没落实到具体的学生身上。学生在现有的班级管理中无法发挥作用,很多实质性的事务都被班主任取代,遇到问题也由班主任处理,这使学生不能参与到班级管理中。部分班主任有一定的民主意识,会让学生参与到班级管理中,包括让学生制定班规,由班干部记录学生表现情况并进行相应的奖惩。现有的班级管理模式就是班主任为主,少数几个班干部为辅,这样的模式束缚了全体学生的全面发展,大多数学生在班级管理上无积极性,学生的能力也未得到提高。

五、存在的问题

(一)思想方面

传统观念下,班主任拥有绝对权威,虽然没有社会组织中那样明文规定的行政职权,但班主任对全班学生有绝对管理权,评价、奖惩是无可争议的。另外,学生自主管理意识淡薄,他们对班级活动关注度不高。由于班级管理大权掌握在班主任手上,大多数学生没有管理意识,形成一种"事不关己,高高挂起"的心态,没有形成强大的班级凝聚力,集体活动热情不高。

(二)实践方面

1.素质教育改革并未落到实处

近十几年,国家都在推进素质教育改革,但大多数学校还是将应试教育作为学校的管理理念,也就使班主任的管理存在理论偏差。有些班主任认为学生只要成绩好、分数高,其他能力都可以忽略,素质教育都只是喊口号而已。

2.管理方法陈旧

班主任认为班级管理就是自己的事情,自己一个人说了算。自己制定班规,凭自己的经验挑选班干部,这导致班主任往往只重视成绩好的学生,并由他们来担任班干部。班主任只重视班级常规的管理,如迟到早退,而忽略了学生综合素质的提高。学生出现问题,班主任就严惩,班主任和学生的关系就如同猫和老鼠的关系。

(三)制度发面

首先,素质教育虽已提出多年,但在国家考试制度未改变的情况下,应试教育还是作为教育的主流存在,这导致素质教育的推动极其缓慢。加之我国还处于社会主义初级阶段,社会各方面因素对教育改革有很大影响。这些因素使学校、教师很难将素质教育作为培养学生的主要方面。其次,班级实施自主管理的策略欠妥。班主任一手操办班级大小事务,无法让学生参与其中,也就不能发挥其真正的作用。

六、促进小学高年级班级自主管理的对策

(一)思想上更新教育理念,让素质教育得到落实

1.教师要不断学习,树立正确教育观念

人的行为总是在思想的支配下产生的。有了正确的思想,才有正确的教育方法。教育家马卡连柯说:"学生可以原谅老师的严厉,刻板,甚至吹毛求疵,但不能原谅老师的不学无术。"要提高教师素质,首先要对教师进行正确的理论指导,给教师指引正确的教育之路,让教师明白当今社会及未来需要怎样的人才。

2.理论培训指导,加深理论基础

一个人没有正确理论的指导就无法做出正确的判断,从而导致做法的歪曲。一个人的不断进步离不开理论思想的进步。作为教师,每天都在教书育人,更需要理论的培训指导,教师只有掌握了先进的理论基础,才能让学生接受到真正有益于综合素质提高的教育。

3.理论联系实际,提高监督能力

学以致用,班级管理的先进理论只有运用到班级管理中才能真正发挥它的作用。学习的理论是统一的,但每个班的实际情况是有差异的,这就要求班主任在运用理论的同时结合实际情况,让班级自主管理真正得以实现。

(二)实践中健全班级自主管理制度

1.明确班级自主管理目标

任何事情的开端都需要一个总体的目标,在目标的指导下开展相关活动。班主任管理班级,就该为班级制定一个总体目标,并在所有学生的参与及共同努力下实现这一目标。我为班级建立的总目标是:建立一个健康向上、团结友爱、善于学习的班集体。在这个总体目标的指导下,全班同学为自己制定一个个人目标,以此来鞭策学生进步,为实现我们的目标奋斗。

2.完善班干部选拔制度

班主任要转变观念,学生才是班级管理的主体,而班主任只是引路人。班干部的设定一定要落到实处,班主任在选拔班干部时,必须有最基本的素质要求,一重品德,二重

能力,三重表率,四重学习。为了真正实现所有学生参与班级管理,班干部不能总由个别同学担任,教师应激励更多的学生参与管理。因此,一要竞争上岗,二要给学生提供自我推荐的空间和平台,激发所有学生管理班集体的积极性。

3.开展班级自主管理评价

健全的评价机制是自主管理的保障,这样既能增强学生的责任心,也能提高学生自主管理能力。首先要科学地制定制度,然后有效地进行检查督促,教师对做得好的学生给予肯定和表扬,对做得不好的学生鼓励帮扶。教师让学生通过合作方式布置教室文化墙,自己组织班队活动,自己编排国旗下的教育活动等,并对所有活动的开展进行总结,赞优点、找不足,让所有学生有一种"我的班级我做主"的思想,从而培养他们的主人翁意识。

(三)制度上多角度规划管理,形成班级自主管理合力

1.整合教育力量,促进班级自主管理的发展

整合教育力量包括以下五个方面:整合学校活动教育力量,整合家长的教育力量,整合社会的教育力量,整合学生自我教育力量,整合情感教育力量。通过整合这些教育力量,促进学生班级自主管理的发展。

2.协调各方,齐抓共管共治,形成教育合力

学生的教育是社会、学校、家庭共同教育的合力,每一方都有不同的责任和能力。小学高年级学生班级的自主管理离不开家庭、社会的共同努力。这是一种互动,也是一种重要的教育价值。学生是国家未来的栋梁,是社会主义的接班人,要想培养出自强自立、奋发图强的新一代,就得从小让他们有主人翁意识,让他们肩上有担当,脚下有力量,心中有梦想,最终实现中国梦。

│参考文献│

[1] 林冬桂,张东,黄玉华.班级教育管理学[M].广州:广东高等教育出版社,1999.
[2] A.C.马卡连柯.儿童教育讲座[M].诸惠芳,译.石家庄:河北人民出版社,1997.

提高小学生课外阅读兴趣的策略研究

文德义

古人有云:"立身以立学为先,立学以读书为本。"教育家苏霍姆林斯基曾说过:"让学生变聪明的方法,不是补课,不是增加作业量,而是阅读、阅读、再阅读。"阅读是什么? 阅读是文化传承的重要途径。每个民族的文化传承相当大一部分必须是靠阅读来完成的,民族的精神、文化、智慧很多时候是在阅读的熏陶、浸染中习得的。阅读是一个人精神成长的重要渠道。每一本好书就是一段人生,甚至就是一段历史。读书的过程是孩子认识人生,发现自我,超越自我的过程。提高小学生课外阅读兴趣,在童年时代让其形成良好的阅读习惯,会使孩子终身受益。

一、小学生课外阅读现状

(一)阅读量不足,阅读面狭窄

当前,小学生课外阅读普遍存在阅读量不足,阅读面狭窄的问题。《义务教育语文课程标准(2011年版)》对小学生课外阅读量提出了明确要求,小学阶段学生阅读总量应不少于145万字,五、六年级课外阅读总量不少于100万字,只有极少数小学生达到或超过了规定的阅读量。另外,小学生的阅读面相对狭窄,大多数学生的课外阅读停留在绘本、杂志、报刊、校园文学等,对科普类、历史类、经典文学作品涉猎不多。

(二)阅读兴趣不高

由于电子设备的发展与普及,小学生课余花在玩电子游戏、看电视等的时间远远超过阅读课外书的时间。声像材料以其直观的画面、生动的情节吸引着学生,让学生不肯拿起书本阅读。久而久之,课外阅读就变成了学生们的"作业"和"负担",学生们离开家长、老师的监管,则对课外书置之不理。

二、提高小学生阅读兴趣的策略

（一）推荐书目，指引方向

不同的年龄段的学生，阅读的书籍内容也会有所差别。为孩子选择书籍时，我们要多方位地考虑，尤其是要根据孩子的发展情况以及年龄段来选择书籍。只有为孩子选到最适合的书籍，才会让孩子爱上阅读。根据孩子阅读能力，结合教材相关内容进行推荐。一、二年级以精美绘本和童话故事为主，如《安徒生童话》《父与子全集》，三、四年级以成语故事、科普类漫画、反映儿童生活的小说为主，如《时代广场的蟋蟀》《森林报》《宝葫芦的秘密》；五、六年级以历史类、文学类作品为主，如《草房子》《写给儿童的中国历史》《汤姆叔叔的小屋》。同时结合教材进行推荐，拓展阅读，如学习了《蟋蟀的住宅》，就推荐法布尔的《昆虫记》；学习了《争吵》，就推荐亚米契斯的《爱的教育》，使课内教学延伸至课外，扩大阅读面。不仅老师向孩子们推荐，还有同学之间互相推荐，教师每周开展一次"我为你推荐一本书"活动，请一位同学带上自己近期读过的图书，上台推荐，吸引更多的同学加入阅读行列。

（二）猜想，激发阅读兴趣

孩子们总是乐于预测、猜想，并千方百计地验证自己的预测、猜想。一个题目、一幅插图都会引起他们的无限遐想。于是，在课堂中，我常常让他们根据题目猜主要内容，根据开头猜下文，看插图说故事等。孩子们的阅读激情高涨，边读边思考，这种方法不仅激发了他们的兴趣，还提升了阅读能力。比如，在阅读课外书《夏洛的网》时，我拿着书走进教室，让孩子们从书名入手，猜猜夏洛是谁。有的同学猜夏洛是个小女生，有的同学猜夏洛是个调皮的男孩，有的同学猜夏洛是蜘蛛，最后我揭晓答案时，猜夏洛是蜘蛛的同学欢呼雀跃，猜错了的同学心有不甘，还想继续挑战。接着我让他们猜"夏洛的网"可能讲什么故事。同学们大胆猜测，争辩不休……最后，我揭晓答案：夏洛的网帮助了一只小猪。蜘蛛和小猪之间到底发生了什么？你得自己去读读。学生从未接触过这本书，他们在做出选择的时候是理性和感性综合作用的结果，是含糊的，朦胧的，又对真相充满着期待。老师一步一步的追问激发了他们的期待，而老师问而不答，让他们自己通过阅读去解开疑团，吊足了孩子们的胃口，个个恨不得先睹为快，都争着要读《夏洛的网》，书当然就归猜对了的同学。待到第二周，教室里就会出现许多本《夏洛的网》。

（三）师生共读，叩开诗歌大门

对于小学生而言，生动有趣的故事最吸引他们，而诗词歌赋，他们就甚少主动阅读。

为了让孩子们感受诗歌之美，我会利用早会、课前诵读进行形式多样的"师生共读"。读唐诗时，我会先示范读，让孩子们模仿读，比一比谁模仿得像，孩子们争先恐后想要展示自己的诵读能力。读现代诗时，我会和孩子们接龙读，读着读着，孩子们就被老师带进诗歌的情境中，越读越有感情。渐渐地，孩子们喜欢课前的诵读环节，并能读出诗词的韵律、节奏来。

（四）阅读存折，设定阅读目标

为了保持孩子们读书的热情，我们班每人有一本阅读存折。学生每读一本书，就可以将自己读过的书带到我这里进行"储存"。在"储存"之前，学生得接受老师的一番考核，测试通关，表明他确实读过这本书，再"签字画押"，在存折上存上一笔知识财富。每存上一本书，孩子们总要得意扬扬地在班上炫耀一番，彼此比一比谁读得多。他们谁都不甘示弱，为了让自己的阅读"富"起来，常常利用课余时间"啃书"。每月我根据孩子们的阅读储存量，选出班级"悦读之星"，推选其到学校参加校级"悦读之星"评比。孩子在阅读中，渐渐被书中的故事情节吸引，爱上阅读。

（五）家校联动，阅读不间断

班级、学校营造了好的阅读氛围，可不能让阅读的好习惯在家里丢掉。于是，我和家长商量，达成共识，联手督促孩子阅读。孩子在家里保持每天 40 分钟以上的阅读时间，并进行阅读打卡。孩子完成当天的阅读，家长就在孩子的书上签字确认，并注明阅读时间及页码，以此督促那些不太爱读书的同学坚持阅读，让阅读成为一种习惯。寒暑期，我利用网络发布"晨读打卡"挑战，百分之百打卡成功的同学就可以获得老师的"朗读者"勋章。孩子和家长对这样的活动都有很高的热情，积极参与，大大地提高了孩子的朗读本领。

春天不要错过播种，童年不要错过阅读。课外阅读是课内阅读的延续和补充，既开拓了学生的视野，又丰富学生的学识。在孩子的心里播下一颗"阅读"的种子，用书香浸润童心，定能收获"悦读"的硕果。

参考文献

[1] 刘荣华.好读书 读好书 多读书[J].小学语文,2014(9).
[2] 张祖庆.把学生领进阅读之门:整本书导读教学策略探微[J].小学语文,2014(9).
[3] 珍妮弗·赛拉瓦洛.美国学生阅读技能训练[M].刘静,高静娴,译.北京:北京科学技术出版社,2018.
[4] 斯蒂芬·克拉克.阅读的力量[M].李玉梅,译.乌鲁木齐:新疆青少年出版社出版,2012.

初中物理开展学生课外实验探究策略

周汉军

引言

初中物理教学过程中部分教师受应试教育的影响以及教学条件的限制,在课堂中仍采用为了考试而教的满堂灌教学,很多实验教学环节变成了说教式教学,或者让学生看一些视频资料,把做实验变成了说实验、看实验,忽略了学生的知识建构过程和认知过程。随着现代教育技术的发展与运用,虚拟实验逐渐深入课堂,这也导致部分教师不重视实物教学。学生也是为了考试而学习,忽略科学探究过程。

实验教学是物理教学的重要手段,可分为课堂实验和课外实验。这里所说的初中物理学生课外实验探究是指初中学生在物理课堂以外进行的实验探究。实验探究可以是学生独立完成,也可以是小组合作完成,学生可以利用学校已有器材,也可以在生活中寻找器材,在校内或校外独立完成科学探究全过程,将探究过程和结论反馈给老师,老师予以指导、评价。

一、开展初中物理学生课外实验探究的必要性

(一)学生课外实验可增强学生学习物理的兴趣

开展物理课外实验探究,学生需经历选择课题、制订方案、选择器材、进行试验、分析得出结论、评估、展示交流等过程。学生可以选择自己感兴趣的、有疑问的课题,根据自己所学知识和所具备的能力制定计划进行科学探究。问题、器材都由学生自己选择,它们可以来自学习或生活中,让学生体会到物理是最贴近生活,又能应用于社会的科学。学生经历完整的探究过程,不断地发现问题,解决问题,能获得成功的喜悦感,增强学习

物理的兴趣,激发科学探究的欲望。

(二)初中物理学生课外实验是课堂实验的补充和延续

目前物理实验教学还是以课堂实验教学为主,有教师演示实验和学生分组实验。但是每节课只有 40 分钟,教师需要完成演示实验和学生实验,还要进行理论知识讲授,一节课相应的教学步骤所用时间比较紧张,课堂实验教学难免有些不足之处,如教师在做演示实验中出现一些意料之外的现象,迫于完成教学任务拒绝多次实验,忽视问题,牵强地将结论说给学生;有的教师将分组实验做成演示实验,学生只能通过观察实验现象得到结论,容易理解现象但难以理解本质和原因;分组实验时部分学生在有限的时间内很难完成任务,更不能进行深层次探究。这些不足都可以通过学生课外实验完善,让学生有充足的时间经历实验探究过程,完成更多的实验探究。

(三)学生课外实验是促进学生学好物理的重要手段

课程标准提出学习方式应多样化,而物理又是一门与生活紧密联系的学科,通过实验可增强学生对知识的掌握和应用。课外实验作为对课堂实验的补充、延续,可以让学生身临其境进行知识的有意义建构;学生可以从简单的课外实验入手,通过实验构建物理模型,突破学习难点,事半功倍,提高学习效率。学生课外实验可以将抽象难懂的问题形象化、具体化,便于解答问题。课外实验能加强学生对物理知识的理解和强化,有效促进学生学好物理。

(四)学生课外实验是培养学生科学态度和责任,提高科学探究能力的重要方法

学生在进行课外实验探究时,从生活中提出问题,充分体会到物理来自生活,又能走向社会,培养学生的科学态度和责任感。学生通过自己努力解决问题,经历解决问题的艰辛,能提高科学探究能力,并获得科学探究成就感,爱上物理,爱上科学探究。

(五)学生课外实验比课堂实验更开放,能培养学生创造能力

学生课外实验探究的问题、器材、方法都由学生自己选择,研究范围远大于课堂教学范围,无论是问题还是方法都比课堂实验更开放。不限制问题,不限制方法,学生可以大胆地提出问题,直面问题,通过实践解决问题,激励学生发散思维,培养其创造能力。

二、初中物理学生课外实验探究分类

(一)现象观察型课外实验

自然现象、生活中丰富的物理原理,是现成的课外实验的资源,可以很好地作为学生的观察研究对象,例如雷电的形成、雨后的彩虹、煮饺子。教师可以引导学生仔细观察现象,让学生撰写详细的观察记录,再结合学过的知识并查阅资料,对这些现象的形成原因进行解释。让学生养成用物理科学知识解释、看待自然界和生活中的现象的习惯,提高学生的观察能力、信息处理能力和分析能力,培养学生实事求是、好学多思的习惯。

(二)深入研究课堂分组实验

受时间和设施的限制,部分小组在课堂分组实验时不能达到预期的效果,没有时间思考并解决问题。比如,在探究"用动滑轮提升物体的过程中拉力 F 与物重 G 的关系"时,学生很难找到结论,老师往往将误差范围放大让学生寻找结论,或者直接给出结论,让学生反过去看在误差范围内结论和现象是否吻合。分析后发现问题可能是:①物体重力太小受摩擦力影响较大,摩擦力的大小又没办法测量,无法找到拉力与物重的定量关系;②绳子和动滑轮重力不能忽略,引起的误差;③提升物体的过程中,弹簧测力计拉力没有保持在竖直方向;④提升物体过程中,没有保持匀速直线运动。到底是什么原因导致很难得到结论,学生可以在课后多次实验,从多个方面入手改进实验,逐个改变实验条件和方法,得到更准确更可靠的结论,并且能弄清楚误差来源。这样不仅能解决课堂上遗留的问题,还能培养学生求真务实的科学态度。

(三)完成课后习题或练习中出现的实验

在学习过程中,学生会遇到一些比较抽象、难以理解的习题,如浮力压强综合中的液面升降问题,电学部分的动态电路和电路故障的检测。这些问题如果只通过理论分析,学生理解起来会很困难。如果学生能在课后进行实验探究,使抽象的问题具体化、形象化,学生就更容易理解,便于问题的解答。

(四)制作类课外实验

初中物理课堂上会有很多科技或生活中的模型,如电动机、发电机、潜水艇。课本上也会有一些要求学生自己制作的模型,如自制喷雾器。这些模型,教师在课堂中大都是展示成品或图片,学生难以理解它们是如何应用物理知识的。学生在课后可自己动手制作实验仪器、模型,在制作过程中学生能更准确地理解模型的原理。教师还可以鼓励学生进行小发明的实验研究,激发学生的创造能力。

三、开展初中物理学生课外实验探究

(一)初中物理学生课外实验探究的一般流程

学生开展物理实验探究的一般流程依据科学探究的步骤:①选择问题:学生根据自己的疑惑或者兴趣选择实验探究的问题。②收集资料、制定计划:学生根据确定的问题查找收集资料,制定实验探究方案,交由教师指导把关。③进行实验、收集证据:学生根据方案准备器材,进行实验,记录现象,收集数据。④分析数据、得到结论:学生查阅相关资料,结合所学知识解释实验现象,得到结论。⑤评估:学生将得到的现象、结论呈现给老师,老师予以指导、评价。⑥展示、交流:学生将自己的研究用小论文、实验报告、视频、现场演示、作品展示等形式展示给其他同学,与其他同学交流探究过程,分享探究结果。

(二)初中物理学生课外实验探究中教师的作用

学生课外实验虽然是学生在课堂外进行的实验探究,但初中学生所学知识具有局限性,解决问题的能力还欠缺,所以在学生进行课外实验探究的过程中教师仍然有着重要作用。①在选择探究的问题时,学生可能无从下手,或者选择一些能力之外的问题,教师可提供一些供选择的示例,并根据学生能力指导其选择实验探究内容。②学生开始接触课外实验探究时,可能会感到迷茫,教师可以分享以前成功的案例。学生制定好探究计划时,教师对计划的合理性、可行性进行严格把关,预测探究过程可能遇到的问题。③学生在实验探究过程中难免遇到各种各样的问题,教师应随时关注学生探究情况,及时指导、帮助学生解决问题。④学生完成实验探究后,教师还应指导学生完成小论文、实验报告等成果展示内容。⑤学生每完成一次课外实验探究,教师都应及时对学生的探究过程和成果进行评价、鼓励。⑥教师定期将一段时间内学生的课外实验成果在班级或学校范围内展示,并对好的实验探究给予奖励。

四、初中物理学生课外实验探究存在的问题及建议

（一）存在的问题

初中物理学生课外实验还不是一种普遍的教学方式，教师们迫于教学压力，学生们也更关注中考成绩，同时受学校实验实施的影响，在初中物理学生课外实验探究的开展过程中存在一些问题，如：①教师易受应试教育和传统教育方式的影响，迫于中考压力，认为学生做实验不如多做题。②部分学生科学探究意识薄弱，对物理实验兴趣不高，甚至认为课外实验会加重学习负担。③由于初中生学习物理的时间不长，经历的科学探究较少，学生知识面、动手能力、实验技巧和解决问题的能力不够，难以处理实验中遇到的问题。④学生课外实验探究的时间、地点不固定且内容开放，教师不能及时指导，帮助解决问题。

（二）针对存在的问题对教师提出几点建议

学生课外实验的主体虽然是学生，但教师仍然起到主导作用，为了更好地开展学生课外实验，对教师提出几点建议：①改变观念。教师应按照新课程教育理念树立全面发展的教育观和人才观，克服片面追求升学率的思想，了解学生课外实验对教育教学的促进作用，才有利于课外实验的开展。②注重学生兴趣的培养。教师在平时教学过程中多列举生活中的物理现象，引用小魔术等打造有趣的课堂氛围，勤于开展实验教学，提高学生学习物理的兴趣并激发其科学探究的欲望。③落实实验教学，培养学生科学态度和责任感，提高学生科学探究能力。教师在平时教学中，该演示的实验不省略，该分组的实验不演示，有意识地培养学生解决问题的方法和能力，在实验教学中从每一个细节准确引导学生使用实验器材、观察现象、分析数据、得到结论。④结合实际，有计划地开展课外实验探究。教师开展学生课外实验需结合本校实施等实际条件，因地制宜地选择开展方式和内容。⑤制定计划。教师按学月、学期制定计划开展学生课外实验，明确每期活动的主题、任务，定期评比、展示。⑥教师开展学生课外实验要适度，不能过度依赖课外实验而忽略课堂实验，更不能因此加重学生课业负担。⑦教师随时关注学生探究过程，及时帮助学生解决遇到的困难。⑧开展活动，贵在坚持。教师要明白欲速则不达的道理，要不断总结，使活动不断向纵深发展，以提高物理教学质量。

总之，为把学生培养成"全面发展的人"，我们在新教育理念下不断地探索。目前还有不少教师在主观或客观上依然不重视物理实验教学，课外实验就更不用说了。有道是"纸上得来终觉浅，绝知此事要躬行"，初中物理课外实验能给学生带来不同于课堂实验的经历，扩大了学生的视野，让学生感受到成功的快乐，又增强了学生对所学知识的实际

应用能力、动手能力和创新能力,让学生体验到了物理学习的乐趣。学生课外实验还可以拉近物理与生活的距离,让学生感受到物理与社会、物理与日常生活的联系。因此,进一步探索物理课外实验势在必行。

参考文献

[1] 王子顺.物理课外实验教学研究[D].兰州:西北师范大学,2006.

[2] 陈浩.初中物理课外实验对学生解题能力的影响研究[D].沈阳:沈阳师范大学,2014.

[3] 徐志长,叶晟波.关于课外实验教学的新思考[J].教学仪器与实验,2012,28(6):31-33.

[4] 曹红艳.初中物理课外实验的教学研究[D].苏州:苏州大学,2016.

[5] 高倩倩.中学生化学课外实验能力的评价及教学效果研究[D].上海:华东师范大学,2016.

[6] 张剑忠.初中物理课外小实验教学的实践与研究[D].兰州:西北师范大学,2007.

[7] 廖伯琴.义务教育物理课程标准解读[M].北京:高等教育出版,2011.

初中数学作业有效性策略探究

陈道凡

　　学生作业是检验教师教学情况和学生掌握知识、巩固知识、应用知识情况的途径，是培养学生分析问题和解决问题能力的重要手段。学生作业是教学工作中必不可少的环节，是课堂教学的延续和完善。作业练习可以检验教师的课堂教学效果和学生的课堂学习效果，进一步巩固课堂知识，培养学生学习能力和应用知识的能力，为教师在后一阶段的针对性教学提供了有效的依据，是提高教学质量和教学有效性的必要手段。作业的重要性不言而喻。那么该如何设计作业？如何布置作业？布置什么作业？布置多少作业？怎样才能使作业科学合理、更有效呢？从以下四个方面去做，就可以提高作业的有效性。

一、作业的方式

　　我的做法是每节课内留五分钟的时间让学生当堂完成并上交作业，每次布置的作业量在 1 至 3 题，且题目是学生必须掌握的知识点。这部分作业老师要从批改中分析得出不同孩子的不同错误点、必须要改正的地方以及该同学有能力改正的错误点。我认为这样的作业能让教师及时发现问题，能检查学生的真实情况，便于教师采取相应的补救措施和个别辅导，也能促使学生课内专心听讲。这点作业量不能达到巩固知识的作用，于是我再布置三十分钟左右的课后作业，让学生练习，达到巩固课堂知识和提高学生应用课堂知识的能力的目的。

二、作业的数量

　　作业量一定要适中，老师布置作业时必须充分考虑学生的学习层次的不同，分层布置，分层要求，要讲求质量，精心选题，要有针对性，做到不布置机械训练的作业，不布置重复性作业,不布置不切合学生实际的作业,不搞题海战术,不用大量作业来达到巩固知识的目的。我的做法是每节课内布置五分钟的课内作业,让学生当堂上交,再布置三十分钟左右的课后作业,做计算题的时候可以多布置一点作业,这有助于学生熟悉运算法则,熟练掌握计算方法。我认为这样的作业量比较合适,学生有自主学习的发挥空间。

三、作业的内容

(一)分层布置,体现个性化

学生的个体特征不同,基础不同,学习习惯和自控能力也有所不同,对知识的理解能力和接受能力更有差异,所以我们在布置作业的时候,要根据学生层次的不同,设计不同难度的作业题目,分层布置,分层要求,体现个性化,针对学生的不同水平设计必须掌握的部分(基础题)和非必须掌握的部分(提高题、创新题)。必须掌握的部分是每个同学根据教学目标必须要做的题目;非必须掌握的部分是供学有余力的学生做,以此鼓励他们更加优秀。这样,既让学习困难的学生体会到成就感,达到了基本的训练目标,又让学习优秀的学生体会到了创新的成就感,做到让不同的学生都有不同的收获和不同的发展,从而提高班级整体教学质量。

关于作业的层次性和个性化,我主要将其运用在学生的课后作业上。根据作业的难易程度我把作业分成必须掌握的部分(基础题)和非必须掌握的部分(提高题、创新题),学习困难的学生只做必须掌握的部分(基础题),以提高这些学生的学习兴趣和学习信心;成绩中等的学生要完成基础知识必掌握题和综合运用知识题,以保证全体学生对基础知识的掌握;学习轻松的学生在做好必须掌握的部分(基础题)和综合运用题之后再加一道创新题,即具有一定挑战性的较难题,以培养他们的思维能力和综合解决问题的能力。然后,教师根据情况做小结,并做讲评。当然,如果学生觉得自己有能力做高难度的题目,教师也要鼓励他们在做好基础题目的同时自由选做更高难度的题目。

(二)变换题型,体现多样化

学生作业要贴近学生生活,联系实际,保持一定的新鲜感。通过一题多变等多种形式,引导学生思考感悟,从而避免单一化、机械化。教师要时常变换作业题型,保持学生对作业的新鲜感,调动学生的学习兴趣和积极性,从而提高作业的有效性。

学生的数学作业不是只做一些简单的书面作业,还要做一些包括阅读、探究、合作实验的作业,如操作性作业、预习性作业、写数学日记、社会调查、合作实验等。通过这些形式多样、新颖有趣的数学作业,学生不仅喜欢做这样的数学作业,还更喜欢数学课。学生只有喜欢数学,才能学好数学。

四、作业的批改

批改作业既是师生双方获得信息的重要途径,也是教学工作中不可缺少的环节。教师及时批改作业,能使师生双方尽快获得课堂教学的信息,能使教师及时了解教学中的不足和学生掌握知识的情况,这样才能让学生做作业和教师批改作业发挥作用,才能调动学生的积极性和学习兴趣。教师在批阅学生作业时,不仅要做到认真及时,还要对典型错误做好记录,便于集体讲评,对学习困难的学生和学生必掌握的知识点尽量做到面批,个别指出错误之处,让学生清楚地知道自己错在哪里,不让错误的概念在学生的头脑中形成。根据学生的年级段的不同,教师在批改作业时,可以经常运用一些鼓励性的评语,以激发学生做作业的兴趣,潜移默化提高学生学习的动力。教师对作业中出现的好的解题方法,要积极地在学生中介绍推广,从而不断地培养学生的创新意识和勇于挑战的精神,充分调动学习轻松的同学学习的积极性和兴趣,不断提高学生的学习成绩。

对于作业,不能让学生忙着写,老师忙着批改,甚至老师批改的是学生抄袭的作业,这样浪费了教师艰辛的劳动。条件允许的情况下教师尽量让学生当面写作业,至少基础部分学生要当面做。对各类强化、巩固性练习,教师在批阅时不仅要给出正确或错误的评判,而且还要找出学生错误的缘由,让其纠正修改。同时教师还要做好批改记录,这样不仅可以使教师在讲评作业时做到目标明确,针对性强,而且能使学生及时知道自己的错误和产生错误的原因,并进行及时的补救。

学生作业是检验教师课堂效果,检查学生知识获得情况,巩固学生知识和提高学生应用知识的能力的有效途径。教师教学是否有好的教学效果,必须通过学生作业的好坏来检验。学生要取得良好的学习效果,必须通过作业来巩固知识,应用知识,培养能力。因此,作为教师,我们一定要精细地为学生设计出有效的作业,发挥作业的有效性,让作业起到反映教师课堂教学效果和学生课堂的学习效果的作用。

初中英语读写结合教学模式探究

杜江芸

伴随着我国课程改革的延伸,各学科各个环节、各个部分的联系越来越密切。以初中英语教学为例,其涉及听说读写四方面的训练,尤其是其中的读写部分,更为重要和关键。实现阅读与写作的有效结合,探索与之相关的教学模式,是知识不断地开发的重要过程,也是增强学生学习效果的主要途径。在读写结合的教学模式的运用和探究中,初中英语教师需要深度地整合教学资源,积极地创新和探索,结合学生所阅读的文章,组织各种形式的写作训练,促使学生多角度进行知识的挖掘,综合性地考查学生对知识的理解和运用情况,把握住读写中的连接点,从而实现以读促写的教育教学效果。下面,就以初中英语课堂教学为例,对读写结合的教学模式进行探究,具体的策略如下。

一、运用现代化技术加强读写结合,培养学生的英语探究意识

先进的技术,带来新型的教学模式,为教学注入无限的力量。教师在初中英语课堂开展读写结合的教学模式时,要尤为注重信息技术的运用,通过新技术的支撑,达到资源的优化配置,整理好学生的阅读和写作思路,引导学生积极地探究,让学生找寻适合自己的阅读和写作方法,指导学生进行高效地阅读和写作,让学生感受到读写结合所带来的快乐,从而促使学生收获更多的成果。比如教师在教授人教版初中英语教材八年级上册第七单元"Will people have robots?"的阅读课文时,首先,教师要充分利用现代化技术,为学生呈现科技对生活的改变,引导学生探讨机器人在生活中的运用。其次,教师对课文的核心内容和中心思想进行深度提炼,并科学地实现内容的分类,以思维导图的方式呈现重点句型。此环节也是最重要的一个环节,大量的句型和词汇的运用为后面的输出做准备。最后,教师在学生观看到机器人的发展背景、特点后,开展以"The Robot"为主题的小短文写作,指引学生把阅读的信息加以创造,阐述出机器人对人类所产生的积极影响,让学生把个人探究出的观点引入到作文中,确保阅读更好地为写作服务,达到读写的高度统一。

二、设置精细化的环节促成读写结合，培养学生的自主思考能力

对学生进行思维的训练，提高学生的自主思考能力。学生只有进入全方位的思考中，学科思维的发展才会呈现上升趋势，才会达到质的飞跃。为此，在初中英语课堂教学中，教师要通过各种形式的阅读训练，积极地开展和推进丰富精彩的训练活动，调整好各个细节的关系，抓住其关键内容，可以采用先整体阅读，理解文章大意，再进入精细阅读，处理细节单词和句子，接着根据思维导图复述文章内容，把自己代入情境中去理解，最后根据文本进行二次创作的顺序，让学生不再受到传统思想的限制和束缚，而是能够自由地发挥，把心中的想法、看法在阅读结束后，通过书面的形式表达出来，以达到学生深度思考和训练思维的目的。比如学生在学习"感恩节做火鸡"相关内容时，了解到了这个特殊的西方节日以及它的传统习俗，感受到世界文化的多样化和丰富性，那我们可以以此为契机，引导学生思考中国传统节日有哪些，有哪些传统习俗，选取其中的一两个节日组织学生进行写作，此时不用限制作文的内容，让学生在写作中体现优秀传统的精髓，理解中国节日中"get together"的节日意义，再通过中西方节日比较让学生得出中西方文化传统的一些差异，经过这样的读写训练环节，不仅能加深学生对中华文化的了解，更能让学生的自主思考能力得到明显的提高，加强学生的双重学习效果与体验。

三、组织分层性的模式保障读写结合，提高学生的英语运用水平

作业的布置和设计，是检验学生学习成效，提高学生实践水平的关键。作为初中英语教师，要在作业安排中全面体现读写的有机结合，要把课内外的活动融合起来，认识到学生之间的差异性，根据不同的学生，布置不同的读写任务，要切合学生的实际，把握"学生读写综合能力的发展"的教学规律，适当地进行作业设计，引导学生把积累的知识运用到实际的写作中，更好地检验学生的学习效果，以达到学以致用的教学目标。比如教师在进行"life in the future"的课堂教学中，先给每个层次的学生布置写作的任务，接受能力较差的组可以写50至80词，并且多用简单句即可；中等组写80至100词，但在简单句的基础上必须写几个复合句，能对阅读中出现的重点句型进行灵活运用；能力相对较强的组写100至120词，尽可能多用复合句，补充一些高级句型及较难的单词，对阅读文本加入自己新的理解。教师在学生积累大量的词句后，开展写作训练，促使学生逐渐增加单词的数量，写出更优美的文章。

四、结语

总的来说,读写结合,是英语学科的一大特色,也是深化课程改革的重要途径。初中英语教师要牢牢地抓住阅读和写作各自的特点和规律,根据以上教学方法,从中汲取丰富的教学经验,延伸知识,通过写作拓展学生的阅读空间,引导学生积累丰富的素材,改变学生无话可说的被动状况,运用创新性的教学方法,引起学生对阅读和写作的关注,鼓励学生进行自由的创作,释放学生的灵感,在英语阅读中,有意识地进行写作的训练,以达到学生阅读水平和写作能力不断攀升的目的。

参考文献

[1] 朱兆艳.初中英语的读写结合课堂教学研究[J].中学生英语,2014,No.542(35):92.
[2] 顾伟红.核心素养下初中英语读写结合教学模式初探[J].英语广场,2019,No.097(1):120-121.
[3] 曾富平.浅析初中英语阅读教学与写作教学的相结合[J].新教育时代电子杂志(教师版),2018,000(38):89.

核心素养下初中高效英语课堂的构建策略

卢国燕

一、创建英语学习情境,培养学生的表达能力

英语是一门重要的语言教学科目,重点在于培养学生的英语表达能力,但纵观他们的英语学习实际情况,学生的表达能力往往是最欠缺的。究其原因,主要在于学生缺乏良好的英语表达环境。从这个角度上讲,教师可以从教学情境的创设入手,让学生在特定的语言环境中激发自身的英语表达欲望。在此过程中,教师必须注意到培养学生的英语表达能力是一个循序渐进的过程,不能操之过急,要将教学内容与学生的英语学习实际情况有机结合,为他们创设有效的英语学习环境,在特定的氛围中感染和熏陶学生,以此逐步推动高校英语课堂的构建。

例如,教师在教学"When is your birthday"这篇课文时,可以借助视频或图像的展现形式,创设与课文内容相关的情景,将生日聚会的相关视频呈现在学生眼前,同时标注出本节课的重点单词"art、festival、thing、term、busy、time"等,为学生营造一种特定的教学氛围,他们也会在氛围的感染下,主动进入英语课堂的学习中,这样有助于推进教师的教学进度,也为英语高效课堂的构建打下了良好的基础。

二、引入有效提问,培养学生的思维能力

有效提问,即教师在与学生互动时,适时提出问题,引发学生对问题的思考、讨论和探究,而且教师在设计问题时,也要基于学生的学习水平和学习能力,以此为出发点,针对性地培养学生的思维能力。在此之前,教师必须要做好课前的准备工作,立足教学内容并进行深入研究,让问题起到启发和点拨的作用,以此逐步训练学生的思维能力。教师在设计课堂问题时,可以有效渗透一些生活化的元素,这样不仅可以增强学生对问题

的熟悉度,还能使学生在相对熟悉的问题中引发他们主动思考的欲望,这对培养学生的思维能力也有很大的帮助。

例如,教师在教学人教版初中英语教材八年级上册第一单元"Where did you go on vacation"的第二部分内容时,在学习两篇旅行日记后,得知由于天气原因,Jane 在周二玩得并不开心。这时,教师可提出问题"How can Jane have a good time on Tuesday ?"用问题引导学生思考,学生积极讨论,提出"do some indoor activities"。由此,教师可进行阅读品质的教育,"When something changes,we should change to make our life better and make us feel happier"。可见,教师借助有效提问,在推进课堂进度和引发学生思考的同时,能有效培养他们对文章的分析能力,逐步促进学生思维能力的发散,以此调动他们学习的主观能动性,逐步推动英语高效课堂的构建。

三、开展小组合作,培养学生的合作精神

小组合作教学方式正被广泛应用在当前的英语课堂中,学生为解决同一个问题,在小组中相互交流、协商,彼此之间分工明确,这种方式不仅能培养他们的沟通和表达能力,也促进了学生合作能力的提升,为他们以后的学习和生活也奠定了扎实的基础。现阶段的英语教学,早已不再是简单的知识传递,而是一个使学生掌握英语知识、了解英语文化的过程,教师要充分挖掘学生的学习潜力,培养他们对英语知识的运用能力。

例如,教师在教学人教版初中英语教材八年级上册第三单元"Could you please clean your room?"这篇课文时,分析文本,从文中提炼出 Nancy 和她妈妈之间的对话,而后模仿语音语调品读对话,让学生体会角色的情感和语言的特征。这时,教师借助小组合作的教学形式,首先对学生进行分组,让他们以小组的形式进行角色扮演,学生也可以集思广益对角色进行适当改编,然后各小组进行比拼,教师对表现优秀的小组进行适当奖励。这种竞争形式的比拼,充分调动了各小组的竞争意识,有效培养了各成员之间的合作意识和能力。同时,学生在用英语交流的过程中,深刻体会到了英语的魅力,触发了他们对英语的学习欲望,提升了学生的课堂融入度,也加快了英语高效课堂的构建速度。

四、结语

综上所述,英语课程的学习对培养学生的核心素养有一定的促进作用。英语教师在教学过程中,也必须从核心素养的角度出发,指导学生掌握英语知识,了解英语文化,逐

步促进学生的全面发展。基于此,教师在英语教学过程中也要积极更新英语教学理念和教学方式,以更前沿、更有价值的教学资讯指导自身的教学工作,在此过程中逐步打造高效的英语教学课堂。

参考文献

［1］陈新华.核心素养下初中英语高效课堂的构建思考［J］.课程教育研究,2020(4):121-122.

［2］李丽娟.核心素养下初中英语高效课堂构建［J］.学周刊,2020,No.425(5):106-107.

［3］李秀云.核心素养下的初中英语高效课堂［J］.科学大众:科学教育,2020(5):1.

课程研究

高段科学课堂活动的改进与反思

唐良昀

科学课的意义在于让学生获得一种体验：对学习本身的体验，对学习过程的思考。简单地说，学生为什么要学习这些课程？学生为什么要学习书上的这些课程内容？从这些课里学生能得到什么？虽然科学课与其他课程一样，更注重知识的获得和态度的形成，但类似于逻辑研究推理、价值思考和行为判断的素养培养同样不能被忽略。教师不应该只以完成教学及教学的最终成果为目的而进行观念的输出，而忽略让学生用自己的方法去体验观念的选择和形成的过程。

一、科学课的学习程序中的评价与思考

在科学课程标准的引导下，科学课堂标准的学习流程如下：
①创设探究情境，激发学习兴趣，明确学习目标；
②参与探究活动，亲历实践过程，获取真实资料；
③收集整理信息，集体交流研讨，归纳得出结论；
④修订预设方案，巩固扩展所学，解决实际问题；
⑤多层反馈评价，及时调整指向，确保思维连续。
根据课堂的普遍情况，五个流程的基本走向应该是：

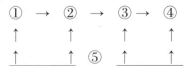

第五个环节并不是单独出现的，也不是独立进行的，而是随着探究活动时间的推移和教学的方向与速度贯穿整个教学活动过程，其主要作用是确保教学过程的优化和教学目标的全面达成。其中，多层次指的是各个教学环节和教学的全过程；反馈评价指的是教师要及时了解教学过程中出现的各种情况，一旦发现问题，特别是出现预设外的问题，要及时分析原因，看其是否偏离教学目标的主线，或者是否对达成教学目标造成不利的影响，或者如果不及时解决这个问题，学生就不能逾越思维的沟坎。因此，教师要及时调

整思维的指向,确保思维的连续性,及时纠偏,一定要把评价贯穿教学全过程。但是,第五个环节的反馈既可能延迟课堂进度,也有可能因为存在更多的教学选择而使教学目标跑题。而教师所采取的态度可能会带领学生到达不同的终点,其终点的区分不是在于以怎样的方法得到结论,而是在于课程结束后学生还有多大的继续探究空间,能留下多少问题让学生可以持续性思考。

前面四个环节也并非一成不变,学生的年级越高,所具备的前概念越多,探究学习经验越丰富,那么前面四个环节也就有可能出现合并的情况。比如,可能某些学生对某些学习内容拥有强烈的学习兴趣,所以即使学习目标并不明确,他也有可能对学习活动非常投入;又比如,在收集信息的过程中,当学生发现前面的某些实验环节出现了差错的时候,他可能并不会先得出结论,而是会修正方法,再次实验,直至解决问题后得出结论。另外,教师在创设教学情境的时候,也会根据教学内容直接设置问题,让学生围绕问题直接解决问题,然后得出结论。但正是因为第五个环节的存在,科学课堂才有可能变成由学生真正主导的探究活动场地,而非由教师带领的一次课堂教学。

二、一次基于思考的教学尝试

(一)教学活动介绍

"建高塔"是教科版小学科学教材六年级上册第二单元"形状与结构"中的第六课。本课中教师将引导学生认识框架铁塔稳定不倒的形状结构特点。物体都有稳定性问题,研究这个问题,不但可以加深学生对框架铁塔的认识,也能够让其认识所有物体的稳定性问题。本课以铁塔为什么稳定不倒为起点和归宿,中间用塑料瓶做实验和制作"高塔"来探究物体稳定性问题。

本课有三个活动。第一,研究物体不容易倒的秘密。让学生用塑料瓶、沙、水去自主研究教材中提出的三个问题,初步认识到上小下大、上轻下重的物体不容易倒。

第二,建造不容易倒的"高塔"。学生建造不容易倒的"高塔"是对前一个活动研究结论的应用和再检验,是一个继续研究的过程。这里不是制作框架式高塔,主要考虑的是实验研究不与教材内容重复和教学时间的限制。但这里有个矛盾,就是抗风能力的测试。学生会将已知的前概念运用到搭建过程中,那么他们搭建的高塔下部大多应该比较宽比较重,如果进行人为扇风测试的话,高塔多半不会那么容易倒。这和教科书上的内容有矛盾,但是正因为有矛盾,才有可以继续提出问题继续研究探讨的必要。也有部分老师会在材料准备上做文章(用一些比较轻的材料),但是我觉得这样做会使学生提出更多的问题,因为六年级的学生经过三年的科学学习,对于材料的准备有了一定的经验。学生对于材料的质疑会使学生直接质疑实验的正确性。有些学生甚至会自己准备比较坚韧的材料。

第三,铁塔不容易倒的再思考。将探索的结果与最初的假设相比较进行反思,是培养探究能力的一个策略。这个活动希望学生经历这样的过程,体会比较、反思的意义。同时,再思考使学生加深对框架铁塔不容易倒的原理的认识。

(二)学生学情分析

学生在学习中已有的前概念有三个:第一,通过上节课的学习,学生已经知道框架结构具有结实且不容易变形的特点;第二,学生对"上小下大"的物体稳定性是具有一定的认识的,只是缺乏数据(证据)的支持;第三,关于"上轻下重"的思考,大部分学生潜意识中认为物体越重越不容易倒,就像一个塑料瓶,里面装的沙或水越多越稳定,装满水的塑料瓶是最不容易倒的。

根据学生的前概念和已有的课堂经验分析,第一个活动有必要但是缺乏活动动机。六年级的学生也刚好处于青春期前期,对于笃定的事实再进行验证,他们的态度会比较散漫。所以,本课果断舍弃第一个活动,直接进入第二个活动环节。课前我让各小组的学生准备瓶子、沙子。课堂伊始,我就直接布置了挑战任务:15分钟搭建高塔,15分钟后各组测量自己的塔的高度并在黑板上公布,然后各组可以到讲台上来进行倾斜度的测试。我用木板搭建了三个不同的倾斜度(10°、15°、20°)的平台,如果高塔在三个倾斜度的平台上都能站稳了,塔的高度又是最高的,该小组为优胜组。每个小组都有多次机会,如果高塔在不同倾斜度上倒了,那么该小组就要下去思考,要怎样做才能让高塔站得稳。鉴于每个班都有8个小组,入选的前两名会有特别奖励。

里德曼(N. G. Lederman)曾指出,没有证据支持"科学探究过程中只有一种科学方法"。米勒(R. Miller)和德瑞弗(Drivr)也指出,不存在"一种清楚可描述的科学方法,包含一组被证明的过程,是科学家从事科学探究过程中一直跟随使用的"。

本节活动课的重新设计,是我对课堂教学的一次教学尝试,其中删除了部分科学课堂正常的学习过程。学生的积极性很高,我也相当空闲,当他们全身心地投入到活动中的时候,我也有足够的时间对我的课堂设计做出评价和反思。

三、收获和问题

(一)关于塔的搭建

整个课堂活动的结果是:15分钟时间搭建高塔,三个班的学生小组都能在10分钟左右完成自己的搭建任务,速度快的小组能在6至7分钟内完成任务。而且学生小组对于"上小下大、上轻下重"的概念在搭建中运用得比较完美,而且很多小组都觉得,要在斜坡上立得稳,高塔下面就一定要大、要重。事实上,很多小组在兴高采烈地测量高塔的高度后到讲台上进行测试,他们都发现,光是满足了这两个条件还不够,如果坡度逐渐增大,高塔往往也不容易站立得稳。所以,这就使得学生在搭建完成后需要对之前的思维定式进行反思。本节课堂和平时课堂不同,参与活动包括提出建议进行修改的学生几乎达到100%。即使个别学生并不投入,由于大部分同学都很有兴趣,他们也没有了开小差的空间,至少能做到认真观看。毫不夸张地说,看上去很吵闹的课堂,其实仔细听来,学生们都是在热火朝天地讨论问题,也不需要教师刻意去维护课堂秩序。交流协作而趋向一致的认识过程,决定了合作学习的基本策略、要素和方法。合作学习也包括积极互动、面对面的促进性互动、个体和小组责任、人际和小组技能、小组过程等要素。合作学习也具有多种方法。

(二)如何让塔在不同的坡度上站稳

在完成高塔在不同的坡度上站稳的任务中,所有小组都花了不少时间,而且在循序渐进的搭建过程中,不同小组都有了同样的发现,他们都觉得光是"上小下大,上轻下重"不足以满足高塔在斜坡上站稳的要求,好像不同高度的塔,最下面不同大小的塔,最下面的重量也似乎有差异。所有不同高度、不同设计的塔最后指向了同一个问题,并要解决这个问题,殊途同归的感觉让他们意识到现在需要解决的问题才是最重要的问题,也让学生在不知不觉中意识到教材未曾明显揭示出的"重心"问题。当然,教材没有明确提出,我也没有做出明确解释,但是学生会意识到,"上小下大,上轻下重"并非建筑物稳定性的全部。查尔默斯(A. F. Chalmers)曾经指出:"构成科学知识基础的观察既是客观的,又是可错的。就它们能够接受简单明了的程序检验而言,它们是客观的,而就它们可被由于科学和技术的进展而成为可能的新型检验推翻而言,它们是可错的。"所以,让学生在不断尝试中找出答案,又自我否定,而后再次探索,能让学生的思维迅速发展和成长,符合科学本质。

(三)抗风能力测试

如我估计的那样,每个班大约只有两三个组能够完成倾斜度的测试,然后他们会发现,其搭建的建筑物的抗风能力都特别特别好。所以,我决定多给他们一节课的时间,让所有小组都完成搭建和测试后,来比较我们搭建的塔与书上的塔有什么不一样的地方。抗风能力究竟是对什么的测试? 在课堂中有学生提出来,我们应该用相同高度,塔底有相同大小的塔进行比较。在这里,已经有学生明确提出了用实际的数据代表塔底的大小。

学生能够提出这样的实验计划,比教师按照书上要求笼统地讲建筑物的稳定性更有意义。在充分活动以后,学生意识到解决问题的前提是"理解"问题,"理解"不同于"知道","理解"是一个贯穿了"思考"的思维活动,它不是基于教师为他们拟定的学习目标,而是基于自己对已有的概念和知识经验的再次建构,换言之,就是对自己为什么要进行学习的理解。这是对学生学习最有利的引导,也是与科学素养形成所衔接的关键。

四、反思

经过两个课时的活动，参与了活动的所有学生在搭建过程中找到了对建筑物稳定性的理解，同时，他们找到了解决不同问题的方法。但是，我的这次尝试也存在这样一个问题：延长了课时。其实不只是这节课，很多课上我都在为这个课时纠结，如果要让真正的探究活动深入下去，必须延长课时，否则很多应有的活动就会流于形式。我也不断地在看很多课堂实录，寻找既不必延长课时又能充分进行探究活动的方法，直至目前，要么简化课堂程序，要么只能延长时间，并不能取得有效平衡，因为延长课时意味着课程可能不能按时结束，简化课堂程序也并非每堂课都适宜采取。

但我若抛弃这些所想要解决的问题来看，我始终认为，时间是学生学习的必要因素，无论是课堂内的还是课堂外的时间，都是如此。这段时间若是被有效利用，学习必然是有效的。那么如何让时间变得有效呢？评价标准主要依靠学生的学习状态和学习结果。而怎样让学生拥有最好的学习状态和学习收获，并由此让学生感到在科学课上自己是主导者，学习过程是依赖着他们而前进的呢？教师提供一个学习环境，所有的一切由他们自己去探索是一个不错的选择。在这个过程中，他们获得的不仅是一个学习结论，也包括对学习本身进行思考而获得的学习意义。

霍德森（D. Hodson）认为，由于科学的学习及与"科学革命"类似的意义重建，能够使学生认识到，科学并非提问、推理、结论的单纯循环，而是一个充满挫折、失败、谬误、猜想、顿悟的不断探索的过程，会让学生对科学课堂的活动有更深的认知，也能让学生对科学课的本质有新的理解。思维的重构会指导学生学习行为的进步，也体现了科学课堂真正的价值所在。

参考文献

[1] J. J. Mintzes, J. H. Wandersee, J. D. Novak.促进理解之科学教学[M].黄台珠,等译.台北:台湾心理出版社,2002:321.

[2] 蔡铁权,陈丽华.体现科学本质的科学教学[J].全球教育展望,2012,41(10):84-90.

[3] 艾伦·查尔默斯.科学究竟是什么[M].邱仁宗,译.石家庄:河北科学技术出版社,2002:44-45.

情境教学在小学阅读教学中的运用

——以重庆市教科院巴蜀实验学校为例

杜文峰

在新课程改革的大背景下，《义务教育语文课程标准(2011年版)》指出"以学生发展为本""全面提高学生的语文素养"。然而在单一的教学模式下的传统语文课堂难以满足学生日益增长的知识需求。情境教学法因其趣味性、审美性，又被教师重新重视起来。情境教学法是符合课程改革潮流、符合学生心理特点的优秀教学模式。

20世纪末我国教育学家李吉林提出情境教学法。情境教学利用儿童的情感活动，加深了其对课文语言及字里行间的情感理解，并通过一定的语言训练，引导儿童表达这种渗透着对客观世界的美的感受及情感体验。这就使单调而枯燥的语言的理解和运用，成为儿童的审美活动。情境教学法能提高学生的审美能力、表达能力等综合能力，实现小学的多维教学目标，特别适合小学语文阅读教学。

在重庆市教科院巴蜀实验学校的教学督导过程中，笔者不断听课调查，观察语文教师对情境教学法的使用，发现部分教师对语文情境教学的理解不够深入，情景教学策略运用单一或不合理。笔者认为，教师只有根据学情及文本去创设、再现情境，全面衡量教学设计，选择最合适的情境教学运用方式，才能最大限度地提高教学效果，发挥情境教学在阅读教学中的优势。结合李吉林老师的情境教学方法与笔者的听课调查，笔者认为情境教学在阅读教学中的运用方法可分为情境展示与情境体验。情境展示具体可细分为视觉情境(实物、图画)和听觉情境(音乐)。情境体验则为学生对情境感知的自我体验和行动，具体分为情境感知和情境表演。笔者希望通过本文，找到情境教学在小学语文阅读教学中具体、有效的运用方法，让情境教学在小学阅读教学中发挥真正优势。

一、情境展示

教师讲课的情境运用即为情境展示，教师将情境展示给学生，使学生融入相关情境。教师的授课技能越高超，展示的情境越动人，学生越能真正地进入相关情境。情境展示具体可细分为视觉情境(实物演示、图画再现)和听觉情境(音乐渲染)。

（一）视觉情境

1.实物演示

教师用实物粗略地创设必要背景，在课堂上构成一个整体视觉情境。小学语文教材中，与学生的生活距离较远的课文比较多。学习这些课文时，学生难以形成直观感受，从而影响学生对课文的理解。此时，教师若是用实物进行演示，学生就会豁然开朗。

例如重庆市教科院巴蜀实验学校三年级五班的陶虹老师教学《画杨桃》这篇阅读课文，课文主要讲的是绘画课上"我"和同学们练习画杨桃时发生的事情。"我"根据自己看到的，把杨桃画成五角星的形状。同学们看到后，哄堂大笑。老师却通过这件事，启发同学们要实事求是。重庆的孩子大多不认识杨桃这种水果，这影响学生对课文的理解。上课时，陶老师首先组织学生自由朗读课文，并提问："对于课文，你们有没有不清楚的地方？"学生读完课文后，纷纷举手发言。当一个学生问什么是杨桃时，陶老师顺势从口袋里拿出杨桃，学生一下子被吸引了，目不转睛地盯着这个新鲜事物。于是，陶老师根据课文描述的观察顺序引导学生观察杨桃。

> 师：首先从正面观察杨桃，杨桃是什么样子呢？
>
> 生：有几个棱角。
>
> 生：是青色的。
>
> 师：从正面看，你认为它像什么？
>
> 孩子们七嘴八舌地回答，没有一个人回答像五角星。
>
> 师：换一个角度呢，你又看到了什么？
>
> 生：哇！真的像一个五角星！

通过实物的演示，学生以作者的角度观察到"五角星"，从而理解课文内容，加深了对课文中心思想的理解。当学生对课文中的物体认识模糊时，教师可向学生出示典型个体。低年级学生的抽象思维尚不成熟，具体思维还占主导地位。教师在情境教学中使用实物演示法，能激发和培养学生学习语文的积极性，帮助学生树立学习信心，养成良好的学习习惯，发挥学习的主观能动性。陶老师运用实物演示，让学生有直观的感受，构建学生的视觉情境，同时拓宽学生的思维想象等能力。

在阅读教学中，教师如果能根据文本，有针对性地运用教学用具，让文本中抽象的文字具化为直观的实物，用生动直观的教具演示代替枯燥抽象的分析讲解，不仅能有效地激发学生的学习兴趣，还能有效地解决教学中的难点，达到事半功倍的效果。

2.图画再现

用图像再现课文情境，把课文内容形象具体化，通过文字表达的课文内容一下子变得生动、形象，看得见也摸得着。例如刘垠老师教授《我多想去看看》这篇课文。课文描述新疆的孩子想去北京看看，北京的孩子想去新疆看看，表达了孩子们对祖国大好河山的热爱之情。课堂上，刘老师向学生出示了一系列美轮美奂的新疆和北京图片。

师：在新疆有美丽的天山，可爱的牛羊，无垠的绿草，有圣洁的雪山，雪山上还有洁白的雪莲（与此同时，PPT播放图片）。

师：现在我们也来看看美丽的天山。在这里，你可以和维吾尔族小朋友一起骑马，和阿妈一起挤羊奶，和小朋友一起看星星，和维吾尔族朋友一起载歌载舞。

眼前的图片，一下子感染了学生。孩子们完全被一幅幅图画吸引了，这些令人震撼的自然美景一下子激活了他们对祖国大好河山的热爱。孩子们你一言我一语，表达着自己的愿望。在孩子们热火朝天的讨论中，这节课很好地达到了情感态度价值观的教学目标。

小学语文教材所选用的阅读文本不乏写景佳作，如《桂林山水》《青海湖》《迷人的张家界》等风景名篇。这些风景名篇云霞满纸，但缺乏生动的情节。小学生因年龄阶段较低，较难接受这样的风景名篇。如果此时运用图片再现情境，老师加以指点、启发、描述，从而使学生感受形象，进入情境。除了展示图片，教师还可以用简笔画的方式。

但图画再现情境只适用中低年级，高年级孩子应自行发挥想象。这样，学生对阅读作品的自学能力才会逐步提高到一个新的高度。随着学生逐渐成熟，教师应逐步培养学生的想象能力，让学生凭借想象中的画面再现情境。儿童想象能力的培养，关键在于教师要利用想象的契机，有意识地启发学生展开想象。因此，在学生的情绪被带动，又理解构成新情境的有关表象时，教师可以凭借学生脑海中浮现的画面，把学生带入想象的情境。这不但是可以达到的，而且是更有意义的。

（二）听觉情境

在小学语文阅读教学中，教师可以通过音乐渲染情境的方式把学生带入文本特定的情境之中。

笔者曾在教学《半截蜡烛》这篇课文时，采用了播放音乐的方式。《半截蜡烛》是一篇关于战争的课文，为了让孩子们感受课文的中心思想——战争苦难，和平珍贵。在课堂上，笔者用课件展示了难民事件的新闻，随后播放音乐，有感情地朗读了难民事件的新闻。在音乐中，在笔者的朗读声中，孩子们一下子进入情境。他们仿佛看见了不幸逝去的小难民躺在沙滩上，他们仿佛看见了枪林弹雨，妻离子散。在这节课堂中，音乐用旋律激起心灵的波浪，展现鲜明的形象，构建学生的听觉情境，引发学生思考课文内容，使学生体会到战争的无情，和平的珍贵。音乐作为一种震撼人心的艺术，作用于学生听觉，使学生入情入境，在享受音乐的同时获得语文知识，获得审美愉悦。

二、情境体验

在小学语文阅读的教学中，教师的讲授固然重要，但情境体验强调学生的体验同样重要。情境体验是学生对情境感知的自我体验和行动,具体分为情境感知和情境表演。情境感知是教师让学生联系生活、贴近生活地感知课文情境。情境表演则是教师让学生根据课文内容进行表演,让学生体验阅读情境,与作者共鸣。

(一)情境感知

教师把学生带出课堂,从生活中选取某一典型场景,作为儿童观察的客体。教师再用语言加以描绘,将情境鲜明地展现在儿童眼前,使学生感知情境。联系生活,感知情境,学生把生活体验升华到学习中,形成情感的迁移。

重庆市教科院巴蜀实验学校贺清竹老师在教授《秋天》这篇课文时,就带领学生到校园内观察,让学生感知情境。教师在选取情境时,应注意观察顺序,注意事物的取舍,使情境具有鲜明性。重庆此时正是秋天。校园里的树叶都变黄了,风一吹来,片片落叶舞动飞扬。这恰好与课文中对秋的描述相同。于是贺老师在设计第二课时,让学生在操场上观察秋天的景象。首先,贺老师引导学生观察树叶。树叶黄黄的,风一吹来,树叶掉落。很多学生情不自禁地背诵课文中的内容。同时,贺老师提问:"你还知道哪些关于秋天的词语呢?"孩子们兴致勃勃地打量我们的校园,说出了"桂花飘香""秋高气爽"等四字词语。低年级学生语言词汇贫乏,但在情境感知中,他们了解事物,在生活中学习词汇。词语伴随着形象,带着情感色彩扎根他们的脑海。

(二)情境表演

情境表演就是学生在老师的指导下,把课文内容以小故事的形式表演出来。表演形式灵活,方法简单,有趣多样,深受中低年级学生喜欢。

重庆市教科院巴蜀实验学校一年级三班唐昌维老师在教授《小公鸡和小鸭子》这篇课文时,让学生进行情境表演。学生在表演小公鸡捉到很多虫子,小鸭子捉不到虫子的情节时,一个观看的学生一下子领悟到教学难点,大声说道:"老师,是不是因为他们的嘴巴不一样,所以小鸭子捉不到虫子?"笔者与唐老师都感到很惊喜,本以为学生很难独自领略到这一教学难点。

笔者认为,情境教学在小学语文阅读教学中运用的方法具体可细分为视觉情境(实物、图画)、听觉情境(音乐)、情境感知和情境表演。但以上方法并不是单独使用的,教师可根据学情及课文文本相互配合使用,从而构建多维度小学情境课堂。多维度小学语文情境教学强调教授将各种课程资源进行合理优化整合,利用音乐、图片、语言、角色扮演、生活等传统情境,再加入动画、视频、表演等形式,调动学生的视觉、听觉、触觉等感官,学生运用朗读、记忆、吟唱、表演等多种方式学习知识,感悟情感,全方位地感受教学情境。

值得注意的是,教师构建多维度情境课堂,在选择情境教学使用方式的时候,不可多而杂。教师在一节课上如若使用了图画、音乐、实物等情境教学方式,就不宜再使用情境感知与表演。否则,情境方式运用太多,学生应接不暇,注意力全部被老师的"花样"吸引,难以扎扎实实地学到知识。

参考文献

[1] 李吉林.小学语文情境教学:李吉林与青年教师的谈话[M].北京:人民教育出版社,2003.

[2] 韦志成.语文教育情境论[M].南宁:广西教育出版社,2001.

[3] 李吉林.儿童·知识·社会:语文情境教学的三个维度[J].语文世界(教师之窗),2011(4):45-47.

[4] 于斌.小学语文情境教学的实践[J].现代中小学教育,2013(1):92.

[5] 郝玲.呼和浩特市新城区小学语文情境教学运用现状研究[D].呼和浩特:内蒙古师范大学,2014.

[6] 刘成文.妙语解颐,渐入佳境:我对"语言描绘情境"的理解[J].江苏教育,1995(3):12-14.

[7] 潘慧娟.浅谈在培智低年级语文课堂中对实物演示的应用[J].时代教育(教育教学),2010(6):278.

[8] 冯卫东,王亦晴.情境教学策略[M].北京:北京师范大学出版社,2010.

[9] 王丽华.实验教学让语文课堂精彩纷呈[J].教师博览(科研版),2012(5):27.

让数学课堂上的"问题串"精彩绽放

——听吴正宪老师"除数是整数的小数除法"一课有感

胡晓蓉

提笔写文章,思绪万千,但记忆犹新的还是吴正宪老师执教的"除数是整数的小数除法"一课。那是 2016 年 9 月,我们与崇拜的"大师"——吴正宪老师,再次相约在重庆市南岸区教师进修学院附属小学。作为学员的我有幸走进了她的课堂,聆听了她的教学过程,目睹了她的教学风采。如今,我打开珍藏已久的听课记录,平静的思绪再次掀起波澜,吴老师精湛的教学艺术和高尚的人格魅力又一次浮现在脑海里并深深感染着我,打动着我。让我们共同来领略吴老师"好吃"又"有营养"的数学教育。

整个一堂课,吴老师和学生真诚对话平等交流,抓住课堂中生成的一个个"问题串",在课堂中留出"空白",悄无声息地把孩子推到学习的主体地位,让他们自主去探索,自主去发现,自主总结,让"问题串"在孩子心中精彩绽放,老师也沉浸在学生收获成功的灿烂笑容中,师生的幸福感在课堂中自然流淌。吴老师的课淋漓尽致地演绎了教师在课堂中的主导作用和学生的主体作用。

一、开课抓住买书产生的真实问题,让学生感受到数学来源于生活,体会学习本课的必要性

一上课,吴老师创设了在书店买书的情景,提出了"李老师买 4 本书,交给收银员 100元钱,找回 3 元,每本书多少钱?"的问题,学生对这个问题都有切身经历和体会,感受到数学的价值,激发了学习的积极性,很快大家踊跃思考,得到"(100-3)÷4 = 24 元……1元",吴老师利用学生生活经验,启发问道:"给 24 元买得到一本书吗?"学生不假思索回答买不到。"那给 25 元划算吗?"从而生成了余下的 1 元钱还应该继续平均分给 4 本书,顺势进入 1 元平均分成 4 份的探索中。吴老师巧妙在新旧知识的衔接点留"空白",激发了孩子探索的欲望。

二、抓住课中学生生成的问题，了解学生的认知基础，巧妙将学生引入算理的探究中

"1元平均分成4份，怎么办？"一问激起大家思考，吴老师适时插入："给24元买不到，给25元又多了，得把1元继续分下去，怎么分呢？"她在提问后留下"空白"，让学生集思广益，学生在小组里畅谈自己的想法，老师在学生的讨论中发现一些有价值的思考，让学生逐一上台分享自己的想法，展示思维的成果：

学生一：1元=100分，100分÷4=25分

学生二：1元=10角，10角÷4=2角……2角

学生三：100-3=97元，97÷4=24元……1元，1元=10角，10角÷4=2角……2角，2角=20分，20分÷4=5分，24元+2角+5分=24元2角5分=24.25元

学生四：……

老师在学生讲到精彩处给予认可与掌声，在学生思维困惑处引导大家讨论，适时进行点拨、引导，从而营造了一种生生对话、师生对话、生生互动、师生互动的探究氛围，体现师生民主、平等的关系，同时也了解了孩子原有的认知起点。四位同学用自己理解的方式都能得到每本24元后再分2角5分时，为了让学生进一步明白算理，吴老师拿出1元人民币平均分给4本书，发现每本不够1元，于是要换成比"元"小的单位"角"，1元=10角，10角平均分给4本，每本分得2角，还余下2角，发现每本不够分1角了，继续将"角"换成更小的单位"分"再分，1角=10分，2角就换成20分，平均分成4份，每份分得5分钱，学生一目了然得到每本的价格是24.25元的过程。

三、巧设过渡问题，顺势引导学生对小数除法由算理的理解到竖式算法的简化

"以后买书、买本子、买眼镜等都这样不断换钱分，会怎样？"一个顺势的问题，让学生感到麻烦，吴老师指引学生："数学除了要有合理的方法外，还要体现数学的简洁性。为了更简洁，能否把分的过程合在一个式子里？"学生利用原有的经验，把竖式继续写下去，得到：

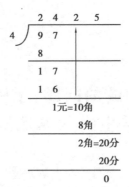

```
        2 4 2 5
   4 ) 9 7
       8
       1 7
       1 6
      1元=10角
          8角
      2角=20分
         20分
           0
```

学生明白了算理后,在表达算法时,一个"有没有更好的建议?"的问题引导学生进一步修改竖式,简化思维,在原有竖式的基础上改为如下:

```
        2 4 . 2 5
   4 ) 9 7
       8
       1 7
       1 6
         1 0
           8
         2 0
         2 0
           0
```

"你眼中是 24 元 2 角 5 分,他的眼中是 2425,怎么办?"学生一下想到打上小数点。老师强调小数点的作用,追问一句"是谁让我们一目了然?"(生答小数点。)老师乘胜追击问:"1 就是 1,为什么可以添 0? 2 就是 2,为什么添 0 变成 20 还不变?"这个问题让学生发现这些都是小数点的作用,它一站,1 添 0 变成了 10 角,2 角添 0 变成了 20 分,大小不变,学生进一步明白了十分位、百分位商表示的意思。此时,老师再让学生对小数点说点什么? 学生对小数点的作用以及打小数点的算理了然于心。学生在经历刚才的对话后,对除到被除数的末尾有余数时,可以在余数后面添 0 继续除的算理和算法恍然大悟。

四、巧设练习中的问题,联系数的意义进行算理指导,利用情境支撑理解算理,升华小数除法计算方法的本质

在刚才师生探究的基础上,吴老师让学生笔算练习"9.7÷4"和"51÷2",学生得心应手,很快完成。吴老师并没有到此结束,而是让学生根据"51÷2 = 25.5"编故事,把小数除法赋予现实情境,让数学回归生活。有的学生编"用 51 元钱买 2 支钢笔,平均每支的价格是 25.5 元",有的学生是"把 51 个苹果平均分给 2 人,每人分得 25.5 个",有的学生认为可以表示"把 51 米平均分成 2 段,每段是 25.5 米"……学生真实体会到同一个算式可以表示生活中的很多事例,不仅局限于分钱,同时他们发现无论分什么,分的过程中的共

同点都是把 51 个"1"平均分成 2 份,每份分得 25 个"1",再把余下的 1 个"1"添 0 变成 10 个十分之一,平均分成 4 份,每份分得 2 个十分之一,在十分位商 2;最后把余下的 2 个十分之一添 0 变成 20 个百分之一,平均分成 4 份,每份分得 5 个百分之一,在百分位商 5。

引申:如果还有余数,怎么办? 举一反三得到继续添 0,再分下去……为后面的循环小数的学习做好铺垫,也凸显了小数除法的本质,让学生学会小数除法计算方法。

纵观一整堂课,吴老师把枯燥的计算教学变得不枯燥,抓住课中生成的问题,巧妙设计一些问题串,把学生的思考一步步引向深入,让"问题串"串起了学生思维的起点与原点,串起了学生思维的困惑与难点,串起了笔算的算理与算法,串起了具体与抽象,串起了特殊与一般,让学生的探究过程无拘无束展开,让学生对小数笔算除法本质的理解显得水到渠成,真正把计算教学的算理融入算法的血液中,让小数除法的知识在学生血脉中自然流淌,在学生心中精彩绽放——理解笔算小数除法的算理,掌握笔算算法!

|参考文献|

[1] 周玉仁,杨文荣.吴正宪的儿童数学教育:真心与儿童做朋友[M].北京:北京师范大学出版社,2012.

"章头语和章头图"在章起始课中的教学功能及优化路径

石晓菲

每章的第一节称为章起始课。上好章起始课是优秀数学教师必须完成的任务。纵观初中数学教材,每一章的开头都会设计一段言简意赅的文字和一幅形象生动的图画,我们称之为"章头语"和"章头图",它们在章起始课中意义深远。对教师而言,用好章头语和章头图,可以帮助学生初步建立起本章的知识框架,理清本章所涉及的基本数学问题,让学生体会到本章的核心数学思想方法。对学生而言,章头语和章头图能够指引他们发现并思考问题,极大地增加了学习新知识的兴趣,为进一步的具体学习打下基础。

一、"章头语和章头图"在章起始课中的教学功能

(一)激发学生学习数学的兴趣

爱因斯坦曾说过:"兴趣是最好的老师。"夸美纽斯指出:"兴趣是创造一个欢乐和光明的教学环境的重要途径之一。"在数学教学过程中,教师能否激发学生学习兴趣是教学能否成功的关键。从一定程度来讲,教师抓住了学生的求知欲,培养其浓厚的学习兴趣,思维活动才积极有效,学习才能取得事半功倍的效果。章头语和章头图能最大限度地培养学生的学习兴趣。

比如,北师大版初中数学教材八年级下册第一章"三角形的证明"的章头图,是一幅以三角形建筑图片为背景,配以含有欧几里得《几何原本》,以及勾股定理的证明等内容的电影胶片,学生首先对电影胶片产生兴趣,因为在现代科技高速发展的今天,学生已经很少看到电影胶片了。此时教师顺势引导,回顾历史,追溯几何之父——欧几里得。接着教师引导学生观察电影胶片上的文字,复习几何中的三角形、勾股定理,为进一步比较系统的学习证明做准备。最后引导学生阅读章头语,了解本章将要学习的内容,使学生做到心中有数,从而极大地增强了学生的学习兴趣。在此基础上,教师展开本章的第一节"等腰三角形"的教学。又如,北师大版初中数学教材八年级下册第四章"因式分解"

的章头图是一幅形象的图画——对开的两辆列车"整式乘法号"与"因式分解号",学生可以发现它们是有联系的,但"对开"一词又说明它们的方向不一样;章头语是有对比性的两个数学问题与两个数学公式,向学生展现本章要学习的主要内容,并渗透本章的重要思想方法——类比,让学生体会因式分解与整式乘法互为逆变形,教师通过运用章头语和章头图极大地激发学生学习数学的热情。

(二)引领学生建构章框架图

章起始课,应让学生明白"为什么学""学什么""怎么学"。用"广角镜"建构章框架,在每一节知识中再"聚焦"。如北师大版初中数学教材八年级上册第四章"一次函数"的章头图选用了学生比较熟悉的健身跑、弹簧秤等图片,力图让学生认识到本章学习内容与现实生活的密切联系。而在"直角坐标系"这一章中同时展现一次函数的表达式和图像两种表示方式,一方面体现了本章与上一章"位置与坐标"的密切联系,另一方面也体现了本章的一个重要方法是数形结合。章头语以学生比较熟悉的变量之间的关系为切入点,转而让学生思考这些关系的刻画,告诉学生学习一次函数的必要性,而一连串的疑问句点明了本章的学习内容有一次函数的定义、图像、性质和应用等。教师通过解读章头语和章头图让学生对本章有一个整体的感知,然后由教师带领学生一起完成如图1所示本章的知识框架图。

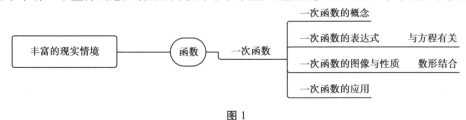

图1

(三)提高学生的数学知识意识和能力

古希腊数学家普洛克拉斯有一句名言:"哪里有数学,哪里就有美。"学习数学理论知识的最终目的是实践,而教材的特点是抽象性,这一特点让学生感到很盲目,他们不知道数学知识的来源背景,也不知道学习这些知识能干什么,有什么用处。章头语和章头图从实际生活出发,贴近生活,通过学生熟知的生活素材和情境自然而然地引出本章内容和现实背景。例如,北师大版初中数学教材九年级上册第二章"一元二次方程"的章头语和章头图以房间为背景,借助斜靠在墙上的梯子、矩形地面的矩形地毯等看似风马牛不相及的问题引出本章内容,这一方面让学生认识到数学来源于生活,另一方面使学生明白生活中许许多多的问题都蕴含着相同的规律和内在的联系,需要用数学知识来解决,从而最大限度地提高学生的数学知识意识和能力。

(四)提升学生数学文化素养、个人修养和创新意识

读史使人明智,章头语和章头图多通过生动典型的画面再现教材内容,图文并茂,多姿多彩,有些画面生动形象地展示了中华民族辉煌灿烂的文明史,通过教师的讲解,引领

学生追溯数学的发展史,让学生明白数学知识的来龙去脉,了解前辈们卓越的数学成就和孜孜不倦的探索精神,这必将激发学生崇高的民族自豪感和自尊心,从而增强学生的数学文化素养和创新意识。有些章头语和章头图中蕴含着事物运动的变化、矛盾的转化等辩证法思想,帮助培养学生形成正确的世界观和人生观。

二、"章头语和章头图"在章起始课中的优化路径

在实际的章起始课的教学中,还存在着诸多不足,如很多老师对章头语和章头图并没有给予足够的重视,要么一语带过,要么避而不谈,直接进入起始课的教学。其中的原因要么是教师不知道如何用"章头语和章头图"来教学,要么认为其不涉及中考考点,没有必要多花费时间。对学生来说,忽视章头语和章头图的学习,必将削弱其学习数学的积极性,也不利于学习兴趣和探究精神的培养。本文拟结合教学实际谈谈章头语和章头图在章起始课中的优化路径,以引起大家的共勉。

(一)深入挖掘教材的丰富内涵,吃透章头语和章头图

新课程的一个非常重要的原则就是课程的开放性,新教材为教师、学生都留下广阔的空间,教师要充分地利用教材,创造性地利用教材资源,适当地增加校本化的内容、人本化的内容,使教材更符合学生实际,真正地做到"用教材"而不是"教教材"。"凡事预则立,不预则废。"章头语和章头图是一章内容的核心,透过章头语和章头图,教师要从宏观上把握与了解整章内容,让学生明白现在的学习起点在哪里?为什么要学这一章?学什么?怎么学?要学到什么程度?教师在实际教学过程中,要将章头语和章头图具体化、常态化,让学生知道本章将面对什么样的问题,用到什么样的方法,这样既降低学生接受新知识的突然性,起到预习的作用,又培养学生积极主动思考问题的良好习惯、敢于创新的个性倾向和意志品质,从而优化学生的认知结构。每章的教学结束之后,教师再引导学生回头看章头语和章头图,让学生进一步体会教材编写者对本章的内容是如何进行提炼和总结的,在潜移默化中,不断提升学生的数学应用意识。

(二)紧扣章头语和章头图,巧妙设置情境

教师要把一堂章起始课上得生动有趣,就必须要有明确的探索目标和思维方向,这样能为整堂课的成功教学打好基础。教师在实际的教学过程中要充分利用章头语和章头图来有效创设教学情境,巧妙把握教学的切入点。比如北师大版初中数学教材八年级下册第五章"分式与分式方程"的章头图呈现了一个"庭院",教师通过引导学生观察,发现在庭院的两边都种有树,而两边的树上又聚集着不同的式子,形象地表明了整式与分式同属于代数式这个大家庭,但分式与整式又各有自己的特征。本章的章头语又进而展

现本章的中心问题：①在数学学习中会遇到诸如$\dfrac{a+1}{2a}$，$\dfrac{8}{a-x}$，$\dfrac{x+2}{y}$之类的式子，你知道这些式子与整式有什么区别吗？②你认为$\dfrac{x(x+2)}{xy}$与$\dfrac{x+2}{y}$相等吗？③你见过类似于$\dfrac{1}{x-2}=\dfrac{3}{x}$这样的方程吗？④你能求出它的解吗？这为第一节认识分式乃至整章的学习创设了情境，极大地激发了学生的求知欲。

（三）设计"章头导学课"，引领研究问题的方法

　　学生学习能力的高低关键在于方法引领的正误，章头语和章头图是整章知识点的总领，完全具备这样的"担当"，它为学生提供了思考解决问题的途径，也为学生指明了学习的方向和方法，进而增强学生学好全章的信心。因此，设计章头导学课是很有必要的，也是很重要的，这不仅为解决学生学习一章所遇到的问题提供有效资源和思维方式，同时也能培养学生的观察能力和分析推理能力。

　　荷兰数学教育家弗莱登塔尔曾说过："数学是现实的，学生应从现实生活中学数学，再把学到的数学用到现实中去。"上章起始课的时候，我们要重视教材编写者精心设计的章头语和章头图，充分发挥它们的作用。教师上好了章头导学课，这一章的内容就已在学生的头脑中形成了大致体系，学生在后续的学习中会轻松许多。如教师在教学北师大版初中数学教材九年级上册第六章"反比例函数"时，就从章头语和章头图开始，围绕反比例函数的概念、图像和性质确定本章的学习目标，以"铺木板通过烂泥湿地""可调节亮度的台灯"为背景，设计一系列的问题情境，每个问题紧扣教学要求，环环相扣，在教师的适度引导下，使学生初步形成对本章学习内容的整体性认识，让学生明白为什么要学本章以及怎么学本章，每个问题都紧密联系实际，力求将数学生活化，教师通过这一环节为学生提供了研究问题的一种导向和思维模式，让学生学到解决问题的思路与策略，学生必将终身受益。

参考文献

［1］蒋梅,吴元广.上好章起始课 建构章框架图［J］.中学数学教学参考,2018(11)：15-17.

［2］朱倍先.探析章头图和引言的教学功能［J］.内蒙古教育,2010(16)：7-8.

［3］郭宗雨.数学新教材中"章头图"和"引言"的教学功能及处理策略：以苏教版教材为例［J］.教学与管理,2012(7)：51-52.

［4］符永平,罗增儒."一元二次方程章头图导学"课例与互动点评：第一部分：课例自我评述［J］.中学数学教学参考：下半月初中,2008.

［5］赵军.基于章头起始课的教学实践与思考：以苏科版教材《分式》"章头语和章头图"教学为例［J］.中学数学杂志,2018(8)：35-39.

思维导图在初中语文课外阅读中的应用

唐春香

《义务教育语文课程标准(2011年版)》指出:"要重视培养学生广泛的阅读兴趣,扩大阅读面,增加阅读量,提高阅读品位。提倡少做题,多读书,好读书,读好书,读整本的书。"课程标准的这一要求在部编教材中体现为每学年有四本必读书目,八本推荐书目。另外在教材的课文之后也有类文阅读。为了强力推动学生进行课外阅读,很多省市将名著纳入中考范围,重庆中考语文试题中名著阅读部分由不考到分值4分再到分值6分,分值呈上升趋势。不仅如此,语文中考试题的阅读量也在逐年增加,阅读能力弱的同学参加语文中考时会感到考试时间吃紧,甚至有一部分同学根本不能在规定的考试时间内完成试题的解答。"得语文者得天下,得阅读者得语文",这是时下非常流行的话。不仅语文学科的教师重视阅读,其他学科的老师也感受到阅读能力的重要性。阅读能力低下导致学生在做题过程中不明题意,此种情况比比皆是。学生不读书,不进行大量的丰富多彩的课外阅读,就不可能提高阅读能力。开展课外阅读需要科学的方法,学生在课外阅读的过程中运用思维导图做读书笔记能事半功倍。需要指明的是此处的课外阅读是指除课本和课堂以外的单篇文章的阅读和整本书的阅读。

一、思维导图的基本概述

(一)思维导图的内涵

思维导图是一种可视图表,一种整体思维工具。在中国,思维导图被译为"思维地图""心智图""脑图"等,它是英国学者东尼·博赞于20世纪60年代开发的一种将发散性思维从抽象变具体的一种图形思维工具和模式。"从本质上来说,思维导图就是将人的思维尽可能全地画下来。""运用曲线、词汇、符号、图片以及颜色形成一个完全自然的有机组织,这个有机组织就是思维导图。它是用图表表现我们的发散思维,发散思维过程也就是大脑思考和产生想法的过程。通过捕捉和表达发散性思维,思维导图将大脑内部的过程进行了外部呈现。""思维导图将左脑的逻辑、顺序、条例、文字、数字以及右脑的图像、想象、颜色、空间、整体等各种因素全部调动起来,把大量的枯燥的信息通过左右脑协作将其变成彩色的、易记的、有组织的图。从而开启人类大脑的潜能,增强思维能力,提升注意力与记忆力。"

(二)思维导图的特点

按照东尼·博赞的理论观点,思维导图主要具备以下特点:

首先,思维导图呈现出的知识点主次分明,条理清晰。思维导图将注意的焦点清晰集中地展现在中央图形上,主题的主干作为分支从中央向四周放射。分支由一个关键图形或者写在产生联想的线条上面的关键词构成,比较不重要的话题也以分支的形式表现出来,附在较边缘的层次上。在学习过程中,学习者可以利用思维导图做到由主到次,由归纳到具体地把握阅读作品的内容,也可层层理清阅读作品的思路,以此提升学习者的思维能力。

其次,思维导图生动形象。思维导图的关键是:关键词、连线、图形、色彩。图形色彩的加入使记忆内容变得立体生动形象,加深了大脑的记忆痕迹,更利于学生的记忆。图形、颜色能激发读者的联想和想象能力,使大脑潜能得到充分的开发,从而极大地激发人们的创造性思维和能力。

最后,思维导图呈放射状立体发散。它的发散结构本身有助于推动发散性思维,留空的线可以促进读者努力将它完成。当人在思考一个复杂的事物时,会冒出很多很多的想法,但人的记忆能力又十分有限,所以如果你没有很好的方式把灵感都记录下来的话,它们就很可能马上溜走,无影无踪。而思维导图鼓励你用一种灵活的方式,把想到的东西都记录下来,所以当你做完一张思维导图,往往会惊讶于自己竟能思考出这么多样和丰富的想法。

二、初中语文课外阅读存在的问题

(一)功利性较强

国家教育部将名著阅读纳入中考范围,引导学生扩大阅读量,但很多学生课外阅读的功利性较强,并未真正沉下心来用心阅读。教师不能有效改变学生的课外阅读现状,为了备考,只对学生进行名著阅读的简单指导,学生也只为应付考试而简单地阅读名著,有的学生索性不看原著,直接读缩写本,更有甚者,只看故事概要或完全依赖考前归纳整理出来的主要情节、人物、考试题型等被肢解了的"精华内容"。这种情况之下,课外阅读早就变了味。优秀作品内在的丰富"营养"完全被摒弃,无论老师、学生还是家长唯一的目标就是"拿分",学生在"题海"中挣扎,失去了课外阅读的真正意义。

（二）阅读时间难以保障

语文是厚积薄发的学科，课外阅读也不能一蹴而就。学生进行课外阅读需要充足的时间，但考试的压力消减了课外阅读时间。不同层次的考试不断，各类作业堆积如山，各种补习班填满周末，课外阅读对于学生来说成为奢侈的事。自觉性高的同学挤出零碎的时间看书，不自觉的同学直接放弃。

（三）缺少教师有效的指导

在有限的课外阅读时间中，一些同学读书效果较差。阅读是学生将信息读进脑子里，就是"输入"，评价、写读书笔记、画思维导图、考试则是学生将理解的信息透过多种方式准确地表达出来，就是"输出"。虽然这种"输出"也只是了解到文字表面意思，还没有进入到对读物的深入理解，但"输出"效果依然偏弱。一些学生读一本书往往看到后面忘前面，读完即忘完，或者只是模糊地记得一些情节，简要地复述故事都"缺胳膊少腿"。阅读过，并不表示读懂过。教师在学生课外阅读的过程中缺少有效的指导。

三、思维导图在初中语文课外阅读中的应用

（一）用思维导图对整体内容进行把握

学生阅读完一本书或者一个章回之后，老师可指导学生从多个方面对所读的内容进行把握。如学生从语言积累、作者情况、写作背景、概括内容、人物关系、艺术手法等方面来绘制思维导图，就能够通过一幅思维导图对书本整体内容进行归纳梳理，便于把握内容，这样既锻炼了学生的概括能力，又增强了学生对故事情节的记忆，同时又让学生对所读内容有了整体把握。如读《朝花夕拾》后，我让学生从作者鲁迅的情况、写作这本书的背景、每篇文章的主要内容和每篇文章的主题等方面绘制思维导图。学生从背景入手，结合鲁迅的人生经历，将《朝花夕拾》中各篇文章的内容在图中展现出来，同学们通过思维导图对鲁迅青少年时期的生活，以及他的性格和志趣的形成经过一目了然。而作品中童年时代的脉脉温情、师生情、友情、爱国情和对旧社会不合理现象的厌恶之情交织在一起，让学生更立体地把握整本书的内容。擅长图画的同学在许多板块上画上一些小的图示，如在思维导图的中心位置画上翻开的一本书，书的一页写上"朝花夕拾"四个字，另一页则用不同颜色的笔画上细小的碎花，很有意境。还有的同学在概括完《阿长与山海经》一文的内容后，画上一道闪电。这种富有创意的读法，让很多不喜欢读书的同学也愿意捧起书本，尝试阅读，同时又加深了学生对所读内容的印象。

(二)用思维导图梳理情节脉络

作为小说三要素之一的情节,与人物形象的塑造紧密相连,阅读一部小说类的名著,首要的就是把握小说的故事情节。用思维导图梳理故事情节能让学生在纷繁复杂的故事情节中更好地理清作者的写作思路。有的小说在基本情节线索的统领下包括许许多多的细节,牵涉到的人物众多,事件众多,学生在阅读过程中,张冠李戴的现象很普遍。这种情形下利用思维导图绘制一张人物关系图和情节发展脉络图,那么人物关系就会清晰,小说的情节脉络就便于掌握了。如《水浒传》一书中,单梁山好汉就有108将,若让学生单凭看书就记下相关的人物和情节,难度之大可想而知。教师可以让学生每读一个章回便制作一张思维导图,理清其中的人物及故事情节,各个击破,方便记忆。如学生在阅读《水浒传》的第七回"花和尚倒拔垂杨柳,豹子头误入白虎堂"时,依次梳理出花和尚收服众泼皮,鲁智深倒拔垂杨柳,鲁智深与林冲结为弟兄,林冲妻子被高衙内调戏,鲁智深欲为其出头,富安设计林冲娘子,林冲娘子险遭玷污,林冲欲怒杀高衙内,富安、陆虞侯再设计,林冲误入白虎堂。导图的中心为该章回的标题,第一层分鲁智深、林冲、高衙内、富安、陆虞侯五个分支,第二层次为与每个人有关的情节。如林冲这一分支下又分出林冲与鲁智深结为义兄弟、林冲娘子遭高衙内调戏、林冲因妻子被调戏郁闷不已、林冲遭设计妻子险遭侮辱、林冲再次被设计误入白虎堂五个分支。这样一层一层下来,条分缕析,清楚明白,便于记忆,也便于以后的复习。

(三)用思维导图分析人物形象

许多读物中都离不开人物,把握住了人物形象就离文章的主题近了一步。人物的性格特点、精神风貌和道德品质就是人物形象,人物形象是小说的核心内容。用思维导图不仅可以帮助学生更全面地分析人物形象,并且能更好地了解相似人物之间的形象差异,帮助学生更准确地把握人物形象。如在《水浒传》的阅读中,一些同学只看到鲁提辖和李逵的形象相似,却看不到二者形象的差异。我们用思维导图对二者的外貌、语言、动作、心理以及与二者相关的故事情节进行梳理后,会发现二者的形象有共性,更有个性。他们的共性是外表都是强壮彪悍的,性格耿直仗义,行为鲁莽。他们判断事情及处理事情的方式都很简单。不同点在于鲁提辖粗中有细,有勇有谋,而李逵则全凭鲁莽,有时耍点儿小聪明,但他忠心又孝顺。经过这样的梳理,同学们对两个人物的把握更加准确,也更加体会到作者刻画人物笔力惊人。

(四)用思维导图进行比较阅读

对比阅读是课外阅读中的一种重要的阅读方法,把内容或形式相近的作品放在一起,对比着阅读,能对作品有更深刻的理解。学生在阅读过程中制作思维导图,将相关联的内容不断进行直观的比较和对照,便于找出所读作品的相同点与不同点,这种比较与思考可以活跃学生的思维,促使学生对作品进行细读,提高学生的感悟能力和阅读鉴赏能力,发展学生的审辩思维。

　　读《骆驼祥子》时,学生将祥子刚开始拉车的相关内容与结尾时祥子的种种情况绘制成思维导图,学生以祥子之变作为思维导图的中心,以先前的祥子和结局时的祥子分别作为一级分支,二级分支分别从祥子的外貌、语言、心理、性格等方面进行对比。先前的祥子外貌:带着天真淘气,铁扇的胸,直硬的背,脸上永远是红扑扑的,健壮的他立着像一棵树,衣服穿得干净利落;语言:沉默但富有生气;心理:拼死拼活要买一辆属于自己的车;性格:不怕吃苦、勤劳、要强、善良、有心眼、有拼劲儿。结局时的祥子外貌:又瘦又脏、穿着破衣;语言:静默寡言,一声不出;心理:后悔当初那么要强;性格:懒、狡猾、招摇撞骗、失了灵魂、得过且过。在思维导图中祥子前后的变化直接呈现在眼前,让人触目惊心,学生自然而然会思考导致祥子变化的原因,追根溯源,学生的目光会投向当时黑暗的社会,进而理解小说的主题。

　　将思维导图用于学生的课外阅读中,对改善学生的阅读现状有着积极的作用。无论是单篇的短文还是长篇巨制,画思维导图都能帮助学生熟悉作品内容,巩固记忆,让学生更全面深入地理解作品。同时,学生梳理、分析、归纳、整合的过程,也是能动思维的过程,思维导图能帮助学生进行系统的思考,使学生从简单的点和线的思维发展到平面思维,再到立体思维。这正契合了中学生语文核心素养中发展思维的要求。

参考文献

[1] 李林英,李翠白.思维导图与学习[M].北京:北京师范大学出版社,2011:91.

[2] 东尼·博赞.东尼·博赞思维导图系列:思维导图[M].北京:化学工业出版社,2015.

[3] 王颖,应超.例析思维导图在学生学习中的作用[J].科学教育,2012(6):2.

给高效课堂加点"润滑剂"

——浅谈高效课堂下的小组文化建设

田 宇

一台机器,不管它有什么用途,都要加上润滑剂,这样才能让机器磨损最小,效果最优,如果没有了润滑剂,机器就会磨损严重,最终瘫痪。就像小组合作学习一样,不加入适当的"润滑剂",小组学习也会最终走向疲沓甚至瘫痪。小组文化建设,就是增加合作学习的内驱力,是添加给"机器"的"润滑剂",用文化凝聚人心,用文化调剂氛围。

一、显性小组文化建设

(一) 科学划分小组

小组一般是六人一组,全班可根据人数的多少分成若干小组。组内人员的搭配按组内异质的原则要注意以下两个方面:①学生成绩的优良差搭配;②组员性格外内向结合。这两个原则实施得好的话,一是利于形成互补互帮局面;二是利于纪律的相互约束,互相提醒;三是利于内外向性格的互补,外向型学生可以影响内向型学生,让其积极发言,内向型学生影响外向型学生,让其稳重,思考成熟后再发言。

(二) 创设组标及组歌

组标和组歌是小组最显性的文化标志。每个小组在组长的带领下尝试着设计他们各小组的组标,包括组名、组员、座右铭、组歌等。像闪电、春雷、青春、永不放弃、宁静致远等都是不错的组名。当然,教师要充分尊重孩子们自己的选择。座右铭就更多了,小组可以使用名言警句,像"永不言弃""同甘共苦""携手共进""坚持到底""再坚持一小会儿""为理想而努力""一分耕耘,一分收获"等。班歌一般是积极向上的歌曲,比如歌颂青春、赞美祖国、励志的歌曲,歌曲同样也是要符合孩子们自己的喜好,内容积极向上即可。

(三)墙报展示区域

每一个孩子都是有表现欲望的,没有哪一个学生不期待被赞许和表扬。因此,小组合作学习的成果展示工作不能马虎,教师要及时让学生感受到学习所带来的成就感和快乐。班级墙报里应该开辟专用的展示专栏,对小组内的成果进行及时展示,展示的内容包括小组成员获得的喜报、评价、优秀作品和作文、手抄报等。扩大展示的面,让每一个孩子都能感受到学习和成长的快乐,最重要的是让学生感受到作为小组成员的参与感和存在感。

(四)黑板展示区域

除了必要的书写需要外,黑板可以划分不同的区域,预留给每个小组,主要用于老师对小组的评价,包括课堂评价、作业评价等,这样等于把全班的情况都进行了展示,既能起到互相竞争、互相学习的效果,也能充分展示各小组的学习生活情况,形成良好的班级文化氛围。

二、隐性小组文化建设

(一)关于组内制度建设

组内制度也就是在校规班纪的规范下,各小组成员共同商谈通过的组内规范,用来约束小组成员的言行。常规的制度包括××小组奖惩条例、值日组长制度等,小组在形成小组制度的时候,班主任要参与指导,一是要注意每一项制度都是小组成员共同商议的结果,切不可强行干涉;二是要注意小组制度的规范性,不可出现体罚、经济处罚等违背班规校纪的情况。教师要时常引导孩子遵守组内制度,只有这样,小组制度的权威性才能体现,才能真正意义上形成组内制度。

(二)组内评价

依据小组制度建设,定时进行小组互评。评价内容包括学习、纪律、卫生、宿舍表现等,评价方式是组长牵头,先进行自我评价,然后再进行组员互评。评价手段多以鼓励为主,但是要针对不足提出改进意见,一定要避免相互指责,这个时候班主任要参与其中,点对点地进行指导,只要形成了规范,这样的评价也就形成了文化。

（三）用动态的思维来促进小组文化

随着小组文化建设的不断深化,学生的自觉性、学习能力、管理能力都会不断提升,发展到一定程度的时候会有发展瓶颈,教师如果用停滞的眼光去对待小组文化建设,就会束缚学生发展,所以应该建立一种动态的螺旋式上升的体系,实行动态管理,此时,班主任的管理智慧就显得特别重要。

动态管理就是开好"三会"。

第一,组长会。班主任每周定时召开组长会,明确组长职责,了解组内情况,搭建组长交流平台,分享管理经验,特别是如何激发组员的积极性、参与性,增加学习主动性的经验,班主任要善于在小组长交流后进行梳理并总结,以此实现动态管理。

第二,分享会。班主任每月利用班会课时间,让每组推荐组员来分享成长经验。分享内容主要是小组的一些可取办法,比如分享怎样优化小组的组名组歌等显性文化,组员们如何做到作业收发同步,小组内如何形成奖惩激励机制等;也可以交流一些具体的故事,比如某组员如何为小组服务,某组长如何关心帮助组员,某道难题如何通过小组交流的方式实现破壁成功;还可以畅想小组未来发展目标,小组活动开展等内容。总之,通过交流分享会,一是班主任具体地了解了班级的人和事,二是提高了组员参与管理和文化建设的积极性,三是搭建了演讲演示平台,提升孩子的语言表达能力。

第三,家长会。班主任通过家长会,让家长参与到小组文化建设中来,不仅是给孩子搭建另外一个展示平台,最重要的是通过这种方式,让孩子感受到来自家长的重视。当然,一旦家长真正参与到其中,不仅会理解支持学校的工作,还能支持小组的建设与发展,促进小组文化的形成与发展。

（四）用多彩活动提升小组文化

活动是文化外延的重要载体。孩子参与一次活动,就是一次小组文化的外延,而且通过活动,能增加小组凝聚力,提升小组文化内涵。

第一,以小组为单位参与活动,是基本原则。整个小组参与活动,不仅便于管理,更是小组文化建设的重要内容。游学活动分组,我们以小组为单位;班队主题活动,我们以小组为单位;各种节日文化活动,我们以小组为单位;参与学校的各种集会,我们以小组为单位安排座位。任何荣誉也是属于小组的,我们不会给个人颁发荣誉,即使是个人获得了荣誉,我们也要把奖励发到小组去,把分加到小组去。只有形成了一个团队的小组,才是具有凝聚力的小组,才是能真正形成文化氛围的小组。

第二,打造多样活动的良好氛围。教师根据学校活动安排,适当添加班级活动,形成"每月有活动,每组能参与"的氛围。如三月开展植树活动,四月开展阅读活动,五月开展艺术活动,六月开展体育活动,九月开展汉字听写活动,十月开展数学计算能力竞赛活动,十一月进行"学习标兵"评选活动,十二月进行校园文化节活动等,每一次活动都把整个小组投入进去,如果是推荐参赛的,就采用小组竞标方式,想要参赛的小组派代表进行演讲,全部进行投票表决,还要预设目标,形成考核,以此来加强小组的对内凝聚力和对外活力。

　　小组建设文化先行,有了文化就有了认同,就有了统一,就有了方向。

|参考文献|

[1] 刘燕.新课堂背景下的班级小组文化建设[C].教师教育论坛(第六辑).[出版者不详],2019:272-275.

[2] 洪文明.班级文化建设要从"面子"深入"里子"[J].江西教育,2019(7):34-35.

[3] 孙鹏飞,于静.扎实"小组合作学习"打造高效特色课堂[J].科技风,2020(14):82.

初中化学教学中微课设计与案例研究

黄冬玲

一、研究目的与意义

随着时代的进步与发展,手机、电脑等数码产品不断普及,网络教育时代的序幕也逐渐拉开。在这个知识爆炸的信息时代,人们多是通过网络资源来获取想要的知识,更青睐简洁明了、诙谐幽默、针对性强的学习课程。为此,我们就应该跟随时代的步伐,将初中化学与信息技术相结合。从学生的角度来分析,处于初中阶段的学生大多喜欢观看网上的小视频,并且印象深刻,深究原因,这些视频都有几个共同特点:简短精悍,主题明确,知识点少。由此可知,如果将化学知识以这种方式呈现给学生的话,必定会事半功倍。从另外一个层面来说,微课就是对化学课堂内的升华,课堂外的拓展和延伸。

二、研究的内容

本次研究主要是通过问卷调查了解学生的想法,实施微课设计。因此本次研究主要内容分为如下四部分:

第一部分为概念的界定,第二部分为问卷调查研究,第三部分为优化教学中的微课设计,第四部分为附录(附问卷调查和案例研究)。

三、概念的界定

微课,拆分开来理解就是"微"和"课"。"微",有短、小的意思;而"课",则是指形式多样的学习内容。因此,我们可以给微课下一个定义:微课是指为使学习者的自主学习获得最佳效果,通过教学者精心设计,以视频、文字、动画等形式设计开展的简洁完整的教学活动。微课的特点是短小精悍。所谓"短"指的是时间短,一节微课不超过十分钟;所谓"小"指的是容量小,微课视频大小为 20~30 M;所谓"精"指的是教学内容极其精简,突出重难点和易错点,教学设计精细,教学活动精彩;所谓"悍"在于微课时间虽短,但是质量高,教学效果显著。微课设计的原则在于以学生为中心,时间性与完整性相结合,具有美观性、简洁性。微课设计的内容包括目标的拟定、内容的选择、步骤的安排。微课设计的实施则包括微课推送的路径、微课推送的内容、微课推送的周期。

四、问卷调查研究

为了了解现在的初中生对化学微课的认识与接受度,我们采用了问卷调查法,对重庆市教科院巴蜀实验学校初三年级采取分层抽样的方式进行问卷调查,分别在四个班发放了调查问卷,一共 140 人参与了此次调查。

(一)研究结果分析

1.你经常使用微信吗?

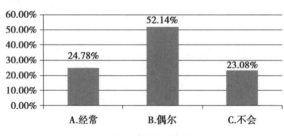

图1　你经常使用微信吗?

从数据反映的情况来看,经常占 24.78%,偶尔占 52.14%,不会占 23.08%,可以看出,大多数初中生偶尔用微信,不用微信的很少。

2.你喜欢在手机或电脑上观看与学习相关的小视频吗?

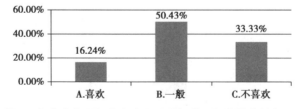

图2　你喜欢在手机或电脑上观看与学习相关的小视频吗?

通过数据可以看出,对于网上的学习视频,喜欢占 16.24%,一般占 50.43%,不喜欢占

33.33%，我们可以看出大部分的学生在手机上和电脑上看与学习相关的视频的态度是一般，既不喜欢，也不讨厌。

3.如果网上有化学所有的知识点，你会在网上看吗？

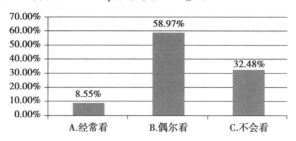

图3　如果网上有化学所有的知识点，你会在网上看吗？

从数据反映的情况来看，58.97%的学生选择偶尔在网上看化学知识点，32.48%的学生不会看，只有8.55%的学生会经常看，说明大部分初中生会偶尔看网络上的化学知识。

4.你对化学微课应用于课堂和课外教学的意见？

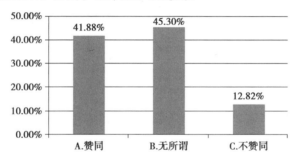

图4　你对化学微课应用于课堂和课外教学的意见？

根据调查结果显示，41.88%的学生赞同化学微课应用于课堂内外教学，45.30%的学生觉得无所谓，12.82%的学生不赞同化学微课应用于课堂内外教学，即只有少部分初中生不赞成化学微课应用于课堂和课外教学。

5.在你看来，推行化学微课，会对你的学习产生不良干扰吗？

调查结果表明，6.84%的学生认为微课会对他们的化学学习产生干扰，33.33%的学生认为微课可能会对他们的化学学习产生干扰，59.83%的学生认为微课完全不会对他们的化学学习产生干扰，即大部分初中生对网上的化学视频没有表现出反感或抵触的情绪。

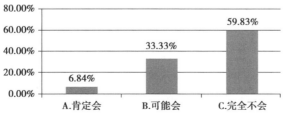

图5　在你看来，推行化学微课，会对你的学习产生不良干扰吗？

6.你最能接受的化学微课时长?

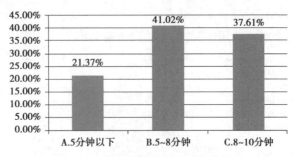

图6　你最能接受的化学微课时长?

根据统计数据显示,有21.37%的学生能接受5分钟以下的微课,41.02%的学生能接5~8分钟的微课,37.61%的学生能接受8~10分钟的微课,即多数学生能接受的微课时长是5~8分钟。

7.你希望老师在化学微课中讲什么内容?（可多选）

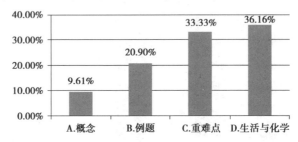

图7　你希望老师在化学微课中讲什么内容?（可多选）

统计结果显示,有9.61%的学生希望老师在化学微课中讲概念,20.90%的学生希望老师在化学微课中讲例题,33.33%的学生希望老师在化学微课中讲重难点,36.16%的学生希望老师在化学微课中讲生活与化学,整体看来,初中生希望化学重难点、生活与化学等内容出现在微课中。

8.你喜欢的化学微课形式?（可多选）

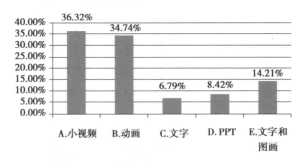

图8　你喜欢的化学微课形式?（可多选）

统计结果显示,36.32%的学生喜欢小视频类的化学微课,34.74%的学生喜欢动画类的化学微课,6.79%的学生喜欢文字类的化学微课,8.42%的学生喜欢PPT类的化学微课,14.21%的学生喜欢文字和图画类的化学微课,可以看出,初中生大多喜欢小视频和动画类的化学微课。

9.你希望化学微课内容推送的周期是?

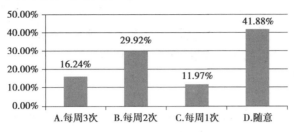

图9　你希望化学微课内容推送的周期是?

由调查数据可知,有16.24%的学生希望每周推送3次化学微课,29.92%的学生希望每周推送2次化学微课,11.97%的学生希望每周推送1次化学微课,41.88%的学生认为老师随意发挥就好,由此可以看出,初中生大多觉得老师随意定就行,不要有过多的约束最好。

(二)研究结果总结

通过此次"初中生对化学微课的认识与接受度"的调查,调查数据表明,现在的初中生对于化学微课的了解还比较欠缺。可能是学校禁止带手机的缘故,大部分学生只是偶尔回家看与学习相关的视频或知识。他们很喜欢生活与化学、动画形式的化学微课以及化学微课小视频,很多学生建议将化学知识与动画结合来设计微课,并且还强烈要求老师的讲授风格要幽默风趣,教学氛围要轻松愉快。可以看出,微课对于他们来说还是新事物,他们充满好奇。这也为我们的微课设计提供了很有价值的参考。

五、化学教学中的微课设计

(一)微课设计的原则

随着手机、电脑和网络的普及,微课也将会越来越大众化,未来的"微课"肯定会发展成为一种新的教学模式和学习方式。为了使我们的微课设计达到一个好的效果,在设计的时候教师必须遵循以下几个原则:以学生为中心(值得学生学、学生想学、学生容易学)、时间性(时间最好控制在5~8分钟,最好不要超过10分钟)、完整性(微课虽然时间短,但内容必须完整)、美观性(微课的课件设计尽量做到美观整洁,颜色搭配合理)、简洁性(简洁是指微课的课件简单、语言简练)。

(二)微课设计的内容

教师可以从以下几点来选取微课的教学内容:

①教师可以挑选学生的易错点，教学中的重点和难点以及作业中遇到的难题。

②教师在课前或课后可以调查一下学生的兴趣爱好，然后再来设计微课的教学内容，这样的微课才会有实用性。

③教师多讲一些化学与生活的知识，学生才不会觉得化学知识枯燥无味，抽象难懂，让学生体会到化学离我们的生活很近，且无处不化学。

④教师可以翻找近几年的化学中考题，然后进行讲解和剖析，学生也能随时感受中考，适应中考难度。

⑤在教学内容的设计上，教师可以加入一些流行元素和网络流行语言，这样更容易吸引学生眼球，激发学习兴趣。

⑥现在的初中学生大都喜欢看动画、动漫和电视剧，我们可以利用这个点，将化学知识与动画、动漫、电视剧进行融合，设计出更受学生青睐的微课。

⑦教师在选取教学内容的时候，不仅可以在教材上找，还可以在网上、学习资料上以及生活中寻找教学内容，生活中众多的资源都能够成为我们初中化学微课教学资源。

（三）微课设计的实施

1.微课推送的路径

现在推送微课最好的媒介就是手机应用，我们可以选择研发制作一个属于自己的手机应用，但是这样成本太高，制作周期太长。因此，我们可以利用手机上现成的应用软件，根据调查问卷结果，微信是最适合微课推送的平台。因为现在的成人大多都在使用微信，如果初中生没有属于自己的手机，他们可以借助父母的手机观看化学微课。

2.微课推送的内容

微课推送的内容应特别倾向于易错点、重难点、生活与化学、实验操作以及动画类的学习视频。所以，我们可以上传与化学实验相关的动画、老师制作的课件、课堂内外的练习题，甚至可以上传在生活中随处可见的与化学相关的现象。

3.微课推送的周期

重庆市教科院巴蜀实验学校给化学的排课一般是每周四节，结合调查研究，将初中化学微课的推送周期设定为每周 2 至 3 次比较合适。

六、结语

初中化学教师对于化学微课的利用还不是特别的熟悉和重视，其原因可能在于不知道如何设计微课内容。因此本次研究就提供些许参考，为老师设计微课提供一点思路。在微课设计中，教师还要遵从微课设计的教学原则，多收集与化学相关的教学资源，并联系初中学生特点、兴趣和学生的实时学习情况进行微课教学内容的设计,为学生的学习提供可行的资源,提高学生的学习效率,从而更快更有效地达到理想的学习效果。

参考文献

[1] 陶玥.初中化学教师与学生对微课认识的调查与分析[J].化学教与学,2015(10):43-46.

[2] 曹小芬.初中化学教学中的微课设计及应用研究[D].武汉:华中师范大学,2015.

[3] 郝志勇.微课到底是什么[J].科技视界,2015(4):303-304.

[4] 桂耀荣.微课及微课的制作和意义[J].化学教与学,2013(5):41-42.

[5] 王晓晓.化学微课设计与制作思考[J].教育现代化,2017,4(37):189-190.

[6] 王佳丽.基于自主学习的中学化学微课案例设计与应用[D].烟台:鲁东大学,2014.

[7] 张菊莲.初中化学教学中的微课设计及运用探讨[J].中国校外教育,2017(19):114.

[8] 周才萍.浅谈初中化学微课设计与使用[J].化学教学,2017(9):28-31.

[9] 王景."物质的变化与性质"教学设计[J].科学教育,2003,9(1):24-25.

小学科学中长周期观察活动的几点问题与探索

曾小芳

小学中长周期观察活动着重于对学生科学观察能力的培养,科学观察能力是指有目的地运用感官采集客观自然世界相关信息的能力。科学观察能力归为科学学习能力之首,因此小学中长周期观察活动在小学科学中占有重要地位。本学期笔者任教三年级和一年级,以教科版小学科学教材三年级下册和新教科版小学科学教材一年级上册为例,教学单元中有一半都属于中长周期观察活动,可见中长周期观察活动所处的重要地位。所谓中长期观察活动是指持续观察时间超过一周以上的观察活动。纵观小学科学一至六年级的课程安排,每一学期都有一个及以上中长周期观察活动。针对小学科学教学现状,中长周期观察活动对小学生科学学习的重要影响不容忽视,我们有理由巩固中长周期观察活动在科学课中的地位,并指导学生在科学学习中有效地参与观察活动,从而收获探究的成果。

一、中长周期观察活动的意义

(一)中长周期观察活动的理论意义

《义务教育小学科学课程标准》中提到,小学科学素养的形成是长期的,只有通过连贯、进阶的科学学习与躬行实践才能达成。所谓科学素养,指了解必要的科学技术知识及其对社会与个人的影响,知道基本的科学方法,认识科学本质,树立科学思想,崇尚科学精神,并具备一定的运用它们处理实际问题,参与公共事务的能力。小学科学中长周期观察活动应运而生,它要求学生通过亲身实践,观察、记录、分析、得出结论。中长周期观察活动是学生理解科学概念的重要经验支撑。同时,在整个中长周期观察活动中,学生要有目的地运用感官采集客观自然世界相关信息。因此,中长周期观察活动对于当代小学生具有重要意义。

(二)中长周期观察活动的实践意义

纵观小学科学一至六年级课程安排里的中长周期观察活动,它们分别占领了物质科学领域、生命科学领域、地球与宇宙科学领域,其中生命科学领域里中长周期观察活动分量最重,活动最多。作为一线教师,我有着多年小学科学教学经验,深深体会到:中长期观察活动是一类将综合性、过程性、生成性、探究性等结合为一体的活动。由此可知,中长周期观察活动的开展,对学生科学核心素养的提高有着重要的作用。

现以生命科学领域中"种植一株绿色开花植物"这项中长周期观察活动为例,该观察活动的活动时间长达整个学期。学生亲手种下盆栽植物的种子,对植物进行观察和记录,初步认识到植物体生命过程中需要养分,且植物体的外部形态特征会发生变化;学生通过收集资料和讨论等途径,初步了解生活在不同环境中的植物具有适应其所在环境的外部形态特征,并都具有生命的基本特征及维持生命活动的相应结构。生命科学领域里的中长周期观察活动数量多,而本领域内容的学习,有助于激发学生了解和认识自然界的兴趣,让学生热爱大自然,爱护生物。

再以生命科学领域中"种植一株植物"这项中长周期观察活动为例,该观察活动的活动时间长达半个学期以上。学生种植并照顾一棵植物,是教材设计的一条重要线索,该活动可以激发学生学习积极性,并为后续的学习特别是第五课(植物是"活"的吗)做好准备。

二、中长周期观察活动存在的问题分析

(一)学生对开展中长周期观察活动的自发认识不足,以一、三、五年级为例

学生在开展一项中长周期观察活动前,并没有认识到为什么要开展这项活动,开展这项中长周期观察活动为什么要做那么多复杂的记录。当没有这些自发认识作为中长周期观察活动的前提,学生往往出现的情况是:可参与可不参与的态度,有的全凭自己兴趣,有的认为自己对该项活动已有一定经验,自认为可以不用参与了;中长周期观察活动过程中学生的活动材料掉了、忘了,学生对活动持一种无所谓的态度;有的同学甚至将自己的观察任务丢给了家人,让长辈帮着做;即使参与了活动的同学,也有一部分只停留在做、看、说层面,并非观察,更谈不上详细记录,当描述现象谈发现时,其获得的信息零散、不全面。基于此现状,教师开展中长周期观察活动真是事倍功半。

以新教科版小学科学教材一年级上册中"种植一株植物"这项观察活动为例,活动目标为"尝试种植一棵植物,并使其存活一段时间,能用语言、图画描述和记录观察内容,对植物产生研究兴趣"。在实际活动开展初期,每个班只有几个同学参与。教师及时调查

发现问题,大部分学生将布置的任务遗忘,另一部分学生描述为家长不同意,并没有将此项任务归为自己应该去完成的事情。一年级的科学课一周仅此一节,"种植一株植物"大多为课外活动,学生在观察记录班级中种植的植物时,常常只会在老师的督促下去完成任务,记录处于原有经验状态,难以保持实事求是的态度,甚至有些同学会在给定表格的记录框中提前记录植物的生长情况,缺乏真实性。

以教科版小学科学教材三年级下册中"种植凤仙花"这项观察活动为例,活动目标为"学生通过种植凤仙花,初步学会简单地观察记录凤仙花的生长变化,体会到种植的快乐"。在实际活动开展初期,学生积极准备凤仙花种子、花盆等。当播下种子后,学生浇水次数多,浇水量过多,种子处于"泡澡"状态,学生每天观察次数多,缺乏耐性。小苗出土后,学生多有"揠苗助长"心态,每天观察仅限于看,且没有记录。在活动开展后期,存活的凤仙花数量很少,信息记录不完善。

以教科版小学科学教材五年级下册中"做一个生态瓶"这项观察活动为例,活动目标为"做一个生态瓶,并对生态瓶进行观察记录,尝试改变生态瓶中的生物和水的数量,了解生物与周围环境之间的关系,意识到保护生态平衡的重要性"。在实际活动开展初期,学生积极准备相应材料组建生态瓶,生物品种较丰富,生物数量多。在实际活动开展中,学生认为生态瓶中的水应尽可能保持干净,每天换水的情况常发生。当生物死亡,学生缺乏对生命的敬畏,放弃对生态瓶中植物的打理,未发现需要静态与动态过程的综合性观察,记录残缺。

(二)开展中长周期观察活动,学生缺乏清晰目的

学生参与中长周期观察活动,除自发认识存在问题以外,影响其参与中长周期观察活动的另一个因素是缺乏清晰的目的。中长周期观察活动的任务、要求是复杂的,学生无法从众多的事物变化中挑选出有用信息,明确每一阶段的目的,学生获取的信息往往是零散的、残缺的,缺乏内在联系和科学逻辑,而目的明确且有条理的观察是很不相同的。例如,在"做一个生态瓶"的观察活动中,生态瓶中死了一条鱼,没有目的的学生看到的是鱼死了,一般会将其捞起来扔掉;而明确了目的的同学会将其记录,分析死亡原因,观察接下来生态瓶的变化情况,这是学生在观察之前就确定好了的目的。

三、开展中长周期观察活动的方法尝试

(一)重课内了解,恰课后引导,树客观态度

教师深入观察学生课内参与活动的行为,在充分了解学生参与中长周期观察活动弱点的前提下,对其行为加以引导,帮助其寻找并使用全面系统的活动策略,树立客观的学

习态度。例如,学生初次对生态瓶进行自主观察后,往往会较为笼统地汇报"生态瓶中水变浑浊了""生态瓶中死了一条鱼",此时教师可引导学生关注所获信息的不足之处,比如学生只观察了水或只观察了鱼,不够全面;又比如学生虽观察了整个生态瓶的变化却未进行具体全面的描述;再比如学生未思考生态瓶中死掉的鱼是否应该捞起来,捞与不捞对生态瓶的影响。针对现状,教师可和学生共同商讨制定更全面系统的观察方案。

(二)重设目标,立清晰目的

教师在中长周期观察活动的组织上,注重设置适合学生思维水平,能真正引发学生观察兴趣的目标,让学生有清晰的目的。例如,教师要求一年级学生对自己或班级种殖的植物进行观察并记录各类特征,不少学生往往会缺乏耐心,观察粗糙,记录没有条理。要改变这一状况,教师可规定先观察根的长短、多少,再观察茎的粗细、长短,最后观察叶的数量,颜色等。观察完毕,教师让学生选择用图画为主的方式按根、茎、叶顺序记录,同时选择具有代表性的记录进行展示,要求被选定的同学展示观察实物和记录,并允许其他同学质疑,比一比,看谁记录得更真实更全面。学生对这样的活动有一定体验后,教师可鼓励更多的同学做出更真实更全面的观察和记录,推进中长周期观察活动的开展。

(三)重活动分工,获完整信息

学生尚未熟练掌握较为复杂的观察方法时,教师可采取活动分工的教学策略,让学生以小组或个人为单位,针对同一现象进行分工观察,并就结果进行交流分享,给予鼓励。这样不但能够汇集不同数据,生成较为完整的现象描述,而且能让学生在合作中相互补充,推进彼此观察能力的发展,将中长周期观察活动持续开展下去。例如,教科版小学科学教材三年级下册"种植凤仙花"这项观察活动中,学生对植物茎、叶进行观察时,教师提出应从哪些方面观察茎、叶的问题,经全班讨论后,确定四人小组中1号同学观察凤仙花叶片数量,2号同学选择其中一片叶每周一持续测量叶片长度,3号同学选择该株凤仙花茎的同一位置每周一持续测量粗细,4号同学选择该株凤仙花每周一持续测量整株植物的高度。通过对小组观察记录结果的汇总,每株凤仙花的茎叶数据就有了一份较为完整的观察记录。

每一位小学科学课教师都希望自己的学生能够完成一项高质量的中长周期观察活动,但是,真正达到这个目标,需要学生提高自我认识,树立客观态度,明确活动目的,提高观察能力。如果学生只有观察的激情,而缺乏观察的方法,漫无目的地参与观察活动,教师开展的中长周期观察活动就是"有量无质"的活动。

参考文献

［1］中华人民共和国教育部制定.义务教育小学科学课程标准［M］.北京:北京师范大学出版社,2017:1-2.

［2］唐小为,邵发仙.小学生科学学科能力研究:测评、城乡比较与提升路径［M］.重庆:西南师范大学出版社,2015:3-4.

［3］唐小为,邵发仙.小学生科学学科能力研究:测评、城乡比较与提升路径［M］.重庆:西南师范大学出版社,2015:25-26.

体艺园地

固本强基，为孩子打好书法教育的底子

黄世亮

丰富多彩的汉字记载着璀璨夺目的华夏文明，在世界文明史上镌刻着独特的东方神韵，在浩瀚的历史长河中，中国书法以其独特的艺术形式和艺术语言再现了这一历时性的嬗变过程。

中国书法这门古老的汉字艺术，她历经篆、隶、楷、行等体例变化，以俊逸潇洒的点画勾勒于中国特有的纸张上，流淌出神秘而迷人的韵味，亘古以来散发着艺术的魅力，成为中华民族独有的符号，是博大精深的华夏文化的鲜明代表。

在当今世界瞬息万变的快速发展长河中，唯有民族的才是世界的。从小为学生打好书法教育的底子，烙上鲜明的中国印记，才能使中华文明世代繁衍，使中华文化历久弥香，生生不息。

一、书法教育的必要性

（一）书法教育独有的育人功效

首先，书法对人的综合素质提升有着不可忽视的重要作用。

或如端庄的淑女，或如奔腾的骏马，或如悠扬的神曲……书法往往于点画间倾注着浓烈的情感，这正是"字如其人"的常理。比如王羲之的《兰亭序》表现了古代盛世繁华、文人雅士悠闲自乐的怡人场景；颜真卿的《祭侄文稿》流露出作者失去亲人的悲痛欲绝；创作者在书写岳飞的《满江红》、诸葛亮的《出师表》等作品时，透过书法艺术表达的是一种爱国的决心和气魄。在欣赏这类作品时，欣赏者很容易将自己的感情融入其中，体会其中的韵味，从而在心灵上产生一种触动。从欣赏书法、练习书法，到书法创作，这样的过程实际上就是研究中国文化的过程。

长久的书法练习，能让人凝心静气，忘记世俗。书法不光陶冶人的情操，更能磨砺人的性格，去除戾气。

其次，书法可以很好地磨炼人的意志。

历代书法家修行于字外的典故颇丰，如王献之写尽十八缸水的故事，智永禅师笔冢佳话，正是他们潜心苦练，才修得万世景仰的正果。我校每年开展的小学一年级"开笔礼"活动要求学生"一笔一画写好字，一生一世学做人"，其蕴含这样的深义——不光习字，更是做人的全面修行。

书法教育还能很好地实现自我价值。

练习书法不光可以激发激情，增强民族自豪感，还能树立自信心，实现自我价值。历朝优秀的书法家，他们留下的墨迹和与他们的名字一样是不朽的。书法体现了一个国家、一个民族独树一帜的特色。书法练习在陶冶自己的同时影响别人，进而影响社会，传承文明。各地轰轰烈烈举办的"十九大学习书法作品展"，也是通过书法作品让大家更加深刻学习领会党的十九大精神，给人们以正面的熏陶，从而增强民族自豪感，增加强国富民共筑中国梦的动力。

（二）书法是发展中国特色社会主义的需要

党的十九大报告指出，文化是一个国家、一个民族的灵魂。文化兴国运兴，文化强民族强。只有全体中华儿女有了高度的文化自信，才有文化的繁荣兴盛，才能实现中华民族的伟大复兴。

中国特色社会主义文化，源于中华民族五千多年文明历史所孕育的中华优秀传统文化，熔铸于党领导人民在革命、建设、改革中创造的革命文化和社会主义先进文化，根植于中国特色社会主义的伟大实践，是全体劳动人民的集体智慧与结晶，必须得到很好的传承与发扬，才能与时俱进，卓尔不群，立于世界文化之巅。

温家宝曾语重心长地说过："空谈误国，实干兴邦。"发展中国特色社会主义，需要沉心静气在古老的中华文化历史长河中吸取精华，书法教育不失为一种良好的渠道，对历朝书法的发展演变的了解、学习，实则是对历史的重拾与反思，能固本强基，守正清源。

（三）书法是人工智能时代人的明显标记

当今世界人工智能快速发展，不久的将来，现在让人羡慕的高级职业很多将被人工智能取代，在大家认为最不可取代人脑的围棋人机大战中可见一斑，让人担忧。杰瑞·卡普兰（Jerry Kaplan）在《人工智能时代》中提到，人工智能不是让计算机像人类大脑那样思考，而是用机器学习加海量数据的方法，不断提升结果的精确性。在人工智能时代，大批蓝领将被机器人取代而失业，而大批白领则将被另一种看不见的机器人取代而失业。要在未来立于不败之地，只有强化有别于机器的人的特性，才能不让悲剧发生。

现在的年轻一代，制作求职简历，几乎不再提笔书写，他们用电脑选择精美的图片或选择名家字库便可以将求职简历制作得异常精美，几乎看不到个性与人的特质。一个大学生受过高等教育，提笔写字却不如小学生，这是否会让人大跌眼镜？倘若他从小接受了良好的书法教育，在他呈现的求职简历中，可以看到他流淌的才气与个性的张扬，感受到与众不同的气息，他是否会先得契机？

二、书法教育的迫切性

（一）中小学书法教育现状堪忧

在计算机高速发展、智能手机快速普及的过程中，人们与键盘、手机接触的时间越来越多，拿笔写字的机会越来越少，书写水平严重下滑，造成了传统的书法文化在年轻一代中严重缺位的现实。

从教师层面看，越来越多的老师选择电子教材与电子教案，很多老师上课时习惯和依赖于利用精美的课件进行展示，有时一节课都不进行板书书写，忽略了老师的示范性，同时也会降低教师对学生书写的要求。从学生层面看，现在很多学生（特别是走读学生）过分依赖手机等电子产品，聊天打字或语音软件用得很熟练，他们面对海量的信息也很难养成筛查过滤的习惯与能力，逐渐形成了提笔写字慢、提笔写字难的现状，疫情期间"停课不停学"过程中网上教学效果不太理想便是极好的佐证。

教育主管部门在中小学书法教育政策制度制定上存在空缺，督导检查不到位，加之一些学校急功近利思想作祟，比较看重学生语文、数学等传统学科成绩，将书法教育等素质教育放在一边，偶尔做做形式应付了事。

目前从事中小学书法教育的老师十分缺乏，大部分学校基本上还没有专职的书法老师，只得将书法教育重任交给语文老师，这直接导致书法教育长期隶属于语文教学，丧失了书法教育应有的独立空间和整体培养方向，导致书法教育不能良好发展。

（二）将书法纳入中高考已成共识

很多有识之士也通过各种渠道振臂高呼：将书法纳入中、高考。

《教育部对十三届全国人大一次会议第 7496 号建议的答复》对于"让书法纳入中高考评价体系"的问题作出了正式答复。

家长、老师和学生已对书法的重要性与写好汉字的迫切性有了全新的认识，这在学校、家庭和社会上形成了共识，有助于学校书法教育的开展。

教育部高度重视以书法为重要载体的中华民族优秀传统文化的传承和教育，先后印发了《教育部关于中小学开展书法教育的意见》和《中小学书法教育指导纲要》，明确了书法教育相关课程的开设要求。按照中央办公厅、国务院办公厅《关于实施中华优秀传统文化传承发展工程的意见》要求，进一步推动中华传统文化有机融入中小学教育教学全过程，书法教育将实现系统化、制度化和规范化。

全民形成共识和教育主管部门的规章制度保障，必将促使书法教育在学校全面落地开花。

三、学校全面实施书法教育具有越来越好的实操性

（一）各级高度重视

《教育部关于中小学开展书法教育的意见》《中小学书法教育指导纲要》《重庆市中小学书法教育基本规范》《重庆市南岸区中小学书法教育基本规范》等文件的出台，给学校书法教育的实施指明了方向，定好了基调。

《重庆市南岸区中小学书法教育基本规范》中明确要求：各校应安排一名校级领导分管书法教育工作，一名教导主任负责落实书法教学、教研、教师培训、书法活动等方面的具体工作，学校工作计划要体现书法教育工作。各校结合校情，组建教师书法学习圈，定期开展书法学练活动，为爱好书法艺术的教师提供学习平台。各校也积极响应，专职书法教师奇缺，那就自行培养，学校安排兼职书法教师参加校级、区级、市级书法教师培训活动，促进书法骨干教师成长。

重庆市书法家进校园活动常态化：兰亭学校、书法示范学校、书法特色学校工作的跟进，定期开展的教师培训、师生书法作品展等活动，对学校书法教育的开展起到了很好的推动作用。

学校在教材规范使用、课程统一安排、实施达标、教师专业化发展培训上花大力气，下苦功夫，把全面提升学生习字水平作为教学考核重要评价标准，每年开展书法展示活动，给师生搭建了很好的展示舞台。

（二）学校硬件保障

《重庆市南岸区中小学书法教育基本规范》中明确要求："1 000 人以下的学校应至少配 1 间书法专用教室，并配齐笔、墨、纸、砚、毛毡、洗笔水槽、书法教育资料等器材。各校应针对书法环境和器材，制定相应的管理制度，落实专人负责，以供正常使用。"

这给学校书法教育的实施提供了坚实的政策保障。

（三）学校规范要求，教师专业化程度不断提高

《中小学书法教育指导纲要》中要求：学校书法教育是让每个学生了解学习中国书法历史，养成良好的读书写字习惯，写规范字，将字写美观，硬笔、软笔兼修，加强技能培训，提高文化修养。学校要逐步形成以语文教师为主体、专兼职相结合的书法教师队伍。

《重庆市南岸区中小学书法教育基本规范》中明确要求各学校书法课要专时专用，注重学生习惯培养、能力培养、品行培养、文化熏陶等，市、区教委将定期督查，这些要求和

措施很好地促进了《中小学书法教育指导纲要》的落地,破解了学校书法教育难题。

加强学校书法教育,让我们的学生从小便能够接受规范的书法教育,固本强基,守正清源,这是一件利在当代、功在千秋的伟业。

参考文献

[1] 刘正成.书法艺术概论[M].北京:北京大学出版社,2008.

[2] 李正庚.书法教育校本课程的育人价值[J].中国教育学刊,2010(4):63-65.

[3] 杰瑞·卡普兰.人工智能时代[M].李盼,译.杭州:浙江人民出版社,2016.

聚焦、深化、创新

——初中体育教学的"现代化"改革之路探寻

肖吉兵

初中生身心正处于快速发展阶段,做好科学引导,对学生成长有重要意义,但传统的体育教学内容固化,围绕的核心点主要是体育中考项目,导致学生对体育的认知仅局限于考试项目上,对体育能够带给自己的更深层次的作用缺乏直接体验。初中体育教学的"现代化"改革与尝试,成为当前教育界高度关注的一点,改革要从一个理性的角度着手,提出具体、可行的方案,展现初中体育教学的魅力。

一、初中体育教学的"现代化"改革价值

初中体育教学的"现代化"改革价值,目前在大量的实践探索中总结归纳为以下几个方面,包括为现代体育教学的发展提供支持,满足学生的个性化学习需求,并最终培养初中生的体育自主锻炼意识和终身体育意识。现代教育环境中,初中体育的"现代化"改革势在必行。

(一)推动初中体育教学发展

初中体育学科在教育环境中有其自身价值,其对学生的身心健康有重要意义。但由于初中阶段体育学科处于一个相对尴尬的位置,受重视程度不高,极容易导致初中体育教学陷入困境,很难发挥实效,初中体育教学因此发展缓慢,已经无法适应新时代对体育教学提出的新要求。为此,"现代化"教学改革成为一个新的方向。顾名思义,"现代化"改革的尝试,就是充分利用信息技术手段为教育的发展提供支持,包括资源支持、方法支持等,这对于传统的初中体育课堂来说是一次新的尝试,对初中体育教学向前发展有重要意义。

(二)满足学生个性学习需求

处于现代教育环境下的初中生,由于移动互联网的快速发展,信息的获取渠道逐渐

增多,接触到的内容更丰富,其学习也呈现出个性化的特征。传统的教育环境中,体育教学内容主要以体育中考项目为主,如田径类和球类项目,方向明确,锻炼内容枯燥单一,有明确的框架制约。这就导致了一个问题,学生的体育学习需求在初中体育课堂之上得不到有效满足,造成学生对体育学习失去信心,学习体验也会明显下降,学生将更多时间和精力放在其他事物上面,但身心健康很难得到有效保证。"现代化"教学融入初中体育教学中,将带来更多新的内容,如短视频资源、线上互动课程等,能满足学生的个性学习需求,对这一群体的成长有重要意义。充分挖掘"现代化"教学对教育发展带来的诸多优势,是重中之重。

(三)让学生产生浓厚的运动兴趣

兴趣是最好的老师,特别是在体育教学中,自主锻炼对学生的体质健康有重要作用。在传统的教学框架中,由于教学内容枯燥、方法单一,大部分学生的锻炼积极性较差,很难主动地进行体育锻炼,这也是青少年体质健康普查数据连年下降的主要原因之一。为此,要从学校的角度出发,对体育教学进行全面优化。打造体育"现代化"教学模式,成为一个全新的选择,相比于传统的教学模式,该模式带来了更多新的内容,赋予了传统体育教学新的内容、新的方案和新的理念。学生参与其中,接触到的体育锻炼方法更具吸引力,对培养学生的参与意识和自主锻炼意识有积极、正向的作用。

二、初中体育教学的"现代化"改革策略

(一)聚焦热点模式,推进体育教学改革

聚焦热点模式成为推进体育"现代化"改革的方式之一,具体是将当前热门的体育教学模式引用到体育课堂中来,为初中体育教学的改革与创新注入新的生命力。如微课教学模式作为一种新的热点内容,是教育现代化视野下的热门教学模式,在各学科的应用中取得了良好的效果,其与初中体育教学走向融合,也必将发挥出体育教学改革的魅力。微课教学以微视频资源为主,教师在开展教学实践的过程中,主要通过微视频授课。如教师在讲解篮球三步上篮的技术动作时,则可以利用微视频资源当中著名 NBA 球星的标准三步上篮的动作,并利用慢动作等方式,让技术动作可以更清晰地呈现在学生的眼前。文字、图片、视频、音频都成为教学资源,整合完成后的体育课堂,与单纯的示范和模仿的模式相比,更具优势。当然,作为信息技术时代的现代教学方法,微课教学在各学科的应用已经趋于成熟,其在体育课堂上的尝试,主要是以资源的整合优势,将技术动作和重点难点进一步诠释,从根本上为体育教学改革提供新思路。

(二)深化教研,打造多元体育课堂

初中体育教学"现代化"改革,离不开学校和教师在思想观念上的革新。思想决定行动,行动力直接影响教学效果。结合当前初中体育课堂的实际情况,要进一步地深化教研改革,打造更多元的体育课堂环境。如在学校方面,要提高学校对初中体育课堂的重视程度,并适当地对体育学科实现资源上的倾斜,包括场地的翻新,体育器材的维护和补充等。学校要积极鼓励体育教师去开展教研工作,对重点科研项目内容给予一定的支持,调动教师的科研热情,从而在不断的科研实践中,让初中体育教学"现代化"改革得到推动,实现长远发展,从根本意义上为体育课堂提供支持。对教师而言同样如此,教师要不断去学习和抓住培训机会,不断地提高自我综合素养,寻找"现代化"体育改革的发展契机。教研工作对每一个教师的成长都有重要意义,教师要围绕教研的重点成果,全面优化初中体育课堂教学环境,从根本上为学生的成长提供新思路。良好的环境支撑,丰富的体育教研项目,都对体育课堂的全面创新有重要意义,这些是新时期初中体育教学"现代化"改革要做好的基础性工作。

(三)创新教育环境,革新体育氛围

初中体育教学环境直接影响着学生的成长,创新教育环境显得尤为关键。初中生本身活泼好动,对新鲜事物的理解能力较强,更愿意投身到户外活动中,当前的初中体育课堂的价值很难得到呈现。为妥善地解决这一问题,并为初中体育改革"现代化"课堂提供思路,可以从现代教育环境出发,营造良好的体育氛围环境。一方面,学校要充分利用现有的资源宣传平台,做好体育科学锻炼的相关宣传工作,从多角度入手,打造完整的课堂框架与课堂环境,从根本上为推动学校体育教学的"现代化"提供支撑;另一方面,体育教师要不断尝试新方法,将一些现代化的教学内容在尝试和可行性的论证中具体检验,在根本上为教育改革提供助力。

总之,初中体育教学"现代化"改革,从其展现出的价值就可以肯定其应用的必要性,其必将为初中体育的长远发展指明方向,为广大初中生的健康成长提供支持;从聚焦热点模式、深化教科研、创新教育环境等角度出发,为初中体育教学的长远发展提供新思路;在初中体育"现代化"改革实践中,为初中生的身心健康提供支持。

参考文献

[1] 李想军.初中体育教学中如何锻炼学生的心理素质[J].名师在线,2020(9):2.

[2] 李方玉.新课改下初中体育教学效率的提升策略[J].学周刊,2020(9):2.

[3] 张育芳.心理健康教育融入初中体育教学的探索[J].课程教育研究,2020(6):1.

［4］刘海兵.提高初中体育教学有效性的几点思考［J］.中国新通信,2020,22(3):173.

［5］杭丽.新课标下如何上好初中体育与健康课［J］.内江科技,2020,41(1):140-141.

［6］冯明春.试论初中体育教学中学生主体地位和主动精神的培养［J］.科学大众:科学教育,2020(1):1.

浅谈小学低段关于欣赏、聆听音乐的实践的重要性

陈芳芳

为解决小学课堂存在的问题,开展以"小""细""精""巧""美""新"为特点的"精致教育"是一个成功的探索。"精致教育"是重庆市教科院巴蜀实验学校近几年提出的新的理念,而且该理念不光在音乐教育方面,在学生管理方面也具有较大的作用和效果,其特别注重细节和关注个性,能启发创造性,帮助教师确立教育的目标,帮助管理者确立实施策略,从而促进学校、教师和学生的可持续发展。对于音乐教育者来说,充分利用学校资源,以"精"为教育教学的出发点也是"精致教育"的一种体现形式。

一、小学低段学生课堂表现及原因分析

小学低段学生课堂表现较差,具体到孩子本身,其中就包括自制力和个性的原因。小学阶段,学生的身体和心理都处于成长的关键期,任何外界事物对他们而言都可能是潜在的刺激物。在小学低段,学生自制力不足是导致课堂行为问题的重要原因。它一般的表现是学生不能按规则约束自身行为,自控能力不强。例如小学生可能在课余时间与同学或他人发生冲突,受到不公正待遇,他们会把情绪带到课堂,进行发泄,做出各种捣乱、干扰行为。外向的学生常常会缺乏忍耐力,更可能产生逆反行为;内向的学生常常会有退缩行为。那么如何培养学生的自制力和好习惯? 这是所有教育工作者的重要课题,并且需要持续进行研究。

现在,在解决小学低段学生问题上,教师在引导他们逐步适应校园生活,参与完成教学任务的过程中,采用音乐教学的方法,音乐教学成为很多小学的精品课程。有研究表明,音乐能够启发思想,培养情感,开发智力,对实现素质教育的发展目标能够起到十分重要的作用。所以,在日常教学中我们应该思考如何进行有效的音乐教学。

(一)聆听在音乐课堂教学中的重要作用

马克思说过:"对于非音乐的耳朵,最美的音乐也没有意义。"苏霍姆林斯基认为:"我

们的音乐教育,既不是为培养作曲家,也不是为培养演奏家,主要是培养合格的听众。"日本小提琴家、音乐教育家铃木镇一指出,聆听的习惯和技能的发展是所有音乐教育的一致目标。美国现代音乐家爱伦·科普兰在《怎样欣赏音乐》中说:"如果你要更好地理解音乐,再也没有比聆听音乐更重要的,什么都代替不了聆听音乐。"因此,"聆听"是音乐教育的重中之重。

在音乐教学越来越受到重视的今天,音乐教师要采取各种方法引导小学生尤其是小学低段学生主动聆听,亲身参与体验。一些小学的音乐教学虽然让人感觉勃勃生机、热热闹闹,但聆听却是低效甚至无效的。这里就要提出有效聆听的概念。

(二)有效的聆听应该注重什么?

有效聆听的概念是从有效教学的概念之中衍生出来的。有效教学的概念出现于20世纪,其根本含义是教学的有效性。笔者认为,教师的教学能否让学生获得进步和发展,关键在于学生学得好不好,如果学生的收获甚少,教师的付出再大再辛苦也是无效的教学,换一个角度讲,学生付出了很大的努力后仍然没有得到应该有的收获,这种就是无效的教学或者低效的教学。

1."精""小""细"

在教学的各个环节中,我们应将"精""小""细"贯彻到底。在重庆市教科院巴蜀实验学校大力倡导"精致教育"的背景下,我们要将"精"这个词贯穿始终,首先需要注意的是学生的进步和发展是有效教学的唯一指标,我们要开展有效教学就必须做到精准地抓住学生的学习点,精细地掌握学生心理发展轨迹,精心地设计教学环节,并且要从小事抓起,不放过任何一个提高教学效果的小事情,从而使教学既有意义也有效率。

2."巧""美""新"

(1)巧用美育,激活聆听教学

爱美之心,人皆有之。美术的鉴赏在于可视实物,相比起来,音乐鉴赏的便是不可触摸的非实物,它是通过耳朵聆听以想象产生的美感。学校的教学中处处渗透着美学教育,音乐即是美学中最直观的艺术,直击人的心灵,是最好的提升学生素质的媒介,因此我们要"巧"用教学方法,如教师拓宽自身的知识面,巧用节奏、旋律、律动等方式让学生感受音乐,近几年一直倡导的"奥尔夫"声势教学是个很不错的方法,虽然这种教学方式更多用于幼儿教育,但不可否认的是"声势"教学这种方式能够让我们成年人在短时间内爱上这项活动,更何况是小学低段的孩子呢? 确切地说,它可以被运用到各个不同的年龄段中去。因此"巧"用教育手段是很有必要的。

(2)不断创"新"

人的知识是通过各种感官获得的,教师需要通过多种教学方法刺激学生的感觉器官,让学生能够耳濡目染,直击学生心灵,要做得长期有效,我们就要不断地创新。

我们都知道教师在从事教育教学工作的最初几年里是"变化"最多的阶段,由于其没有固定的教学方式,因此尝试着不同的教学方法,但这未尝不是一件好事,我们在不断地摸索前进,直到探索出最有效的方法。这样的创新精神要继续发扬下去,当经验积累得越多,越能够支撑教师奠定新的教学方式,从而提高教学效率。比如多接触新鲜的音乐,多方面尝试融合,大家看得见的是网络教育越来越先进,网络上关于音乐创作的作品非常多,其中也有许多是值得我们去借鉴学习的,比如抖音式问好、手指舞、经典乐段模仿秀等,这些创作其实包含了大量的音乐元素,能够很大程度地引起学生共鸣,我们何不将其引用以达到更好的教学效果呢?

梁侠宾在《音乐教学要重视学生个性兴趣的培养》一文中提到,提高学生学习的主动积极性,需要培养学生音乐个性兴趣,实施个性化教学模式,发展个性兴趣。所以课程的内容的设置要满足学生不同的兴趣,尊重学生个体不同的音乐体验和学习方式,让学生在课堂上接触自己喜欢的音乐,这样才能使学生从短暂的感兴趣升为长久的理性兴趣。其中包括教师运用现代化教育技术,熟练地运用网络信息技术,运用多媒体进行个性化教学,利用多媒体声、光、色、动画与静止为一体的特点,激发学生学习的积极性。

综合以上可以得出,听觉是一切音乐活动的根本,音乐课堂的有效性是学生实现有效"聆听"的方法,也是提高学生审美能力的途径。在小学音乐教学过程中,追求聆听的有效性具有重大的现实意义,它有利于教师在备课时明确教学目标,提高学生聆听能力和审美能力,在教学过程中促进师生共同提高和发展。

(三)培养学生聆听习惯要注重实践

兴趣这个主观的心理因素,属于人的个性倾向(个性心理的目的的特征性)范畴,《普通心理学》一书指出,兴趣是个体带有情绪色彩的认识倾向,是以需要为基础并在社会实践中发生发展的。在音乐实践运用过程中,小学低段学生在学习聆听时有听不懂、坐不住、由于音乐的起伏表现得比较亢奋等现象,因此教师在小学低段学生聆听时借鉴声势、画旋律线、描述音乐情绪等有别于舞蹈、体操等较为复杂或激烈的动作,可以在不耽误学生欣赏音乐的氛围下适当添加低段学生所接受的律动。

那么针对小学低段学生主观能动性不足,个人自控能力较低的问题,我们要制定长期、系统且有效的方案,在低段"启蒙"的过程中让孩子喜爱聆听音乐,能够根据音乐分辨不同的音乐情绪。因此,培养学生的音乐学习兴趣是一项长期而艰巨的系统工程,根据兴趣的发展规律,不难得出培养兴趣的系统的综合模式,即启蒙、保持、深化。对于小学低段学生的教学,我们要有一个长远的发展目标,这需要从大量的实践教学中得出。

二、家校结合才能巩固启蒙教育

多数父母知晓聆听音乐能够促进学生大脑发育,可以帮助协调学生左右脑的共同发展,但能够真正实施的家庭还很少,这需要家校的共同努力。

(一)聆听音乐对学生身心的健康的作用

有研究表明,有效的音乐教学可以放松学生的身心,对小学生进行音乐教学还可以强化学生的记忆力,提升学生的读写、空间方向感、数学等多个方面的能力。另外,小学音乐教育的开展还可以帮助学生提升听觉想象能力,学生在音乐演唱、表达的过程中加强对音乐所表达内容的想象,可以增强学生的想象能力,通过增强学生的想象力达到增强学生的感知能力、思维能力、记忆能力、创造能力的目的。

(二)当代艺术教育的现状

现代社会竞争激烈,当代小学生尤其是小学低段的学生,参加各种兴趣班的学习多以有目的性的训练为主,如各种考级比赛。当然不否认这些活动可以让孩子在短时间内获得技能,但真正能够达到思想升华的很少,而且也加重了孩子的压力,难以达到愉悦身心的目的,我们不禁问,学习的意义在哪里?在历史的长河中音乐的起源早于文字,其出现之初就是为了愉悦身心,放松心情。不可否认聆听是最有效且最简单的一项技能,它能引发学生对美好事物的向往,引导学生强化对美的规律的认知,提升学生在生活中分辨是非的能力。小学低段关于聆听音乐的教育对学生意志力的发展十分关键,我想有必要引起广大音乐教育者、学校和家庭的重视。

以上观点是笔者近几年对小学低段教学实践的总结、反思,同时结合文献观点得出的初步结果。对此,本文仅作粗浅的概述说明,旨在抛砖引玉,关于小学低段音乐欣赏(聆听)的相关课题与重要性需进一步思考总结,笔者也将致力于对课题进行全面深入的研究。

参考文献

[1] 爱伦·科普兰.怎样欣赏音乐[M].丁少良,译.北京:人民音乐出版社,1984.

[2] 梁侠宾.音乐教学要重视学生个性兴趣的培养[J].广西教育,2007(34):47.

[3] 全国十三所院校协作.普通心理学[M].北京:北京教育出版社,1987:241-242.

[4] 易希平,陈文佩.从心理学角度谈培养音乐兴趣[J].曲靖师范学院学报,2004(4):105-107.

校园足球运动开展的主要因素分析及对策

冉海渝

足球运动已经发展将近一百多年,足球赛制、足球理念与思想在不断地进行改革,推动着世界足球运动的发展。在足球竞赛的过程中,足球竞赛的重心也在不断地进行转移,从最开始的注重足球战术到现在的注重足球人才的培养。近年来,我国足球的发展在不断地退步,我国足球体制改革成为当前足球运动的热门话题,我国在足球人才培养的过程中,没有将人才培养纳入足球发展的国家战略当中。在发展时,忽视了校园人才的选拔与培养,没有发挥出学校教育的主体优势,足球训练模式与国际差距越来越大;在校园足球运动中,我国缺乏专门的人才选拔模式;在选拔的过程中,足球教练员不够专业,并且选拔人才时缺乏科学性;在训练时,没有针对性的训练大纲,训练水平难以提升。因此,要加强足球后备人才的培养与选拔,积极适应我国人才培养方案,与当前国家足球体制改革相适应。

校园足球作为一项校园体育竞技项目,在中小学校园内备受欢迎。校园足球运动以学校为中心,将足球爱好者进行集中,通过校园足球教练对学生进行指导训练,不断地提升学生的足球战术技能。足球教练运用足球训练理念对不同地区的训练条件与人员组成进行具体的环境分析,开发出具有自身特色的足球训练模式,以科学的足球训练理念为指导,将训练与文化素养结合,根据球队的特点以及场地条件进行训练,突破传统的固化训练思维模式,将战术运用与人才培养相融合,从而提升球队的整体素质,开发出体教结合的人才培养新模式。

一、因素与分析

(一)主要因素

影响中小学校园足球发展的主要因素有:校园足球管理体制不够完善,绝大多数学校的场地器材不完善,师资力量不足,家长支持不够,学生兴趣爱好匮乏,学生学习压力比较大等。

(二)分析

1.没有设立"校园足球"运动管理体系

学校足球运动的发展和普及离不开教育主管部门和体育主管部门的重视,离不开学校和家长的支持,离不开学校师生的积极参与,也离不开社会的关注。但是,目前还没有"校园足球"运动的相关管理机构,也没有"校园足球"运动的相关管理制度。

2.选拔体系单一

随着足球市场的不断发展,足球运动的市场化与专业化也越来越明显,足球体制系统的改革也在不断地深入,校园足球形式比较简单,也是我国基层足球重要的组成部分。随着校园足球运动的不断发展,原有的校园足球选拔体制已经不再适应新环境下的足球人才选拔的现状,原有的单方面的选拔机制已经不再适用校园足球的发展,多样性的选拔渠道和机制成为校园足球发展的必然性。目前的选拔体系主要有:学生自主报名,足球教练考核,老师推荐球队考核,校队后备,校队实习,学生通过层层考核管理,最终进入校队。校园足球选拔体系不断地横向发展,不断拓展选拔渠道,选拔系统的管理更加完善。基层的选拔途径:自主报名、老师推荐、校队同学推荐;中层选拔:战术对抗、校队预备、校队实训、正式校队。从校园足球选拔管理体系中我们可以发现,人才选拔系统不断地向多元化的方向去发展,选拔的渠道不断拓宽,同时在选拔与评估的过程中也存在缺陷。

3.缺乏科学的认知

目前学生对校园足球运动缺乏正确的认知,学生对校园足球运动的认知来源于自身与外界环境,外界环境中家庭因素与学校因素的影响最为关键。在学校教育中,学校缺少对校园足球训练理念以及足球人才选拔的宣传与教育,在足球器材资金方面缺乏相应的投入,并且在足球教育中缺乏专门的训练选拔体系,从而导致学生缺乏科学的认知。目前,拔山中学管理者对校园足球选拔和培训缺乏科学的认识。大多数学生将校园足球训练定义为身体素质的提高,并将其发展为一项运动爱好。由于学校管理者缺乏正确的认知,对校园足球训练理念下人才选拔的最终结果存在误解,不能最大限度地分配资源。

4.训练方式单一

足球训练是确保足球战术意识和团队合作的重要内容,目前环境下,在校园里,大多数学生缺乏对校园足球的正确认识。培训概念下的足球训练是基于操作性、战术性、评价性这三个方面的训练效果的综合评价,在足球训练的过程中,运动员应该客观、公正地了解自身训练的不足,以及在日常的训练过程中突出自身的优势项目,并且通过教练的训练不断地进步。当前,在校园足球选拔训练理念下,拔山中学的大多数球员认为教练员缺乏合理的培训方法,过多地强调操作性概念的训练,将足球的专项训练和实战训练作为足球训练的中心,导致训练过程单调缺乏创新力,没有制定出适合每个球员的训练方法,导致在选拔的过程中缺少了个体的特色选拔。教练员没有从长远的足球战略视野出发,缺乏对球员全方面的综合能力的培养,不能提升选拔的质量效果,对于选拔训练急于求成,过分地重视训练结果,关注训练结果的表面现象,忽略了对结果的反思与分析,缺乏对训练的全方位因素的评估分析,导致训练选拔的质量难以提升。在训练中,教练员缺乏对球员的鼓励与沟通,在训练方法上,教练员以自身为主体对球员进行足球训练,缺乏必要的沟通交流。

5.足球训练设备落后

足球设备是保证校园足球活动开展的必要条件,缺乏相应的足球运动设备,校园足球训练不能正常地开展,足球设备是训练的支撑,足球设备是校园足球运动开展的前提。学校由于缺乏大多数的专业设备,大部分专项内容无法进行评估,导致选拔具有很大的局限性,大部分老师对目前校园足球的设备很不满意。

在学校体育课堂上,学校并没有将校园足球纳入学校教育的重点,缺少对校园足球的关注,最终导致校园足球的设备落后,相关教学工具不能及时更新,一些专项活动不能开展。

6.专业体育教师师资匮乏

俗话说"名师是大师",体育教师的足球专业程度直接影响着校园足球运动的发展水平。许多教师过去常练习田径、体操、乒乓球或篮球,他们连足球都不会踢,怎么能教孩子们踢足球?因为缺少的专业足球教练(特别是启蒙足球教师),中小学足球教育难以普及,在一定程度上阻碍了"校园足球"在中小学的发展。

二、对策与建议

(一)更新训练器材、场地,增加经费投入

在训练培养的过程中,首先需要解决的是经费问题,目前拔山中学的校园足球相关活动经费都来源于学校的预算经费,由于学校的财务能力有限,学校对校园足球训练培训投入不足,同时校园足球活动的经费缺乏社会相关团体的支持,活动经费的来源渠道单一。政府应该重视校园足球训练选拔的开发与发展,加大在足球培训选拔上的经费支持,提供必要的训练器材、场地、医疗等基础设施支持,同时学校应在校园内开发专门的课程培训体系,增加经费投入。

(二)广纳足球专业人才,加强培训,对足球教练定期进行系统化的学习与培训

学校应广纳足球专业老师,加强培训,同时学校应该采取培训体系的合作化发展模式,拓展经费的来源渠道,通过加强与当地体育主管部门以及体育品牌的合作,从而保证

训练选拔经费能够得到合理的解决。同时,学校也要加强球队与外界的支持,将学校打造成为校园足球训练选拔基地,保证球队能有更高层次的发展空间,将学校逐步发展成为省市级足球培训的基地,培养我国足球后备力量。

(三)缩短选拔的周期

目前校园足球人才选拔的周期以学年为单位,选拔周期过长,不利于球队的发展。足球人才选拔应该以季度为单位,实现科学的淘汰制度,利用制度竞争的特点,更好地激发出人才选拔的优势。通过较短的选拔周期,为校园足球的发展不断补充后备力量。

参考文献

[1] 黄香伯,周建梅.体教结合培养体育后备人才模式研究[J].武汉体育学院学报,2004(1):19-21.

[2] 张庆春,龚喜军,刘文娟,等.中国青少年足球操作性训练理念的实践特征[J].北京体育大学学报,2006(4):552-556.

[3] 沈昕平.中国足球后备人才的可持续发展研究[J].体育成人教育学刊,2005(4):48-49.

[4] 项和平,徐金山.我国青少年足球训练理念构建初探[J].吉林体育学院学报,2010,26(2):49-50.

[5] 牛洪林,董青.关于我国足球人才素质培养的思考[J].成都体育学院学报,2005(1):71-72.

[6] 张辉.德国足协促进青少年人才发展计划剖析[J].中国体育教练员,2004(4):22-24.

[7] 张庆春,郭玉安,刘文娟.国外青少年足球训练理念研究[J].山东体育学院学报,2008,24(2):3.

[8] 王炜华.中外足球青少年训练理念的比较分析[J].运动,2010(6):50-51.

[9] 方千华.体育社会科学研究的问卷调查方法检视[J].天津体育学院学报,2008(3):204-206,246.

[10] 张广军,隋艳华.我国足球训练体制对青少年后备人才文化素质的影响[J].才智,2009(6):189-190.

[11] 项和平,徐金山.我国青少年足球训练理念构建初探[J].吉林体育学院学报,2010,26(2):49-50.

[12] 程冬美,王兵,连莲.运动训练理念探析[J].广州体育学院学报,2008(1):79-84.

[13] 颜兵.青少年足球训练理念的概念、内涵、外延及本质特征[J].长沙大学学报,2009,23(2):116-118.

[14] 陈浩,杨一民.我国青少年足球学校后备人才培养模式的思考[J].辽宁体育科技,
      2008(1):85-86,88.

[15] 张庆春,张建哲,刘文娟.我国青少年足球后备人才培养缺陷解析[J].河北体育学院
      学报,2007(2):58-61.

[16] 刘浩,薛俊,赵勇.我国青少年足球运动现状及存在的问题[J].北京体育大学学报,
      2007(3):407-409,419.

[17] 杨一民.关于我国青少年足球主要问题与对策的探讨[J].中国体育科技,2007(1):
      33-35.

浅析体育游戏在小学体育教学中的运用

杨 凯

　　小学生有着特定的生理和心理发展特点,他们容易对新鲜事物产生好奇心和兴趣,因此丰富而活泼的体育课堂一直以来都深受小学生的喜爱,体育游戏作为体育教学的一种辅助手段,能有效提升体育课堂的趣味性和灵活性,为激发小学生运动兴趣和培养学生终身体育意识打下坚实基础。笔者根据多年教学经验,总结出体育游戏在小学体育教学中的运用效果。

一、体育游戏能够提高学习兴趣,增强教学效果

　　体育课堂中教师需要完成一定的教学任务,如果教师只是枯燥地将指定动作示范一遍,再让学生自由练习,学生很快就会陷入学习兴趣不高的状态,甚至觉得自己是否完成练习也无关紧要,学生对体育教学内容不认真对待,这种现象也表现在教师组织教学时学生无精打采,教师宣布自由活动时学生又兴趣高涨。然而教师如果采用体育游戏的方式进行教学,学生首先必须参与到练习中,其次学生在游戏中也不会觉得枯燥无味,甚至对练习产生兴趣,并加强练习,这就极大提高了教学效果。例如在立定跳远的教学中,传统的教学方式是教师示范立定跳远的标准动作,并强调手部、腿部的动作要领,学生学习后进行自主练习,最后教师进行测验。而用游戏教学的方式则可以是教师示范标准动作和要领后让学生用游戏的方式进行练习,例如跳袋接力,教师将学生进行分组,每个学生依次手提跳袋向前跳出,绕过标志物返回并将跳袋交给第二人,依次进行,以先跳完的组为胜。教师可以要求学生尽量按标准的立定跳远动作来跳,在游戏中既让学生兴趣高涨,也完成了教学内容的练习。

二、体育游戏可以促进非智力因素的发展

传统的体育教学是手部、腿部的机械动作教学,对学生提的要求也是增强身体素质,而笔者通过教学发现,如果将体育游戏融入体育教学中,不仅能提升学生的身体素质,还可以在游戏中促进学生非智力因素的发展。因为体育游戏过程是一个复杂的条件反射过程,它取决于大脑皮层对内外感受器产生的各种信号的综合分析能力。比如在 50 米×8 往返跑的教学中,教学的目的是培养学生的灵敏度和耐力素质,教师将"争分夺秒"游戏融入教学中,可以多重促进学生的非智力因素发展。"争分夺秒"游戏即教师将学生进行分组,学生依次在起点拿水杯盛满水后跑 50 米往返,将剩的水倒入集水瓶,时间 3 分钟,比赛结束后,教师以各组集水器中水的多少判定名次,水多的组为胜。在游戏中每个学生都积极参与其中,学生将教学知识点进行了联系,同时在游戏过程中需要观察其他组的集水量,需要思考如何平衡水量与速度,需要不断发挥创造能力努力让自己的队伍获胜,这些行为让学生的思维更加活跃,能不断锻炼其观察力、判断力、创造力和解决问题的能力。比赛结束后,教师和学生可以进行总结思考,为什么获胜的队伍能获胜,输了的队伍哪里没有做好,起跑、途中跑技术和绕杆转身是否做到了位,在总结中又锻炼了学生的总结能力、思考能力和学习能力。

三、体育游戏能够有效促进小学生的心理健康

在人的认识活动中,任何意志行为或动作都是由外部逐渐转变为内部,从生理水平转变为心理水平,并由此互相影响促进。体育锻炼本身就能够有效改善人的心理健康,将体育游戏融入体育教学能够更有效促进小学生的心理健康。传统的文化课堂里学生坐姿端正,思维集中,大多数时候都处于一种紧张有压力的心理状态,这样的状态需要进行调节,让学生释放压力,而体育游戏本身具有多样性和趣味性,学生在参与游戏的过程中能够得到有效放松,释放了压力。游戏结果大多会涉及输赢,而很多小学生对待输赢有一定的执着,甚至有些同学会为较差的游戏结果而难受哭泣,因此教师可以通过游戏,教育学生形成正确的输赢观,提高学生的心理承受能力,真正可以做到友谊第一,比赛第二。有些同学性格比较内向,也不善于与他人交流接触,而部分需要集体合作完成的游戏能不断锻炼这类同学的交往能力,提高其社会适应能力。

综上可以看出,体育游戏在小学体育教学中有较多常规教学达不到的优势。但是在

教学实践中,体育游戏在小学体育教学中的运用也有一定的不足之处,比如有的教学是为了游戏而游戏,游戏的难度过大,游戏对象没有差异性,游戏教学设计没有针对性和缺乏新颖性等,这些不足之处需要体育教师在开展体育游戏过程中不断思考、总结,才能不断进步。最后,体育教师在开展教学活动中,对体育游戏的选择应遵循安全第一、健康第一的原则,加强对学生纪律的管理,避免学生在教学中发生不必要的意外伤害。

参考文献

[1] 董娥.体育游戏在小学体育教学中的应用研究[D].苏州:苏州大学,2013.
[2] 姚红利.浅论体育游戏对小学体育教学的影响[J].西北成人教育学院学报,2015(1):82-84.

因校制宜　特色美育

廖杨琴

　　线描是绘画中最基础的造型手段之一,是人们认识与反映自然形态时最简明、最概括的表现形式,同时也是构成视觉艺术形象的一种基本因素。纵观中外美术发展史,可知人类最早的美术活动,如原始洞穴岩画、壁画、彩陶纹样等,均以线造型来表现。如商代的"玉凤头饰"、西班牙阿尔塔米拉壁画《受伤的野牛》和法国拉斯科岩洞《野牛人与鸟》都是运用原始、粗犷的线条来生动形象地展现;战国时期《人物龙凤图》中的人物阔袖长裙、体态婀娜的生动形象则是通过简朴流畅的线描来完成。这些均可说明人类对线描艺术有着天生的感受力,用线造型是人的绘画本能。线同时又是感情的媒介,是人们创造艺术形象和表达思想感情的重要艺术语言,绘画时,它可以随着笔者的情感、性格等因素变化而变化。唐代著名画家吴道子笔下的人物,大袖飘飘,线条流畅,能诱发狂放洒脱的联想;意大利古典主义画家拉斐尔画作中的线条流畅,以"秀美"著称,画面场景祥和,有一种典雅的气象,即使在恢弘的场景中也能洋溢着诗意般的温存。在中西方绘画中,线描都展现出了丰富的表现力和深刻的艺术感染力。人类通过长期绘画实践发现,线条也更具有丰富的表现性。

　　线描,是绘画的基础,少儿绘画也不例外。《中共中央　国务院关于深化教育教学改革全面提高义务教育质量的意见》指出坚持"五育"并举,全面发展素质教育。可见"美育"对于青少年儿童成长的重要性。《义务教育美术课程标准(2011 年版)》指出,陶冶学生情操,提高审美能力,引导学生参与文化的传承和交流。在青少年儿童美术教学中,通过多年教学实践,我主张用传统与现代结合的线描来训练学生的基础绘画能力,根据学生生理和心理的特点进行阶段划分,并结合学校自身特色,将线描形式多样化,将线描融会贯穿到教材内容中,因校制宜,形成校本教学,让学生在特色美育中得到更好的艺术熏陶。

一、根据学段情况，划分线描难度

（一）小学低段：培养学生线描粗细、曲折、疏密变化的能力

小学低段的学生基本处在 6 至 8 岁之间，这一年龄层次的孩子感知能力尚处于初步发展水平，他们对事物的外形、体量等的感知都有很大的局限性，只关注事物的整体特征和大致轮廓，对事物不能做精细的分析和细致的把握，如人教版小学美术教材一年级下册"摸一摸 画一画"一课，学生在绘画过程中，通常能大致描绘所触摸物体的外轮廓，细节纹路绘画基本能靠想象完成，也正因如此，此阶段的孩子想象力最丰富，线描造型也千变万化，画面具有游戏性、随意性、象征性和装饰性的特点，不过由于该阶段的学生年龄小，肌肉力量还不够，尤其是小学一年级的学生，手绘的线条往往不受控制，因此，小学低段学生的培养目标在于训练线描的粗细、曲折以及疏密变化等。

（二）小学高段：培养学生线描的立体构成，激发其多样性展现线条的能力

随着孩子身心的成长，9 至 12 岁的小学高段的学生绘画能力的发展明显转变，具体表现在对物体轮廓和立体空间的描绘，但他们在绘画技法表现上依然感到力不从心。这阶段大部分学生没有足够的自信来呈现内心所想，对绘画逐渐失去兴趣，转而用其他方式来补充述说，如语言和文字等。所以此阶段线描呈现形式的多样性就尤为重要，教师可以增加线描装饰性纹路、笔法变化等方面的教学，如人教版小学美术教材五年级上册"神奇的装饰柱"一课，当部分学生对装饰柱的立体表达面露难色时，教师多鼓励此部分孩子从线描的装饰性出发，用多变的线条来弥补透视的不足，从而继续培养学生绘画的兴趣，随着学习的深入，难题也就迎刃而解。

（三）初中阶段：培养学生线描写实与创意展现能力，让学生感知艺术来源于生活又高于生活

12 至 15 岁处于初中阶段的学生，生理和心理都得到了很大的发展，对事物的观察和思考能更理性，且能比较准确地抓住事物的主要特征和本质属性，对物体、空间和体量有更精确的感受和分辨，也能够逐渐通过所学的绘画方法诠释所要表达的情感。而在绘画过程中，由于个体差异，部分学生的线描写实能力还是有所欠缺，如人美版初中美术教材七年级下册"手绘线条——物像立体的表达"一课，学生在描绘教室桌椅的立体感时就表现出绘画技能有所欠缺，线条准确度不够等问题，因此，初中阶段学生的线描写实能力就需着重培养，同时，由于初中生的心理更加成熟，主观创作意识也就能更好地用手绘进行

表达,创意展现能力也会更强,学生在这一系列的学习中,也会逐步认识到艺术在生活中的重要性,也能逐渐感知艺术来源于生活又高于生活的含义。

二、结合学校特色,呈现创意线描

《中共中央　国务院关于深化教育教学改革全面提高义务教育质量的意见》还指出:增强美育熏陶。实施学校美育提升行动,结合地方文化设立艺术特色课程。学校因地域、理念和环境的不同,所呈现的文化特色也就有所不同。如海滨城市学校的美术特色或许和大海有关;版画之乡学校的美术特色或许和版画有关;少数民族学校的美术特色或许就和民族特色有关等。艺术来源于生活又高于生活,我所在的学校是一所区级国画特色学校,线描是我校美术特色的具体呈现方式,结合学校实际情况进行多元化线描教学,具体表现在以下两个方面:

(一)自然特色

学校绿树成荫,环境优美,就美术教学而言,这是一个优质的天然写生场所,孩子们一年四季都可观察各种花草树木的变化,感受植物与建筑在自然中的相互呼应,能在潜移默化中感受大自然的美感,因此我将教学中的内容与学校的自然环境、教学环境相结合,引导学生用线描的形式创意地完成学习任务。如人教版小学美术教材四年级上册"生活中的线条"一课,在教学过程中我会带领学生到校园里寻找生活中的线条,如菜园地的栅栏和植物,喷泉池的假山和树木,操场的跑道和路旁的落叶等,学生亲身体验,仔细观察、分析生活中线条的粗细、曲折等变化,物体的真实与复杂让他们感到新鲜而又充满挑战,让学生在学习的同时感受大自然的美,感受学校的美,感受身边的美。

(二)文化特色

作为区级国画特色学校,校内有国画社团,定期会开展各种国画特色活动,因此我也将国画用线描的形式多彩呈现,并融会贯穿于平日的教学中,让学生既能够参与传统中国画的了解与交流,也能在发展其感知能力、形象思维能力的同时形成独有的创新精神和技术意识,进一步丰富他们的艺术视野,提升其绘画能力。

如人美版初中美术教材八年级上册"中国山水画"一课,在课上我首先带领学生欣赏众多历代名家名画图片,让学生感受传统中国画的美,让学生了解线条在传统国画中的运用基本已达到了极致,线条的表现力丰富而有趣味,并选择具有代表性的优秀作品北宋王希孟的《千里江山图》和元代黄公望的《富春山居图》为范本,讲解作品的高妙之处,让学生了解传统中国画不只是简单的勾勒、着色,其中的技巧和韵味更值得深刻理解与学习,让其对线描造型有进一步的认识,产生学好线描的浓厚兴趣,让他们在青少年时期就得到较高层次的艺术熏陶,并树立起向优秀大师们学习的理想,并以大师们的精湛技艺为榜样而作为学习的动力。

寄宿制学校的生活养育课程贯穿于学生学习生活中,时常能在学校看到各项生活技能的学习与比拼,因此每年的课程展示周我会让学生把校园生活中观察到的画面用线描的形式展现出来。如2018年课程展示周中,美术学科的展示内容为30米长幅画卷现场描绘同学们展示生活技能的场景线描;2019年课程展示周里,美术特长生将《美丽的纹样》与学校种植园进行巧妙结合,将种植园里的蔬果花卉、播种工具等物体用各色线描的形式描绘在白色文化衫上,50件文化衫各有千秋,精彩纷呈。

(三)媒介特色

传统中国画中的线描比较工整严谨,学生在学习过程中不免出现乏力、缺乏兴趣等情况,因此在学生完成作业过程中,我鼓励学生描绘线描不一定仅限于勾线笔的轻重变化或者毛笔的墨色变化,可用多种媒介工具来尝试表达,如人美版初中美术教材七年级下册"桥都重庆"一课,我的学生就选用了毛笔、圆珠笔、彩色勾线笔、油画棒、粉笔、甚至有色植物的汁液等来生动地描绘桥都重庆的美;学生还可尝试在不同材质上呈现作品,如文化衫、主题墙、刮刮纸等,在表现作品时注意不同媒介材质的特性,扬长避短,定能产生更多优秀作品。

《义务教育美术课程标准(2011年版)》指出,课程的改革不仅是内容的改革,也是教学过程和教学方法的改革。因此,我认为青少年儿童的美术教育应该因势利导,结合地方特色、校本特色和师资特色,从心思考,循序渐进,才能真正做到在提高学生美术基本素养的同时促进其个性形成和全面发展。

参考文献

[1] 郑昶.中国美术史[M].北京:中国文史出版社,2016.
[2] 丁宁.西方美术史[M].北京:北京大学出版社,2015.
[3] 顾静.论线描在少儿美术教学中的重要作用[J].大家,2010(15):169-170.
[4] 中共中央国务院关于深化教育教学改革全面提高义务教育质量的意见[N].人民日报,2019-07-09(001).

教育感怀

给学生一个机智的台阶

崔钰红

一、背景

2019年9月,班上转来了一个孩子小李(陕西籍),初次接触,我从孩子父亲口中知道了孩子的特殊性。他的父母正闹离婚,父母双方意见不同,父亲带着小李到许多城市上学,这次小李转到重庆的学校,这位父亲对我千叮咛万嘱咐,除了他,任何人都不得将小李接走。作为班主任的我,顿时心生怜惜,决心给孩子更多的关爱。没想到2019年11月发生了一件让我意想不到的事情。寝室里有个孩子洗澡回来发现他放在枕头底下的45元钱不翼而飞了。宿舍的生活老师判断这件事是留在寝室的另外两个孩子所为,可无论他怎么询问都无人承认。钱虽少,但这种行为很严重,如果教师不对这种行为加以正确引导,可能影响孩子的一生。

二、情景与细节

面对家庭不稳定,随时准备转校的小李,我时刻嘘寒问暖,并让其他同学与他结对子,想方设法打消他初来重庆的陌生感,可是一天天接触下来,才知道其中的不易!一学期里班级流动红旗与我们班擦肩而过,80%的扣分项与他有关,要么他的抽屉乱成一团糟,要么他的课桌地上垃圾成堆,要么他的衣着不整洁,要么没戴红领巾,要么迟到……总的说来,他成了班上的热门人物,所有同学看到他都有点意见。

作为班主任的我,心底难受却又不忍看到一个外地孩子既得不到母爱又受到同学们的偏见,于是我手把手地教他如何收拾课桌,垃圾该丢何处,还专门安排了同学天天督促检查,可事与愿违,过了一天他又恢复原状。我请来他的父亲,没想到父亲简单粗暴,当着我的面打了小李一顿。求助他的父亲无效,我只得靠自己了。从那以后,我近乎天天一进教室就检查小李的抽屉、地板、衣着，功夫不负有心人，半个学期下来，情况终于有所好转，原本我以为可以松一口气了，没想到发生了这件让我意想不到的事情。

我将两个孩子叫到办公室，没等我说话，两个孩子几乎异口同声地说："不是我拿的。"可唯独小李眼神躲闪，我心中已经有数，但又不好当着另一个孩子的面指明，只好借故说向他们了解情况，询问有没有其他班学生进这间寝室，答案当然是没有人来。我让另一个孩子回教室，单独留下小李，此时他的表情反而显得很坦然，但是事情到了这个地步，我只能直指主题，耐心地问："你知道老师为什么只留下你吗？"他直视着我，忽闪着大眼睛，理直气壮地说："不知道。"我故意漫不经心地埋头改作业，叹着气说："你室友的零花钱丢了，那可是他周末回家的路费呀。"小李没吭声，我知道他可能很纠结，我的心里也不好受，多希望事情不是他做的。过了几分钟（但我觉得很漫长），小李小声说："老师你说我身上的钱是室友的？"听到了这句话，我紧跟着问："你有多少钱？"他说40多元。我一听心里更明白了，哪有这么巧的事！我问是谁给的钱？小李说是父亲给的，我当然不信，追问道："你爸一次给你这么多钱干啥呢？"他说是每周末去补习的路费省下来的。小李一直跟我斗智斗勇，我只好直入主题："你的钱应该都是零钱哦，你室友丢的钱是两个20元和一个5元，把你的钱拿出来看看。"小李并不将钱拿出，继续反驳："我觉得零花钱多了不好放，就到外边店里换成了整的。"我一听，没耐心了，再加上要上课了，干脆说道："这样吧，我打电话通知你爸过来核实，把你带到店里去核实清楚，你觉得呢？"要知道他爸可是没耐心的，说不好又是一顿暴打，我看到他心虚了，可还是不改口，又不忍看到孩子被打，只好采取冷处理，临走时，我抛下一句："这样吧！叫你爸过来你又免不了一顿揍，你自己好好想想，我下课后你再告诉我，好吗？"

下课后，回到办公室，我问："想好了吗？你的钱哪来的？"他还是一口咬定："我自己的。"我知道他在撒谎，他不愿意说出事情真相，我只能让他正视这个问题。我认真看着他，严肃地说："孩子，我刚才已经去监控室查了监控录像，我已经知道事情真相了，要知道改正错误的第一步是认识错误，如果已经知道错了，再撒谎就是错上加错。"可他还抱着侥幸心理，最后狡辩道："老师，真不是我拿的。"没办法，我只好使出杀手锏，口气变得强硬了："那这样吧！既然你这么肯定，我马上通知派出所，让他们带上测谎仪和指纹检测仪，看这几张人民币上有没有你室友的指纹，如果这样做，后果就严重了哟。"停顿了一分钟左右，小李眼里噙着泪，乞求地看着我："我说了，你能给我保密吗？不让我爸知道。"对于一个犯错的孩子，我怎么可能不保护他，不宽容他呢？我肯定地说："我绝对保密，对丢东西的同学和你爸。"回到教室，同学们正议论纷纷，我也看见小李无助地看着我，我说："同学们，有位同学丢的钱被生活老师在换下来的裤兜里找到了，大家以后要吸取教训，贵重物品要妥善保管，这件事情就不要再议论了。"

本以为事情就这样结束了，但心虚的小李晚自习后居然不回家，也不回寝室，我和他爸连续找了好几个小时都不见他的踪影，还好他爸了解自己的儿子，反倒劝我不急，对我说小李自己会回家的，没想到这孩子一整夜不归，第二天早上却早早到了教室，我询问了情况，他居然在教室地板上睡了一觉，对于昨晚我们的寻找，他玩起了猫捉老鼠的游戏！可怜的孩子！究其原因，他还是怕被他爸打。针对这个情况，我又把他爸叫到学校，当着孩子的面让他爸允诺不打他了，孩子才放心了。

事情就这样解决了，从那以后我再没提起这件事情，小李也因为这件事情好像与我更亲近了，在学习上更用心了，背书积极了，做作业也不拖沓了，对于班级荣誉也知道积极维护了，我心里的这块大石头也终于落地了。

三、反思分析

在学生的成长道路中，难免要犯一些错误，这是正常现象。老师要相信学生总是向上、向善的，要对学生抱有期望。对待犯了错误的同学，老师不应耿耿于怀，不要一棍子打死，要怀有宽容之心。老师要把学生犯错误当作一个教育时机，给他们一个改正的机会。苏霍姆林斯基说过："教师的每一次尊重与宽容，都会使学生终生难忘，都会促使他去思考，在思考中做人，在思考中做事。"作为老师的我们要给学生一个机智的台阶，宽容他们，理解他们，给他们铺一条改错的路，让他们认识过失，发自内心地改正错误，小心呵护他们柔弱的自尊。

用爱塑造教育的天平

洪　洋

　　"爱是教育的前提,没有爱就没有教育。"作为教师,只有热爱学生,特别是尊重、爱护、信任学生,使学生真正感到来自教师的温暖和呵护,教育才富有实效。那些在学习、思想、行为等方面存在一定偏差的学生,我们称之为"问题学生"。他们往往被忽视,被冷落,被戴着"有色眼镜"对待,教师心中天平的随意倾斜,可能就会给孩子带来二次伤害。有时教师给孩子一个机会,也是给自己一个机会。

一、案例背景

　　在我所教的班级里,就有这么一个需要特别关注的孩子。小代是一名名副其实的"留守儿童"。从小只有外婆陪伴,缺少父爱和母爱的他是一个内心特别敏感的孩子,极度渴望受到关注,但又缺乏与人沟通交流的方式方法,常常事与愿违。而通过观察和接触,我发现他在和老师交流时会出现不自觉的躲避动作,可能是因为他在与家里亲人交流时受到过一定的伤害,导致他在面对成年人的时候不敢大声说出自己的想法,表现得唯唯诺诺。也正是因为他没有受到正确的引导,他在和同龄人相处时缺乏方式方法,无法收获真心的好朋友。

　　而作为他唯一的亲人,他的外婆只保证他吃饱穿暖,生活技能一点没有教给他。他不仅不会自己穿袜子鞋子,更不会整理自己的物品,也不注重个人卫生。所以他每天都是脏兮兮的,书包、抽屉也是脏乱的,学习用具经常因为没有妥善保管而丢失。又因为外婆的文化水平有限,对于他的学习更是束手无策,一年级才入学时,他用手指计算加减法都还不会。与班上其他的同学相比,他的各方面表现都差了很多。因为这一系列的问题,导致他无论从成绩上还是行为习惯上都成为大家眼中的"问题学生",让班上的同学对他"敬而远之",在遇到坏事时,其他同学第一个就会想到他,而他自己为了吸引注意力也确实犯过类似错误,更是加深了大家对他的不好的印象。

　　这样的孩子,要让他有较大的改变需要花费很多力气。不仅需要润物细无声的坚持,也需要一个契机让他证明自己,让同学们重新认识他。运气很好,这学期我就遇到了一个这样的机会。

二、案例具体细节

事情的起因是班上的小廖同学的头发在教室被剪了，并且小廖指认是小代剪的，还说小代威胁她，如果小廖把这件事告诉老师小代就把她从楼梯上推下去。对于二年级的孩子来说，他们对所有事情充满好奇，班上也确实发生过因为好奇而剪同学头发的事情，加上这种"把人从楼梯推下去"的威胁也很像从某些电视剧学来的，让这件事听上去有模有样。如果真是某个学生在无理由剪同学头发的前提下，还威胁同学，那就是非常严重的问题了。

事发之后小廖还找了几个同学作证，一时间这件事在班上传得沸沸扬扬，虽然小代一直在否认，但是没有同学相信他。作为班主任，我知道我必须调查清楚，不管是确有其事还是子虚乌有，总有孩子在这件事中需要得到老师的帮助教育。

我第一次单独将两个孩子叫到办公室来询问情况的时候，小代显得很紧张，而小廖却截然相反，非常坦然，这在第一观感上就让人更信服小廖的说法。但以我对小代的了解，我不认为他会做出这种性质恶劣的事情。于是我更加细致地询问了当时的情况，这时候出现了转机，小廖描述小代威胁他的地点从"走廊"变到了"楼梯口"，而作证的几个同学的证词里，还是"走廊"。但是楼梯口上来就是走廊，所以也有可能是孩子没有记清楚。

不过因为小廖的证词发生了变化，所以我又一次询问了几个证人。这一次有了新的进展，在我的严肃询问下，作证的几个小朋友告诉我，他们是听到小廖这么说的，并没有亲眼见到。去掉证人这个"砝码"，天平又重新回归平衡。

我又再次询问了小代。小代这一次说话都结巴了，声音也如同蚊子一般，好半天才说出"我没有"，看上去非常心虚。因为小代原来有过为了躲避责罚撒谎的情况，所以为了保证他说出的是真实情况，我改变了语气，佯装有了证据，告诉他很多人看到了，并且告诉他，如果做错了，只要勇于承认错误，老师和同学都会原谅你，并且会表扬他的勇敢。如果确实是他做的，我希望通过这样的正向引导，让他能勇敢说出来，如果不是他做的，也不想伤害他的自尊心。这一次，小代告诉我，确实是他做的。

原本事情到这里就可以进入教育的环节了，但是因为小廖的说法发生过改变，所以我多留了一个心眼，仔细询问了小代整件事的过程。结果令人意想不到的是小代根本说不清楚事情的起因、经过和结果。至此事情又变得扑朔迷离起来，我不得不再一次找小廖单独谈话。

这一次小廖依然坚持是小代剪的，但在我问到为什么每次说出的地点都不一样时，她沉默了，通过观察我发现她的手指抓住衣摆一直没有放开，这是一种紧张的表现。虽然她的眼睛依然敢于直视我，但这细微的动作让我有了新的想法，于是我抛出了最后的武器——监控。在我提出可以查看监控的时候,小廖反倒镇定了下来,一口咬定就是小代做的。这一举动又让我疑惑了。

我知道这两个孩子一定有一个说了谎,并且一直不承认,只能在铁证之下才会说出真相。所以我还是决定去看一看监控。在去调监控之前,我将两个孩子带到办公室里,又当面询问了一次,希望说谎的孩子能迷途知返。这一次小代又改口说不是自己做的,小廖的说法还是没有变化。通常情况下,像小代这种一而再再而三改口的行为,都是心虚的表现。但小代又一次坚持不是自己做的,我不想冤枉任何一个孩子,只是作为"业余侦探"的我确实是黔驴技穷,所以只能借助监控的帮助。

监控果然没有辜负我的期望,也确实给了我一个意想不到的答案。我和监控室老师用了整整两个上午的时间仔细观看录像,发现小代自始至终就没有在走廊上和小廖碰到过,整件事情与小代毫无关系。

返回办公室后我立即叫来了小廖,在拿出监控铁证的情况下,她终于承认了,原来是她自己为了漂亮,自己动手试着剪了个刘海儿,又怕被老师和父母责骂,才想出了这么一出"大戏"。又因为小代曾经犯过类似的错误,所以"替罪羊"这个角色才找上了小代。

三、处理结果

接下来关于小廖的教育在此不多加讲述,在和家长沟通后,小廖意识到了自己的错误,也在全班同学的面前给小代道了歉。之后我再抽出了时间与小代单独沟通,我急切地想了解为什么对于没有做过的事情,小代会承认是自己做的。

开始我以为会像原来一样遇到一定的沟通困难,因为在我与小代接触的这一年半里,除了课堂上抽答,其他时候小代几乎不与我交流,也不愿意分享自己的生活。通常情况下我与他聊天的时候也是我十句他一句,做错事的时候他也只会说"老师我错了"。这次他受了冤枉,应该更委屈难过吧。因为我知道沟通可能会不顺,所以在他来到面前的时候,我摸了摸他的头,希望通过这种方式让他感受到关爱。

令人意外的是,这一次小代主动和我说话了,他说:"老师,谢谢你。"接着他开始哭了,当时我的心里真是一阵感慨,我知道这个一直封闭自己,从不愿意与老师交流的孩子终于鼓足勇气迈出了第一步。

接下去的交流就顺利了许多,我发现小代之所以一会儿承认又一会儿否认,是因为虽然他记得自己没有做小廖说的那些事情,但是在我们的不断询问和证人的证词下,他也开始怀疑自己,因为自己做过不少调皮捣蛋的事情,所以他怀疑是不是自己记错了,怀疑自己可能真的这么做了。如果不是我刨根问底,他或许就接受了自己"理发师"这个称号,一个威胁同学的名声。他也或许会难过,为什么没有人相信他,也会疑惑为什么大家认为他会做出这样的事情。

但还好我实事求是,追根问底,帮他正名,也才有了机会让他走出自己的封闭空间,愿意与他人交流沟通。

四、反思与分析

通过这件事情,我对这个孩子有了更深入的了解,而这件事之所以会一波三折,通过反思,我觉得和以下几个因素有关:

(一)平等对待每一名学生

不可否认,小代这样的孩子在每个班级都存在,并且每一位老师对这样的孩子都会有一定的认知偏差。因为他们身上确实有太多需要改进的缺点,再加上像小代这样会因为流言蜚语自己主动"背锅"的情况,更容易影响我们作为教师的判断。但是只要保证"一碗水端平",怀揣一颗热爱学生的心,对每一个孩子给予同等的关爱,实事求是,追根究底,就一定不会冤枉任何一名孩子。

(二)处理方式上需要改进

在初始调查的时候,我应该让两个孩子当面对质,而不是每次单独询问,直到最后我才让两个当事人进行面对面沟通。在当面对质的情况下才能快速暴露矛盾点,加快解决进程。

(三)询问时注意方式方法

在日常班级管理中,我们面对不肯说实话的孩子常会使用这种"无中生有"的方式,假装有直接证据,达到让学生主动承认错误的目的。但是这种方式方法不适用于小代这样自我认同薄弱的孩子,他们会因为老师、同学的描述进而怀疑自己。我们在询问时也要注意不要带上引导的语气,不要带上个人态度,这样容易误导孩子。

(四)班级常规教育中加强对学生的品德教育

学生的思想品德教育是班级管理教育的主要内容。德育重在提高学生的文明素质,培养学生的良好品质,促使学生形成健全的人格。在日常德育教育中,教师要从现实出发,抓住每一次教育的机会,要让学生认识到,道德理论和规范来源于一定的社会生活,要避免空洞的远离实际生活的空谈。只有提高孩子的思想品德素质,才不会出现本次这种冤枉同学,将责任推卸给其他同学的情况。

(五)尊重学生的人格,提高其自我教育能力

学生是一个活生生的独立主体,独立自主性是其基本的行为特征。教师必须注意维护和尊重学生的独立人格,提高其自我教育的能力。教育家陶行知先生认为,生活即教育。道德教育的基础是人对人的理解,教师培养一个人的品德不在于告诉他多少道理,使他遵守多少规范、规则,最根本的是他要在长期生活中形成基本的待人做事的价值观念和思考问题的取向。因此,我认为教师在新课程的实施中开展德育活动,要把德育融于学生的生活中,倡导品德培养回归生活,结合学生生活实际,开展丰富多彩、寓教于乐、学生喜闻乐见的教育活动,使学生通过活动受到教育,受到熏陶,让学生在活动过程中学习自己管理自己,自己教育自己,充分发挥自己的聪明才智,在活动中提高自我教育能力。

作为教育工作者,尤其是班主任,我们更应以赏识的眼光和心态看待每一个学生,善于发现他们的闪光点。教师只有真正赏识每一个学生,才能做到平等对待每一个孩子,也正由于有了老师对学生的信任、尊重和理解,用激励、宽容和提醒,才能使他们拥有自信,获得提高。

方法一对　事半功倍

代　伟

｜一、背景｜

重庆市教科院巴蜀实验学校是一所 2003 年建校的九年一贯制城市寄宿学校。大部分学生的家长工作繁忙，他们无力照看孩子学习和生活，将小孩星期天晚上送到学校，星期五下午接回家，其中部分学生周末都留在学校，寒暑假才能回家。针对这样的情况，我校在 2003 年至 2017 年间，提出"帮助家长养育孩子"的教学理念。

｜二、情节与细节｜

2014 年，我担任初一（3）班的班主任。班级 27 个学生，23 名男生，4 名女生，女生较少。"我们这个家，每个女生都是班级保护对象。"这是我对班级所有学生说的第一句话。也是这天开始，所有学生都在我的自我介绍下，恭敬地叫了我"代老师好"。

开学前几周，可能是雄性荷尔蒙激素太多的原因，班级男生之间各种原因导致的冲突、吵架、打架现象不断出现，让我身心疲惫。中期考试过后，我更是受到了任课教师们的"狂轰滥炸"。"这个班学生上课不听话，学习也差。""你们班学生不及格的太多了。某某学生经常上课睡觉。""我教书这么多年，还是第一次遇到这么差的，除了前面 8 个同学，其余真的没希望。"年级共 130 多名学生，前 90 名中，我们班只有 8 个，倒数 10 名学生中，我们班占 7 个，这种事实让我非常尴尬。

以我班主任的经验来看，初一新生都应该非常听话，学习也积极，为什么会这样？我要认真分析分析。第一次家长会，我决定和每个家长都聊聊。经过沟通，我了解到很多同学的家庭情况，其中，有个叫小赵的小女孩让我印象深刻：在她 5 岁时，妈妈意外去世，她一直跟父亲相依为命，父亲工作忙，每天回家时间晚。平时她一个人在家，还要帮父亲做饭、扫地,父亲也经常向她灌输"生命第一,其余随便"的理念,对她的学习几乎没要求(年级倒数第10名,但是画画很不错)。综合分析,和她一样能干、有特长,但学习差的学生,家庭原因占了很重的比重。班上27名学生,其中23个孩子的家庭状况是父母离异、二婚、单亲家庭,有的甚至只有哥哥抚养,剩下的4个,只有2人长期有家长陪伴,另外2人从小学一年级开始住读,一学期回2次家,跟家人在一起的时间很少。

了解这样的特殊状况后,我的心情在后面几天特别沉重,怎么来改变他们,难道就只管孩子们的纪律和学习吗?不行,我得做点什么。我想了很久,决定先做好一件事,那就是成为这群娃娃可以倾诉的大哥哥。

首先,积极组织班集体活动。年级篮球比赛,经常运动的学生带领班级队伍不断胜利;年级拔河比赛输了,全班同学相互鼓励,并一致提出"下次我要赢回来"的目标;跳绳比赛输了,班长马上分配大家一对一指导,结果隔一周就赢回来了……到后面,所有的学生都会为班级事情出谋划策,并相互加油。"加油,你只要多努力一下,我们班就会赢,快快快,得帮'伟哥'争气。"一段时间后,打架、吵架的现象没了,一有活动,基本没我啥事了。就这样,我在他们无意识的情况下由"代老师"变成了"伟哥"。

接下来,我在班级德育时间与课外时间给他们提要求。第一,每个人必须背诵安全口诀,每次放假,我会抽3个人提问,必须背诵完才能走;第二,每周指定3个人,所有人必须说出这3人的两个优点;第三,每周指定一个或两个人讲一个自己亲身经历的故事,开心的、悲伤的故事都行,和大家一起分享感受。平时我也会和他们谈谈人生,谈谈理想,谈谈爱情观,最后谈谈家里的情况。慢慢地,孩子们开始告诉我他们的故事和家庭(虽然这些我都知道,但我也陪着他们哭和笑)。在一堂班队课上,我很严肃地告诉他们"伟哥"的意思,下面哄堂大笑,但以后我的称呼却变成了"代哥""老大"。

初一上期末,任课教师们这样对我说:"你们班这些娃娃虽然成绩差,但是很懂事,很团结。""代老师,你们班变化很大啊,就是成绩差了点。""某某同学上课不睡觉了,不捣蛋了,就是不愿学啊,代老师,怎么办?""成绩差"这三个字在我心里狠狠地刺了一刀。看来要改变这种情况,只做他们喜欢的哥哥还不行,我还得在学习上担任"父亲"这个严厉的角色。

假期中,我要求任课教师对班级每个学生的单科情况进行分析、总结,然后由我给每个孩子分别作要求。其中,我对缺少母爱的小女孩(小赵)这样要求:第一,英语78分,每天完成作业后,增加背诵课文;第二,数学58分,每天增加一道题(题目由数学老师提供给我,我再针对她的实际情况发给她);第三,语文75分,其中作文23分,每天朗读一篇文章3遍。所有学生的学习布置、检查均在QQ群中完成。

开学后,我不断实施新的计划。第一步,我将班级学生分组,将一对一指导方式用在学习上,所有奖惩都与学习挂钩;第二步,利用每天早操空余时间,坚持抽查他们的语文、英语知识;利用德育教育后的时间,抽学生讲解、复习数学知识,再让每个同学出一道该知识点的数学题,交换给同桌做和改;第三步,利用周末返校时间抽查学生的学习;第四步,跟部分学生一起学习其他学科知识。当然,对学生的奖励也不断创新(学习用品、零食、大餐、玩手机、现金等),学生学习兴趣不断提升。

两年半的坚持中,班级进入年级前90名的学生由8个上升到10个、12个、15个……直到中考后的20个,其余几名同学离中考录取线也差20至50分。其中,那个缺少母爱的小赵同学,以超过中考录取线54分的成绩进入了她理想的高中。

毕业的那天,送他们到校门口,每个人都笑着对我说:"老代,谢谢您!我们会想您的,也会来看您的,保重。"和他们挥挥手,再一次道别,返回学校的时候,我看到师生铜像上"为孩子走向世界奠基"这句话,我微微一笑,快步走回办公室……

三、反思

我国著名教育家叶圣陶先生说:"教师之为教,不在全盘授予,而在相机诱导。"如何诱导?他认为,一要引导,二要指点,而好的引导"必令学生运其才智,勤其练习"。深刻领悟,追根究底,要做到这一点,教师就需"揣摩何处为学生所顿,即于其处提出解决办法"。如果老师能采用适合的办法,激发学生们的参与兴趣,让他们体验到解决一个个问题后的愉悦感,就能激发学生的学习动力,从而形成自我要求的意识。此之谓"方法一对,事半功倍"。

家校合力教育的魅力

龙春莉

一、案例背景

世界上没有两片完全相同的叶子,对于学生也是如此。不同的学生有不同的先天条件、性格特点,家庭教育和培养方式会加大学生差异。现在学生学习压力越来越大,家长、学校和社会对学生的期望也越来越高,易引起学生心理、行为等方面的问题。因此,构建家校合力的教育模式非常必要。作为老师,在教育管理过程中应该承认学生的差异,关注每一位学生,注重家校互动,下面分享一个我在教育管理过程中真实的典型事例。

二、案例描述

2018 年秋季,我校进来一名小学一年级学生,他叫小宇,每当我走进宿舍巡查时,生活指导老师总会告诉我小宇的表现情况。比如,小宇在教室里把某某同学打了,小宇在宿舍把某某同学的东西拿了,小宇不讲卫生等。当生活指导老师告知我这些事时,开始我觉得小宇是男孩子且年龄小,又未体验过住读生活,刚到学校对寄宿生活不太适应,所以我让生活指导老师多关注他,多帮助他,他慢慢适应一下就好了。但一个多月过去了,还是收效甚微。

一天午餐时,我和往常一样在食堂巡查,突然,我看到一年级(5)班就餐的餐桌旁围着一群学生,我连忙跑过去,发现班主任老师在维持学生纪律,生活指导老师在地上准备抱起小宇同学,但小宇同学就是不起来,在地上打着滚,询问原因才知道原来是一个同学不小心把小宇同学碰了一下,虽然那位同学给小宇道了歉,但小宇同学还是不依不饶地说该同学是故意的。老师和其他同学都给他解释,他却说,老师和同学们都欺负他,因而他一下子就躺在了地上不起来。我走过去，让老师和同学们全部从他身边离开。我蹲下身，弯下腰，准备拉他起来，没想到他的力气真大，一下子就挣脱我的手，当时我怕弄伤了他只好作罢，轻轻地在他耳边说了这样一句话："你是不是男子汉嘛？如果是，男子汉都是顶天立地的，但你却躺在地上，好丢人哟。"也许是我的话起了点作用，当我再一次去拉他起来时，他顺势站起来了，我又说："宝贝，我们出去慢慢说，有什么委屈你告诉我。"我刚把他劝出食堂，就看到小宇的爸爸站在食堂门口，手里还拿着一根细细的棍子，小宇看到他爸爸，一下子露出了惊恐的神色，躲在了我的身后。原来是班主任老师给他爸爸打的电话，班主任老师说小宇又在学校不听话了，让他到学校来一趟共同管教孩子。因为离学校近，他爸爸也来得及时。没有一会儿，小宇的妈妈在外面办完事也赶来了，我看了看小宇和他父母，说："这样你们都到我办公室吧，我们交流交流。"

通过这次深入交流，我了解到了孩子的家庭情况。小宇的父母在重庆做医药生意，之前一年里他们仅春节回四川宜宾的老家陪孩子生活几天，孩子在上小学之前一直跟着爷爷奶奶在农村老家生活，隔代管理大多溺爱，所以很多习惯小宇都没有养成。小宇上一年级了，家里的条件还可以，但是父母要做生意又没时间照顾孩子，所以经过再三考虑将小宇送到了这里住读。我虽然通过老师了解到孩子的很多习惯不太好，但也了解到孩子聪明伶俐，见到老师主动问好，也很热情主动帮助别人，只是在帮助别人时方法欠妥，导致同学之间时常发生矛盾。父母管教方式也有些问题，处于两个极端：父亲是简单粗暴型，母亲是溺爱型。管教方式的不统一，从小生活环境的影响，才造就了孩子现在这样的性格。

经过一个多小时的交流，我了解了孩子及家长的问题所在，我分别与家长、孩子、班级的生活指导教师作了交流。我要求家长能够统一教育方式：严慈相继、多多陪伴；生活指导教师要多鼓励，多关爱，多与孩子交流；小宇每周抽时间给我讲讲他在家里、宿舍、教室做了哪些有意义的事。

三、案例结果

通过一学期家校的共同努力，期末放假时小宇妈妈拉着我的手激动地说："谢谢，谢谢你们对我孩子的关心与帮助，小宇现在懂事多了，回家能积极主动收拾房间，看到我们累了还主动给我们捶捶背，他自己说和同学关系也融洽了，我觉得把孩子送到这里值了。"我意味深长地说："这都是家校合力教育的魅力！"

四、反思分析

以上是我所经历的一个比较典型的家校合力教育的案例,在解决问题过程中,分析问题症结是关键点,争取多方支持提高实效是着力点,实行家校合力教育是突破点,整个过程值得回味和反思,给我的启示有以下三个方面。

(一)了解学生成长环境是解决问题的基础

家庭教育是最早期的教育,是一切教育的基础。学校教育和社会教育都是在家庭教育的基础上进行的。当前很多家庭中孩子没有受到良好的家庭教育,父母的教育观念不正确,在日常生活中只注重对孩子物质上的满足和生活中的照料,并没有对孩子进行品德层面的教育。他们把孩子的教育全部都交托给了老师,认为老师应该全方位地接手对孩子的教育,他们不抽出时间和孩子进行心理上的沟通,孩子在生活和学习上遇到的问题难以得到及时解决,导致其成为"问题学生"。因此,老师需要了解学生的家庭背景、家庭氛围、父母的教育方式,从而理性地分析学生的问题。

(二)得到家长合力教育是解决问题的关键

家校合力一方面帮助家长在家庭教育中找到更多的渠道和方法更好地处理家庭教育问题,另一方面有利于家长全面地了解自己孩子在学校的表现、思想动态、发展状态以及同学和老师对他的评价,帮助家长更好地了解自己的孩子,厘清家庭教育中的注意事项。家校合力使学校更加全面真实地了解学生,因材施教,对经济困难的特殊家庭学生给予更多关怀,对"问题学生",老师可以与家长共同制定方法,协同合力帮助学生改掉陋习。因此,学校、老师要和家庭联系起来,增加相互了解沟通的机会。教师和家长进行谈话,交流孩子在学校的表现以及孩子的学习情况,对问题进行协调;教师引导家长与学生进行有效的交流,让学生更加健康地成长下去。

(三)经常与学生交流谈心是解决问题的保障

教师在教学和管理工作中要善于与学生沟通,因材施教,善于捕捉学生的心理和情绪表现,关注学生的主观需求。教师对行为异常的学生要找到原因,进行逐步、有针对性的疏导,善于用微笑和眼神在潜移默化中感化学生,以艺术化的语言感化学生,打开学生心结,打破学生对教师的防备心理。教师要善于认可学生的学习,善于发现学生的闪光点,给学生信心,从而使学生突破自我,完善自我。

总之,家校合作交流,使学生获得更好的教育,促进学生全面健康地成长。

不同的叶子

唐章颖

21世纪人类进入信息时代,初中生善于接受新事物和新观念,能适应时代的发展。他们可以快速了解到新的信息,他们能迅速接受和使用新技术,他们能用不同的方式捕捉信息。所有这些特点,不仅丰富了他们的大脑,同时也开阔了他们的视野,使他们获取知识和信息的广度、深度有了很大的改善。开放的时代铸就了人们开放的心态,新时代初中学生敢做、敢闯、敢干,个性方面也是更开放,更鲜明,更突出自我。

根据埃里克森人格发展八阶段理论,青春期(12至18岁)的学生处在"自我同一性和角色混乱的冲突"阶段,他们在面临新的社会要求和社会冲突时感到困扰和混乱,因此他们会试图通过违规、顶撞、对抗的错误方式来弥补自己的"认识冲突"。他们既呼吁教师的尊重,也需要父母的尊重;对所有的人和事,只要妨碍了个人自由的发展,他们都会产生强烈的不满,甚至采取一些对抗行为;他们关注个性发展,关注其他人对自己形象的认可。

教师应静下心来,认真分析他们的"个性",根据不同学生的个性特点,尽最大努力将他们的"个性"转化为他们的优势,为他们"私人定制"教育教学活动,给他们展示的空间。同时,教师应主动以平等的身份和他们交流,了解他们的需求,问计于他们,根据教学要求和学生需求对接设计教学活动,从而帮助他们主动地参与学习,让他们发挥出更强大的主观能动性。

德国哲学家莱布尼茨说,世界上没有两片完全相同的叶子。同样,世上也没有两个完全相同的人。

当老师这么多年,我见过各种不同性格的学生。2013年,我又迎来一批新学生。在新班级的第一节课上,我欣喜地看着新学生们,他们也用一双双求知若渴的眼睛看着我,认真地听我讲课,这时,我发现一个头发长长的,长得很可爱的小女孩,她与众不同,头也不抬,一直低头在书上画娃娃。这个小女孩怎么回事呢?我悄悄关注上了她。

之后我发现她果然"特殊",在上课时她不是画画就是看课外书,每次我提醒她,她就笑一笑,过一会儿依然我行我素。全班就她一个人不上晚自习,听写、背诵教师也没法督促,我担心她跟不上学习进度,悄悄跟她说,让她放学后到办公室找我,我给她补课,结果放学后我左等右等她都不来,到教室一问,学生们说她每天一放学跑得比兔子还快。我和班主任一沟通,才知道这个孩子基本上各科的表现都是如此,但她智商奇高,所以她虽然经常不听课,但成绩还过得去,可是英语毕竟是一门全新的学科,长期如此,对学习一定不利,于是我开始想办法,谈话,请家长,可效果都不持久,她依然不听讲不做作业,我彻底没辙了,眼睁睁看着她成绩一路下滑。

八年级上期的半期考试,她的英语成绩滑到了七十分,我心急如焚,担心这个人才毁在我手里,我又与她平心静气地进行了一次推心置腹的谈话,她告诉我她不喜欢课堂教学的模式,更喜欢自学,她虽然在学校上课时没听讲,但是回家通过自己的方式在自学,但是到了八年级,知识难度加大了,她就渐渐跟不上学习进度了,她自己也意识到了成绩的下滑,很着急。我对她喜欢自学的习惯表示尊重,和她一起探讨英语自学的方法,找出问题所在,并给她提供了一些有助于自学的教辅书籍。这次谈话之后,她悄悄地开始转变,上课有时候能听课了,我不时抓住机会在班里表扬她,她母亲也说她在家也在更努力地自学英语,观看英语原版电影,尝试用英语写日记,自己做练习,用自己的方式来提高自己的英语水平。关于她的转变,我装作不在意,尊重她自己的方式,只不时地问问她有什么问题,帮她解答疑难。

那学期的期末考试,她的成绩上升到了一百多分。她母亲非常高兴地通过微信感谢我,她说很高兴她女儿在学校遇到一群耐心负责的老师,我回复说教无定法,我们要尊重孩子的个性特点,对待个性特殊的孩子,教师必须用特别的方法,我作为教师也还在学习摸索中,还有许多需要努力提高的地方。再后来,小女孩顺利考上了她心仪的高中,学习成绩日新月异。去年高考后,她的妈妈通过微信高兴地告诉我们小女孩考上了重庆交通大学,其中英语考了135分。我也由衷地为她感到高兴,也庆幸自己当初没有放弃这个个性鲜明的学生。

《大学》有言:"其所厚者薄,其所薄者厚,未之有也。"面对这样个性鲜明的学生,教师首先要改变自己的心态,改变看待孩子的眼光,改变自己的言语和行为,对学生分类厚爱,让"特定个性学生"从内心觉得"老师爱我,对我真好"。个性发展是每个学生的特性,我们应该尊重每个孩子的个性,发展他们的特长,不能放弃个性很强的学生或者压抑学生本身个性,而应该对他们的个性发展有正确认识,学会挖掘学生们身上的发光点,并加以鼓励支持,使他们获得满足感,运用言语激励,帮助学生们树立正确的学习观念,找到最适合他们的学习方法。对于有些个性强的学生来说,其实有时候他们只是为了吸引老师的注意,教师应该以正确的语言和合适的态度与他们交谈,结合学生的个性特点以不同方式委以任务,进行教学,及时表扬,让他们获得成就感,而不应该站在这些学生的对立面。教师只要对他们真心相待,收起师道威严,以一个朋友的身份与他们交流,常常会收到更好的效果。

苏霍姆林斯基说:从我手里经过的学生成千上万,奇怪的是,留给我印象最深的并不是无可挑剔的模范生,而是别具特点,与众不同的孩子。一直以来,我们认为标准的"三好学生",是一个努力学习,遵守纪律的孩子。所以,我们用这一标准去培养所有学生。而事实上,有些学生怎么努力也无法达到这一标准,而我们却对这部分达不到标准的孩子采取高压措施,这样做不仅毫无效果,而且还挫伤了学生学习的积极性,伤害了师生之间的感情,问题出在哪里呢? 当然,努力学习和纪律好的孩子是好学生,但是,被这个标准排除在外的那些学生,难道就不是好学生吗? 我们需要明白的一个道理是:有些学生并不是他们本身不优秀,而是因为我们用这个统一"标尺"来衡量每个不同个性的学生,如果对不同的学生,换一个"标尺",结果可能就不一样了。不合这个"标尺"的学生不断地被忽视和否定,原有的优点也就会渐渐失去,这样,他们不但不可能得到更好的发展,长期下去,连自尊心也会被挫伤,自信心也会失去。没有了自尊与自信,学习就少了动力与兴趣,成绩就会越来越差,甚至影响到孩子一生。

哲学常识告诉我们,世界上没有两片相同的叶子。而人由于受到遗传基因、成长环境、父母受教育程度等诸多因素的影响,更是天资各异。差异教育理论指出,应该对不同的学生进行不同的帮助,使其得到不同而充分的发展。多元智能理论告诉我们,每个人都拥有自己的独特优势,应顺势发展。所以,"好学生"没有统一标准,如果说有什么标准的话,那就是努力做"最好的自己"。如果教师能够帮助学生成为"最好的自己",那他就是最好的教师。如果学校能为每个学生的成长提供合适的教育,利用每个人的优点,潜在的灵感,并在学生不断发展的过程中弥补学生的不足,帮助他们成为"最好的自己",那就是最好的学校。

不同的叶子,各有不同的美丽,不同的学生,也各有不同的风采。

参考文献

[1] 苏霍姆林斯基.把整个心灵献给孩子[M].唐其慈,毕淑之,译.天津:天津人民出版社,1981.

让阳光散布到学生心中

杜 艺

一、背景

在我刚担任一年级（2）班的班主任时，遇到了这样一个学生，新生培训的第一天，我还不认识班上孩子时，拿起花名册点名，当我点到小石同学的名字时，班级里鸦雀无声，无人应答。我重复了好几遍后一个孩子坐在座位上不屑地用地道的方言说："点那名干吗？"随后他鼓着大大的眼睛摇头晃脑地看了我一眼。当时我愣住了，还没等我回过神来，没想到这孩子一下站起来就往教室门口走，走过我身边时说道："教室里不好玩，我出去玩。"当时，我没有制止这孩子的行为，心里总觉得这孩子的成长经历肯定有别于班里的其他孩子。

二、情景与细节

为了了解孩子情况，我和他的家长进行了沟通，他父母是二婚，他在家排行老二。他父母在生活上对他的照顾无微不至，但就是这种过度的宠爱造就了孩子现在这种任性、以自我为中心的性格，家长拿他也没办法。

作为班主任的我，首先意识到的是要正确引导他，教育他。趁下课的时间，我开始和他玩拼图、打乒乓球、丢沙包等游戏。我有意地拉起了他的手，他反应有些诧异，我坚定的眼神换得了他对我的一丝信任，他没把手缩回，我们双目相对。这时，我没有开始指责他的错误行为，也没有把旧账拿出来一起算。我开始细数他的优点："现在全班的作业本我一本本改过去，一眼就能认出哪本是你的，知道为什么吗？"他摇了摇头。"因为你的字写得越来越工整了，看到你写的字变得漂亮了，老师非常高兴。"听到这里，他不好意思地笑了笑，我看到他的态度有些转变，继续对他说："答应老师，以后认真写作业，老师期待着每天看到你的一幅幅艺术品,好吗?"他点了点头,眼神镇定且坚毅。之后,他时不时地问我几个问题,还接着我的话谈论他的想法。随着交谈的深入,我感觉他对我更加信任,他内心的大门渐渐向我敞开了,我知道可以进入正题了。接着,我从作业情况、上课听讲情况、同学相处等方面,谈他的优点和不足之处。

因为父母的溺爱,他养成了任性、以自我为中心的性格。所以他自从来到学校生活学习后感觉很不自在,他认为受到了不公的待遇,一直以来他生活得很压抑,所以才导致他的强硬、跋扈。轻轻抚摸着他的头,我内心感慨,他到底还是个孩子呀,即使外表给我们那样一种假象,但实际上他的内心还是很脆弱,他很希望被人关心,被人爱护。针对这一点,从那天起我就特别地关注着他。如果他进步了,这种积极的心态将影响班容班貌,整个班级就会大踏步向前迈进。所以我上课会多提问他一两次,他的注意力就慢慢集中了,也不会影响其他同学。慢慢地,我发现他都能按时交作业,并且作业质量还不错,我毫不吝啬地表扬了他一番,他特别地高兴,课后马上来到我跟前帮我拿东西。后来只要他稍微有一点进步,我都会马上鼓励和表扬他,我在批改作业的时候,给他写两三句鼓励或表扬的话,他的作业写得更认真,他的字写得更漂亮了,他上课举手回答问题的次数也多了,有些难度的问题,他都能用完整的语言答出来。不仅如此,课后,他会主动地来找我说话。我从中了解到他的其他一些兴趣,比如画画、踢球等。在交谈的过程中,我也把自己的兴趣爱好告诉他,我们一起分享那些只属于我们的小秘密。

三、结果

他适应了学校生活,学会了怎么学习,与同学和睦相处。他的期中考试成绩在班上名列前茅,我在班上每组选一位小组长检查学生们的作业情况,然后小组长需要将情况汇报给课代表,他的手举得最高,表情最期待,于是我毫不犹豫地把小组长这个职位给了他,他没有让我失望,他的学习成绩提高了,还是班上称职的小组长之一。

四、反思分析

许多优秀老师,非常重视与学生建立良好的师生关系,把关爱学生看作是现代教师的基本职业美德。孔子主张教育要"仁爱",要"诲人不倦"。苏霍姆林斯基曾说:"要成为孩子的真正教育者,就要把自己的心奉献给他们。"他把如何热爱教师和学生工作视为教师在日常教育生活中不可缺少的基本道德内容和要求。如何热爱教师和学生工作是现代教师特有的一种基本职业道德情感,是良好的学校师生关系得以长久存在和持续健康发展的重要道德基础,是搞好教育和教学工作的重要组成因素,也是现代教师应具备的一种基本道德行为。我认为一个热爱学生的教师应该要做到以下几点:

(一)坦诚地走进学生内心,做他们的知心朋友

有效的交流,走进学生的内心,和每一个学生成为朋友,让他们尊重你,喜欢你,理解你。首先我们作为班主任要抛弃所谓的师道威严,抛弃师生之间泾渭分明、尊卑有序的交流方式。班主任要打破这种僵局,就要主动深入到学生中间,放下老师的架子,多与学生面对面地沟通。其次,班主任要具备一颗童心,以一个"孩子王"的身份主动了解学生,走进学生的心灵深处,探寻孩子们需要什么,喜欢什么,在想些什么,使自己的情感、态度等尽量与学生保持一致,这样自然就拉近了与学生的距离,易于成为一名学生认同和接受的班主任。班主任只有把整个心灵献给孩子,才会成为学生的知心朋友,蹲下身子和学生说话,走进孩子的心灵,了解学生的心声,及时与他们谈心,不时地夸夸他们,努力做孩子喜欢的班主任,时刻将学生的需要记在心间。班主任要想使班级的各项工作顺利进行,就得获得学生的信任,这除了有渊博的知识之外,还需要班主任成为学生真正的朋友,成为学生的贴心人。因此,平时我们作为班主任应尽可能多地待在学生之中,与学生一起游戏,一起活动,一起值日,一起劳动,与他们谈学习,谈理想,开玩笑,以心交心,以诚待诚,把自己真正融入他们当中,成为他们的一员。第三,班主任要走进学生的生活,全方位关注孩子。学生生病了,班主任要能悉心照顾他们,鼓励孩子多注意饮食,多参加体育锻炼,搞好个人卫生。班主任要用真诚赢得学生的尊重和热爱,课余时间多进行有针对性的家访,使学生感受到班主任每时每刻在关注着他们的成长与进步,这样班主任的行为就能潜移默化地影响他们的成长。

(二)拥有一颗包容的心,用爱照亮学生的天空

班主任面对的是一群活生生的孩子,在平时的班级管理中不可避免地存在一些争议与看法。如果班主任一味固执己见,或者简单粗暴地否定学生们与自己相左的意见,这样虽然维护了班主任的威信,但是也大大挫伤了学生们对班级管理的热情,不利于班主任工作的开展,并将班主任推向孤身一人的尴尬境地;相反,班主任如果能虚怀若谷,用包容的心态来认同、接纳不同的意见和观点,无疑将会有助于树立自己平易近人的形象,从而赢得孩子们的尊重和支持,班级工作开展起来也将十分顺利。

同时,班主任和几十个学生朝夕相处,班主任要想把班级工作做好,那么班主任必须要有爱心。对学生一视同仁的博爱是班主任赢得尊敬的前提和基础,更是师生沟通的坚实纽带。爱优生,天性使然;爱后进生,人格超之。在教育实践中,班主任对优秀学生大多宠爱有加,对其嘘寒问暖,但面对学习困难生,不少班主任心存芥蒂,要么冷淡待之,要么歧视他们,后进生往往成为集体遗忘的群体。但我们不要忘记,没有爱之光照耀的孩子,心灵将变得阴暗,甚至扭曲。谁爱孩子,孩子就会爱谁,班主任只有用爱才能教育好孩子。

文学家高尔基曾说过，谁爱孩子，孩子就爱谁，只有爱孩子的人才能教育好孩子，可见，爱是班主任工作的前提。如果说微笑可以消解愁苦和怒气，那么爱心则可以融化"自卑和落后"的冰川。因此，在班主任工作中，班主任要学会运用自己的爱心平等地对待每一个学生。

（三）运用机智幽默的谈吐，调动学生的主观能动性

对于班主任来说，做学生的思想工作时，幽默的语言是表达交流的润滑剂。枯燥的说教和乏味的讲解只会使学生们越听越烦，甚至会让学生形成逆反的对立心理，学生把班主任的话当耳旁风，不予理睬，事情过后依然我行我素，而班主任机智幽默的谈吐则既能显示自己的超凡修养、学识，又能让学生在轻松愉悦的氛围中接受他的观点、看法，师生之间的距离也就在这种不自觉中被拉近，师生关系变得更融洽。从心理上讲，老师最喜欢行为规范良好、成绩优秀的学生，但是一个班难免有一些行为表现欠佳的学生，并且即使是品行优秀的学生，他们有时也难免犯错误。所以"批评"作为班主任管理的手段之一就会随时被用上。教师看到学生这也不会，那也不懂，还不时犯错误的时候，心里着急，火气很大，常常发脾气批评学生，学生心里并不服气，也开始顶撞老师，就会弄得教师自己也很难堪，下不了台。事后教师和犯错误的学生交谈，学生也知道自己做错了，也有改正的愿望，但他听到老师的言辞厉害，他感到感情上难以接受，就偏不听老师的教导。所以，如果教师用一些机智幽默的语言，准确合理地评价学生的行为，用最有代表性的事实来引导学生，保持公平公正的态度，就能很好地调动学生积极性，使学生更直观地认识到自己的长处和不足之处，找准自己的努力方向，从而能正确、全面地评价自己和他人，扬长避短，更好地得到全面发展。

中国有句古训，"亲其师"方能"信其道"。著名的教育家苏霍姆林斯基说："学生的心灵需要极大的关注和爱护。"这都告诉为人师的我们一个道理：建立良好的师生关系至关重要。这种良好的师生关系就是：以人为本，关注和爱护学生，尊重和信任学生，而这一切都是建立在信任的基础上的。其实教师对学生的信任，对学生来说，就是一种很大的鼓励，哪怕他们犯了错误，哪怕他们目前并没有实力，但是有了老师的信任和鼓励，师生之间的沟通就会有默契，也一定会多一个创造奇迹的可能。

参考文献

[1] 赵国忠.班主任最需要的心理学[M].南京：南京大学出版社，2009.
[2] B.A.苏霍姆林斯基.给教师的建议[M].杜殿坤，译.北京：教育科学出版社，1984.

赏识"坏"孩子

曹江云

赏识教育,是生命的教育,是爱的教育,是充满人情味,富有生命力的教育。人性中本质的需求就有渴望得到赏识、尊重、理解和爱。每个孩子都应得到赏识,赏识教育的特点是注重孩子的优点和长处,发现并表扬孩子的优点和长处,让其逐步形成燎原之势,让孩子在"我是好孩子"的心态中成长;相反,批评教育的特点是注重孩子的弱点和短处,小题大做,无限夸大,使孩子自暴自弃,让孩子在"我是坏孩子"的心态中沉沦。不只是好孩子应该受到赏识,所有的孩子都需要被赏识。孩子是脆弱的、敏感的,适当的赏识是一种正确的爱,也是对孩子的一种鼓励和赞赏。

在小学中低段,各班总会时不时发生一些小偷小摸的事件。被偷的东西小到铅笔、橡皮、纸张,甚至是一些毫无价值的东西,大到贵重物品、钱财。每位老师遇到这些情况后都会直摇头,因为这是一件麻烦事,查来查去往往毫无头绪,所以每遇此事,班主任的调查进退两难。而且班级里总会有几个被怀疑对象在同学们口中流传,时间一长,学生们便会给他们戴上小偷小摸的帽子,这对学生的发展很不利。

之所以要抱以赏识态度来看待这些学生,是因为小学低段学生的自我意识不强,是非观很薄弱。学生犯错之后又因为害怕惩罚,不敢承认错误。所以这时学生的行为都是些"假偷"行为,而这些随意的行为由于没有被周围人及时发现和引导,就会慢慢转变为"真偷"行为。以下所举的案例中学生均为初犯,学生姓名均为化名。

一、案例一

(一)背景

这个案例的主人公是一个皮肤很白,眼睛大大的男孩子,若你能忽略他流个不停的鼻涕,一定会认为这个孩子长得很帅气。2019 年 12 月 30 日,周一,阴雨天,室内升旗仪式结束后我接到孩子妈妈语气"温柔"的电话,故事就开始了。

（二）情景与细节

电话的大致内容是："曹老师，为什么我们家小白又要带 45 份爆米花，上周不是带过一次口香糖吗？"在这里我要解释一下，我们班有一个从一年级开始就执行的班规：学生在校学习期间，不可以带玩具和零食进校。若有同学明知故犯，则要带 45 份并将它们分享给同班同学。面对小白妈妈的"质问"，我马上明确回复："小白妈妈，首先我没有让孩子带爆米花，一次也没有，但是具体情况我还需要调查清楚之后再回复你，午饭前给你答复。"

上完课后，我第一时间找小白了解情况，小白说班上的小昊同学转告他我让他带 45 份爆米花和同学们分享。接着我就问那你带的爆米花呢？小白不假思索地说被同学偷了。鉴于平时对这个孩子的了解，我又追问了两个问题："第一，按照班规你带来分享的零食和玩具应该直接交给老师，为什么没交？第二，爆米花是放在哪儿丢的？"对于我第一个问题他避而不答，第二问题在我的再三引导下他说放在教室走廊尽头的垃圾桶后面丢的。我大概也知道小白这么做的原因，平时家长对零食管控严格，学生如果要小聪明，藏匿零食的地点选择不佳，就会导致零食没吃到，家长老师都知道了。学生为了免受惩罚，不敢承认才讲出小昊转告、同学偷了等这样的谎言。为了让家长清晰直观了解事情的经过，我直接和家长通视频电话，我询问了孩子几个问题。第一，是曹老师亲口和你说要你带 45 份爆米花分享给同学吗？孩子摇头。第二，按照规定你带来分享的零食应该直接交给曹老师，为什么你带了爆米花后不直接交给老师，而是放在走廊垃圾桶后面？孩子沉默。第三，为什么和妈妈说爆米花被同学偷了，你看到谁偷偷拿了吗？孩子再次摇头。然后我又问了孩子两个问题。第一，你会捡垃圾桶旁边的零食吃吗？孩子回答说不会。接着我追问，既然你不会吃垃圾桶旁边的零食，你的同学会吗？孩子想了想又摇头。第二，那你觉得谁会拿走垃圾桶外的零食？孩子想了想说应该是清洁阿姨。此时，我适时表扬一句："看嘛，任何事情只要动脑筋想，肯定会找到正确的答案。"最后，我非常严肃地对孩子说："做错事情承认了还是好孩子，曹老师希望你回家好好和妈妈说说这件事情的经过以及你是怎么想的好吗？和妈妈好好沟通交流下。最后，如果东西不见了，不要随便说偷，先看看有没有其他可能性，如果你被别人冤枉成小偷，你心里是不是很难过？那么其他同学也一样。"

后来我收到家长略带歉意的语音留言，她说："曹老师，给你添麻烦了，一大早孩子刚到学校就给我打电话说又要带爆米花，所以……但是，曹老师我们家小白很单纯，所以随便哪个同学给他说什么他都信。从开学到现在他基本每天都会丢铅笔，他说是某某（此处家长说了三四个同班同学）偷的，麻烦曹老师再帮我查查。"同样作为家长，我知道，在父母眼里，自己的孩子都是天使，孩子的每句话他们都深信不疑，即使别人对自己的孩子说一万句不好，她只当别人不了解孩子！鉴于对家长和孩子的了解，我决定给家长和孩子下个"套"。第四节课，我喊小白同学来办公室修改作业，他改完之后就回教室了。不出所料，他的铅笔放在我的办公桌上了，但是我当时并没有叫他拿回去。第二天，我再次把他叫到办公室，拨通他妈妈的视频电话，问小白昨天是不是又少了一支铅笔？他说是可能被同学拿了,这次有点乖,孩子没有说偷而是说拿,我心中窃喜昨天的教育还是有点效果的。然后我拿出他昨天丢在办公室的铅笔问他,是不是你的?铅笔是不是被曹老师拿的?接着我让他回想昨天第四节课的事情,最后小白承认是自己改错后忘记将笔拿走了,也保证以后不会随意说偷这个字。

(三)结果

事后家长也适时教育孩子要好好收拾自己的东西,不要丢三落四,更不能为了逃避责骂就说东西被其他同学偷了。这个事情到此也圆满结束了。

(四)反馈分析

一些学生喜欢与家长、老师斗智斗勇,作为老师,不但要与孩子斗智斗勇,还要与家长斗智斗勇,但是我们双方都希望孩子们健康快乐成长。

二、案例二

(一)背景

这个案例的主人公是一个女孩子,她叫小文。她聪明机灵,家境殷实,又是一个性格非常火爆的重庆女孩,吵起架来班级里没有一个学生是她的对手。

(二)情景与细节

下午第一节课,我正在改作业,班上小语同学的爸爸打电话来,他语气很焦急地问我小语有什么异常?还说他正在赶往学校的路上。我问他怎么了,他说中午他给孩子打电话,孩子直接挂了,然后孩子给他发了一条信息,"爸爸,你把我微信删了吧",然后小语的电话怎么都打不通了。我首先安慰家长,一般教室里学生变少,任课老师会和我联系的,目前没有,那小语应该在教室正常上课。我边接电话边跑到教室门口,看到孩子正常在教室上课,告诉家长暂时不用来学校,先回去正常上班,具体情况我了解清楚后再回复。

下课后我问小语:"你电话手表呢?"小语说午休的时候手表放在枕头边,起床后就没看到了。这时我又收到小语爸爸发来一张定位图片,附带信息说电话手表在教学楼,头像换成另外一个女孩子。头像是斜向天空45°拍摄,经过足足五分钟的详细观察,我觉得头像很像班级的某一位女孩,但是并没确认。我尝试走到那个女孩子的座位,看到座位上有一个电话手表,打开手表也看到那个头像,我就问她这是你的电话手表吗?她说是的,她说这是她婆婆前两天帮她买的。然后我把她叫到办公室,和她说小语的电话手表丢了,她爸爸打电话过去电话却被人挂断了,对方还发信息给她爸爸说删微信,她爸爸很担心。此时她又改口说那块手表可能是小语的,可能是生活老师拿错了,让我将手表交给小语。我问她生活老师怎么拿错的? 她说前两天生活老师没收过她的电话手表,生活老师还给她手表的时候抽屉里有两块差不多的手表,可能弄错了。此时我有点相信她的话,但是鉴于我对生活老师的了解和小语爸爸提供的信息,我决定再问清楚些。我和她说那我打个电话和生活老师核实一下,她马上改口说不是生活老师给她的,是她自己去抽屉拿的,生活老师不知道,抽屉里有两块差不多的手表,她可能拿错了。作为老师我还是愿意相信学生的,所以我对她说:"去上课吧,手表我会还给小语,每个人都要为自己做的事情负责任,所以你要去找生活老师认错,免得生活老师找不到东西着急。"

小文同学离开办公室后,我打电话和小文家长说了这事,目的是希望家长也能及时知晓,配合老师进行教育。出乎我意料的是家长说她的电话手表在家里,至此我意识到事情可能不是那么简单。这个孩子才 7 岁,但谎话一个接着一个,过程无比淡定,而且合情合理,差点把我骗了。

第二节课下课后我再次到教室找到小文,带着她参观我们学校走廊的摄像头,提醒她回忆每天进校门时校门口有个大屏幕,告诉她那是学校监控录像屏幕,而且每个地方都有摄像头。有些事情做的时候没有其他人看到,但摄像头却能录下来。然后我给她普及了成人社会的法律知识,告诉她,成人世界我们做错事情都要为自己行为负责任,但是作为学生,你们做错事情,只要勇于承认,虽然老师会批评教育你们,但是只要勇于承认错误并改正,同学和老师都会原谅。最后我问她电话手表的事情,她承认是她从小语的床上拿走电话手表。

(三)结果

小文承认了错误,我删除电话手表里小文的头像后将手表还给小语,并告诉她这是生活老师捡到的。

(四)反馈分析

小文家长事后发信息感谢我在处理这件事的时候保护了孩子的自尊,表示小文回家后也会再次教育她。

在班级的事务管理中,许多时候我们是要和学生、家长斗智斗勇的,有时候事情虽然烦琐,但是,如果我们有心地、宽容地、智慧地处理这类事情,这些事情会成为我们教育路上的参考书。

寄宿制学校为孩子的成长插上翅膀

曾梦雪

2018 年，我从公立学校考入了重庆市教科院巴蜀实验学校。拥有应用心理学教育背景的我，开始负责小学三年级一个班的数学教学与班主任工作，兼任二年级心理健康课教学。在这两年多时间里，我也接待了一些从二年级到九年级自感有心理问题的学生，我很感谢他们的信任，让我有机会帮助他们成长。我的多重身份让我更快速地体会到寄宿制学校能够给孩子带来多大的帮助。

我教的二年级学生，他们经过一年时间的锻炼，正在逐渐适应离家住校的生活，有了良好的上课习惯，也有了一定的独立能力，俨然一副"小大人"的样子。但在一次心理健康课中，有这样一幅漫画——《圆圆与无缺儿》，漫画讲述了父母争吵，圆圆非常伤心，父母也不听他的劝阻，给圆圆的内心带来了很大的伤害，他不喜欢看到父母这样，时间长久以后，他便把自己的心"包裹"起来，不愿跟父母、同伴交流内心的真实想法。而无缺儿告诉圆圆，在他的家庭里父母也有过争吵，但他认为父母也是正常的人，也会有正常人的情绪，当他们发生矛盾或者意见不统一的时候，有些争执是很正常的，而当父母冷静下来以后，就会反思当时的情况，所以无缺儿让圆圆打开心扉，不必伪装，可以在事后，跟父母表明自己的想法与心情，相信父母也能够理解他的担忧。看完这个漫画以后，许多同学都表示，自己的父母在家也有过争吵。有一个小女孩，怯怯地举起了手，小声地说道："曾老师，我的父母经常吵架，现在他们都分开了，这也是很正常的吗？"说完，她大大的眼睛里噙满泪水。我的心被深深地刺痛了，对她的问题一时有些为难。我应该如何回答她，才能让一个二年级的小朋友乐观地面对这个事情？在我思考之际，她的泪水滑过了脸颊，可她飞快地用手擦掉了眼泪，这可真是一个倔强又勇敢的女孩子。于是，我走了过去，轻轻地拍了拍她的背，又摸了摸她的头，再顺势揪了一下她红红的小脸，说："这当然也是很正常的事情哦！你们的爸爸妈妈，有自己的工作与生活，也跟你们一样会开心也会烦恼。父母的感情以前一定是非常非常好，所以才会有了你们，你们都是他们爱的结晶。"小女孩和其他同学一样，似懂非懂地呵呵笑了起来，我伸出手，让这个小女孩先坐下来，便接着说："可是，我们也有过和同伴闹矛盾争吵的时候，那个时候我们的心情一定是非常糟糕！而你们的父母也一样，当他们觉得这种争吵无法有一个结果时，有时，他们便会选择分开，这是为了他们自己，也是为了你们。"这时，有另一个小男孩自言自语道："那他们为什么要把我送到学校来呢，是不爱我了吗？我真的很想每天都能见到妈妈。"还没等我回答，另一个小男孩嘟囔着说："你还能每周回家呢，我都有一个月没回家了。"我心里又一紧,这是周末也留校的孩子啊!我相信天底下没有哪个父母愿意长期与自己的孩子分开,一定是被逼无奈,才会狠心割舍。我轻轻地走了过去,蹲下身子对小男孩说:"那你一定是一个很勇敢的小男子汉了吧!"他有一丝得意,"那当然了!我会自己吃饭,睡觉,学习!"他开心地说。我接过他的话:"所以你们的父母不是不爱你们了,反而是太爱你们了,才会把你们送到学校。他们担心家里吵闹的环境影响你们的学习生活,他们也担心忙碌的工作导致他们没有时间来照顾你们,辅导你们的功课,他们更担心因为自己的疏忽让你们错失了成长的好机会。周末能回家的同学,就要好好地珍惜和父母在家的时光,而周末留校的同学,也要为自己好好地安排周末的时间,愉快地度过周末,这样才不枉费家长们的苦心。"看着二年级的小朋友,我深知,也许一次教育还不能让他们完全理解父母的无可奈何和良苦用心,但他们在学校生活的时间里,每位老师都会像父母一样,不厌其烦地一遍又一遍教授知识,关心他们的每一次成长,为他们的进步鼓掌、喝彩!

二年级的这次课,在我心里埋下了一颗小小的种子,让我有意识地去关注班级中学生的情况。我们年级在学校里很特殊,每个班都是走读住读学生数量各一半。而我从三年级开始接手这个班级,渐渐发现了两种学生的不同:

(1)独立能力:住校学生的生活自理能力较强,例如他们会自己洗衣服、折叠衣服、折被子等;学习或做事方面,住校学生有自己独立的思考与计划;当遇到困难时,住校学生第一时间想的是自己怎么解决问题,而不是指望着父母帮忙。

(2)适应能力:托尔斯泰说:"世界上有两种人:一种是观望者,一种是行动者。大多数人都想改变这个世界,但没有想改变自己。"当我们开展游学旅行活动时,住校的学生能够快速地适应新的环境,大胆地去尝试新鲜的事物,开朗地和陌生人交流。

(3)合作能力:现代社会的人类不像鲁滨孙可以一个人在孤岛上生存,我们做任何事情,完成任何成果,都要和人协调、协作,共同努力才能将事情做好,而这种协调和合作的能力,学生在住校期间就打下了很好的基础。在我们日常的教学活动中,有很多需要学生们协调合作完成的任务,如课堂内的小组交流,体育课的团队比赛,科学课的实验操作等。沟通是合作的基础,只有会沟通的孩子,才能够更好地相互配合。

但是任何事物都有两面性,不可否认,寄宿制也让我感受到了孩子情感上的缺失。在来访的学生中,有对亲友冷淡,毫无兴趣爱好的学生;有内心想法丰富,但却不愿与人分享的学生;有情绪易怒,难以自我控制,久久不能平静的学生。在我看来,他们缺少了来自家庭的温暖。爱是营养,要灌注在孩子的整个成长过程中,没有哪个孩子可以例外,所有孩子对父母的依恋都是持续终生的。而要让他们成长为健康阳光的孩子,在孩子成长过程中,父母要把鼓励、赞赏这些甜蜜的情感支持方式,变成家庭中最重要的互动方式。总有父母一边强调着他们有多爱孩子,一边却做着不爱孩子的事情。银行账户上的数字在缓慢上升,陪伴孩子的时间却在一分一秒减少,孩子在校门口盼望着父母的到来,却总是失望地等到天黑,而这些错过的亲子时光在此生将永不再来……其实,爱孩子很简单,简单得只有两个字——陪伴。

我们不能站在制高点去埋怨这些父母的失职,寄宿制学校也是这个时代与社会发展的产物。早在 2001 年,《国务院关于基础教育改革与发展的决定》中最早提倡兴办寄宿制学校,2004 年公布的《2003—2007 年教育振兴行动计划》强调"以实施'农村寄宿制学校建设工程'为突破口,加强西部农村初中、小学建设"。在现代社会环境下,就业与生存息息相关,父母一方面想努力为孩子创造一个良好的生活环境,另一方面又无暇兼顾孩子的学习,因而他们将孩子送到寄宿制学校让自己能够更放心地去打拼。

"可怜天下父母心",唯愿在今后的日子,我能保持初心,继续浇灌孩子们的心灵之花,为他们的成长插上翅膀。

| 参考文献 |

[1] 张文质.奶蜜盐:家庭教育第一定律[M].南京:江苏凤凰文艺出版社,2017.

我和十几个孩子的晚自习

邓辉映

一、背景

一个走读班，因为一次转来十几个住读生，而变得有晚自习了。这些住读生大多是因为在原来的学校中碰到了各不一样的问题而转来的，即使他们即将小学毕业。于是，我和十几个孩子的晚自习，就变得更"精彩"了。

二、情景与细节

炎热的九月，我新接手了六年级一个走读班的语文教学，班上也转学来了十几个新同学，且都是住读生，于是，我开启了陪十几个学生上晚自习的旅程。

我以为陪着这十几个孩子上晚自习，总比守着黑压压的满教室学生要轻松得多，但我想错了！

且不论这些来自四面八方的孩子的学习基础如何差，作业字迹如何潦草，也不论这些孩子的学习习惯如何差，宁肯发呆，也不会去按时完成作业，单就他们一个个飞扬的个性，就够老师喝一壶的。

"妮"，名字好听的一名女生，此前在上海上学，转学来的第二周，她就已经和班上好几个同学有过矛盾冲突了，只要哪个同学说的哪一句话不中听，她便迅猛地上前争辩——这倒是和她相扑运动员一样的身板儿毫不违和。不夸张地说，除了性别是"女"，还真的很难在她身上找到多一些的女生特质。她脾气爆，爱打架，说话粗声粗气，不爱干净整洁。

"俊豪"，俩男生，一高一矮，一胖一瘦。高而瘦者，满嘴叽叽喳喳，八方讨嫌，不会"识时务"，哪怕同学已经冒火了，拳头已经抡起来了，他还要喋喋不休，甚至面对老师的严厉责备依然我行我素;矮而胖者,纯闷葫芦一个,哪怕你守在他的面前,他写作业时依然如挤牙膏,他并不是不会做,而是习惯于停停写写、慢慢吞吞。往往两节晚自习课已经结束,他写的作业还未过半,我恨不得直接拿过笔来,帮他写上答案算了。

"真金",因谐音,而自命"真金",他是这十几个新同学中唯一一个学习基础还不错,能跟上学习进度和节奏的男孩,但却败在他那张超级讨嫌的嘴上。无论老师或同学说了一句什么话,无论是在课内还是在课外,只要他愿意,他都会噼里啪啦接嘴,接下来无厘头地延伸出一大串话,无关乎正确与否,无关乎时间、地点、人物,只关乎他高兴与否,没接嘴的时候,那一定是他正专注于课外书或者正发呆。

"洁""雪",一对个子高高、已近一米六的姐妹花。说她们是姐妹花,那是因为她俩"志同道合"。开学两周,已经有好几位老师反映说,"洁"一天到晚痴痴地守在别班的门口,非要找那个班里的一名男孩出来玩儿,还要他QQ、微信等一应的联系方式,显得"痴情而热烈",在食堂、操场,凡是他们能相遇的地方,她都紧紧追随。这件事已经轰动了整个年级。后来,我找她谈话,她告诉我,她是帮"雪"去打听的,"雪"对那个男孩"一见钟情"! 我苦口婆心地教育开导了她们俩近一个小时,得来"雪"的一句话:"'洁'也有喜欢的对象呢,从小学二年级一直到五年级,因为转学了才没一起了。"以后的日子里,我见"洁"闷闷地坐着发呆的时间远远超过她认真学习的时间,也不知道她在想什么。

"涵",一个傻乎乎的女孩,做事从来不动脑子似的,别人叫干什么她就干什么,她往往被别人当枪使还不自知。

"馨",喜欢睡觉,好似从来没睡够一样。

我总在想,为什么他们都上六年级了,还要转学呢? 难道家长不怕他们换了环境换了老师适应不了学习? 或者,他们本就是上天派来考验我们的一群小天使?

于是,后来的日子里,我和我的搭档们,展开了和这群小天使的斗智斗勇……

我们和"妮"同学有数次的办公室谈话,我让她坐在我对面,详细了解她之前的学习经历、家庭情况,我知道她以前借读于上海某小学,因为长得胖,总被同学取笑;父亲工作忙、脾气暴,动辄拳脚相向。于是,她也潜移默化地养成了看不惯或者受了委屈时就动粗的习惯,总以为打架能给自己带来安全感。我就总问她:"每次被爸爸揍,心里什么感受?你揍了别人,别人是不是像你被爸爸揍了一样难受?"谈得多了,"妮"积累的很多负面情绪也渐渐被纾解了些,我们又与孩子的父亲详谈,期望他能在教育方式上有所改观,不要简单粗暴地对待孩子,对孩子造成不好的影响。

我和"妮"聊女孩儿的特质,聊爱美的天性,甚至不惜臭美地问:"你看老师打扮得美吗? 愿不愿意像老师这样爱美呢? 愿意接受老师做你的形象顾问吗?"我和她聊当心中的"恶魔"和"天使"交战时,如何用理智打败心中的"恶魔",如何在关键时刻控制自己的暴脾气。为了激发她心中柔软的一面,我故意经常让她到教学楼下帮我接上幼儿园的小孩……她依然时不时地和同学闹矛盾,甚至和别的班上的同学打架,但这样的事情越来越少。在我的语文课和我的晚自习课上,她坦然直视我的眼睛的时候越来越多了,她不再像以前因做错事而眼神闪躲了。她也喜欢拿着做好的作业往我身边凑,甚至积极主动地一次次来我面前背诵课文、古诗,她在我身边出现的几率比别的同学都高。正所谓,亲其师而信其道也。

聪明、机灵而又总是爱接嘴的"真金"，因为学习上比其他同学好，我就利用他的这一优势，让他担任住读孩子的小组长，别人不会做作业，先请教他；别人做完了作业，先请他检查一下；在组织晚自习课外阅读时，我发挥他爱看书的优势，先请他上讲台正经严肃地推荐书目，且一定要说清楚推荐的理由……我也总是抽空就和他聊说话的艺术，还教他如何利用时间做更多更有益的事。

对于俩"俊豪"，权衡利弊，我充分利用他们的优势，尽力避开他们的劣势，因人施教，用奖励小礼物，奖励做"管理者"等方法，激发他们的学习兴趣，调动他们做有意义的事情的积极性。

世间最美莫过于恋爱？沉迷于所谓"恋爱"的姐妹花，是思想工作最难做的。试问，有多少家长对孩子的恋爱干涉成功过？王母娘娘的银河都没法阻隔牛郎织女的相爱和相思呢。我看着"洁"常常故作深沉、闷闷不乐、沉默寡言地坐在座位上，真是为之心痛，"雪"不再那么明目张胆地去找那个男孩，但我知道，她心里的小火苗未曾被熄灭，"野火烧不尽，春风吹又生"，能被高压压制下去的，不是感情，而情感是私密的，是无法完全被压制的。我和搭档们绞尽脑汁，和家长沟通，找孩子谈心，讲"一棵树和一片森林"的道理，讲今天的"井底之蛙"与未来的大世界，换位思考，站在孩子的角度想问题，和她们分享我们年少时的经历……"洁"的字迹工整，于是我经常在晚自习时，"矮子中找高个子"，用她的作业去做示范，激励别人的同时，转移"洁"的兴趣点、注意力；"雪"的记忆力不错，背诵课文的速度在这十几个住读孩子中算是快的，我就经常让她做小组长，她自己背诵完成后，去督促别人背书。"姐妹花"爱穿衣打扮，在正确引导后，我让她们去指导班上那些邋里邋遢不爱收拾整理的孩子……润物无声，老师们一点一滴的细小心思、良苦用心，总是不会被时光辜负的。花要开，只要给它一点阳光，一点雨露，不猛，不烈，让它开得慢一些，再慢一些。断阳光，断雨露，它会蔫掉，但很惨烈。青春的花蕾，就让它将开未开，留一份羞涩，留一份期盼，美好的未来，就在远方。

三、结果

六年级的上学期，我和我那十几个住读孩子的晚自习，就这样貌似无声却也轰轰烈烈地过了。

春天已然来临，我们的晚自习还将继续，晚自习的故事依然精彩。惟愿在孩子们小学最后关头，能温暖他们，送他们安然跨进中学的大门。愿诗和远方，都属于他们。

四、反思分析

对貌似早恋的孩子"洁"和"雪",我们没有"谈虎色变",也没有听之任之,而是在充分保护孩子自尊的前提下,通过促膝谈心的方式,晓之以理,动之以情,转移她们的注意力,激发孩子其他方面的兴趣和自信心,这些方法看起来收效不错。而对于时下"流行"的性别模糊,学生"妮"盲目模仿,我们也在尽心摸索教育引导的好方法,通过谈心、与家长交流等方式,了解原生家庭对孩子的影响,尽力走进学生内心,激发他们本性别的欲求,让他们尽可能地在成长中不走弯路。但是,原生家庭对孩子的影响已然形成,且还在继续,学校教育不可能立竿见影。教育,是持久战。

爱是关心

周 雪

我们一直都在探索,爱到底是什么,切入口是什么。在教育行业,一个又一个案例告诉我们这个答案,是关心。关心的具体内容能够体现在:是不是了解对方真正的需要,能不能关怀对方的疾苦,并尽自己最大的努力去帮助他改善困境。比如说,父母照料孩子的起居饮食,教师的传道授业解惑,社会力量捐钱资助贫苦地区⋯⋯所有的这些行为其实都是人们发自内心的真诚的主动的关心。我们对孩子的爱应该是细腻的、无微不至的,要同时关心孩子的物质和精神,当孩子觉得自己不是被忽略,而是被人重视时,就会产生欢喜之情,十分乐意接受爱。所以关心是爱的体现。

一、背景

我作为一年级(1)班的班主任,还记得刚开学报名那天,来了 45 个天真活泼的孩子,我们彼此之间并不熟悉,我看着他们,他们也同样用一双双水汪汪的大眼睛看着我。从他们明亮的眼睛里面,我看到了那份懵懂与好奇,也看到了他们的迷茫、胆怯以及对知识的渴求。从那天开始,45 个天真浪漫、灵动活泼的小朋友就与我的生活密不可分了。他们会带给我欢笑与感动,也会带给我怒火和疲惫。但是我的生活却因为有了这群让人欢喜让人忧的小可爱,开始变得不一样,变得愈加丰富多彩。也正是有了他们,才让我再次有机会重新认识到底什么才是教育,了解到教育的本质。

二、情景、细节与结果

新学期刚开学,我们班来了这样一名学生,初次见到他,我对他的印象是机灵、顽皮,感觉他应该是一个聪明伶俐但对任何事满不在乎的孩子。一段时间下来印证了当初我对他的看法,他不是一个爱学习的孩子,上课根本就不认真听老师讲课,而且每次老师布置的作业他要么是乱做，要么是不做，当然不做的时候占多数。每次任课老师来告诉我他的上课情况之后，我都会询问他原因，他总是说不出一个所以然。当时他答应我下次一定认真听讲，一定认真做作业，但是之后依旧没有改变。我尝试着跟他的家长沟通，和家长说了孩子在校的情况，家长嘴上答应得很好，说和我们一起让孩子有所改变，孩子回家之后一定督促他认真完成作业。实际上，却没有任何改变。而且他还总爱跟其他同学发生矛盾。他的表现让我很纳闷，我就想了很多办法去了解他的家庭到底是一个什么情况，最后多少掌握了一些情况，他从小就没有父亲陪在身边，很缺少父爱，在上幼儿园之前就一直跟外婆住在一起，上幼儿园之后跟母亲相依为命，但是母亲出于自身原因，对他并没有那么上心，一般情况下母亲都没管他，才使他变成了今天这个样子，于是我决定以爱出发和他进行一次谈话，下面是谈话的一部分。

师：宝贝，老师能够看出来你是一个非常聪明的孩子，可为什么你不爱学习，也不写作业呢？

生：不想写。

师：到底是不想写，还是不会写呢？

生：……（一直沉默不回答）

师：没关系，你告诉老师，老师才能帮你解决问题呀，我说过我们课下就是好朋友呀！

生：我不会做，也不想做。

师：在学校不会做，可以问老师。在家里不会做，家长也会辅导你呀。

生：在家里没有人管我。

师：爸爸妈妈不管你吗？

生：妈妈没有时间管我。（眼里泛泪花）

师：爸爸呢？

生：爸爸也不管我。

（当时我有疑问，怎么会爸爸妈妈都不管他，难道是小朋友太小了说不清楚？经过了解才知道，原来他口中的爸爸其实是叔叔，他对妈妈特别依赖，但是妈妈的确也是没管他，他是个特别缺爱的孩子。）

师：在学校老师跟妈妈是一样的，你可以把老师当妈妈，像跟妈妈说话一样，有什么想说的话都可以对老师说，老师会像妈妈一样关心你，爱护你。

当我说到要像妈妈那样关心他、爱护他时，我从他的眼睛里看到了一丝兴奋，也看到了一丝怀疑。但是我也明显地感受到他渴望得到关心和爱护。从那一次谈话后，任何时候我都格外关注他，当有同学来告他状时，我会把他叫到我的身边，耐心地询问到底是什么原因。我关心他的学习和生活，经常同他交流，明白他的想法。过了一段时间我发现他变了，至少告他状的人少了。他不会故意与其他同学发生矛盾，也开始写作业了，虽然写的作业的确过不了关，但至少他愿意动笔了。发现他有了这些进步，一有机会我就会当着全班同学的面表扬他，说出他身上的优点，再告诉他还存在的问题，并为他制定一个又一个小目标。在这样长期坚持下，他变了，从不动笔的他期末测试还是拿出笔做了试卷，虽然最后的结果并不是很好，但是对于他自身来讲，已经算是一个很大的进步了。在疫情期间,他一直是由外婆照顾,但是外婆的能力实在是有限,无法支持孩子在网上学习。在此期间,我也经常询问孩子情况,让孩子感受到老师在关心他。在开学前,他的家长因为家庭原因打算让他转学,本来家长就已经给我说好,已经找好学校。孩子给家长说,他想念老师,想念同学,不想转学。家长说因为老师给予孩子很多的关爱,所以才让孩子如此不舍。而且孩子还保证,这个学期一定会认真学习。再加上又多了外婆关爱他,这个学期他认真学习,多努力一点,应该是没有问题的。

除了这个孩子之外,班级还有一个表现较为突出的学生,因为他从小一直跟爷爷奶奶一起生活,老人对他的溺爱使他养成了不懂规矩的坏习惯,在校表现为个人卫生极其差劲,小组长提醒他收拾课桌,他从来都不听,最后要我去提醒他才开始动手,可一旦我走开,他便又一次停下来。地面上、课桌里都是乱糟糟的,看着完全可以用脏乱差来形容。小组长的督促没有起到任何作用。在食堂吃饭,也只有他会在桌面上撒很多饭菜,个人卫生习惯特别差。

看到这种情况我非常着急,利用空闲的时间找他谈话,可他总是当时答应改,但是转过头去又管不住自己了。实在没办法,我只好多次找家长沟通,孩子的妈妈也尽力地配合老师进行管理,但是因为妈妈不在孩子身边,每次都是跟孩子通过视频进行通话,有的时候奶奶甚至不让孩子跟妈妈通电话,所以他并没有多大的改变。

经过多方面了解后我才知道,原来这个孩子也是生活在一个不健全的家庭,父母离婚,孩子跟着妈妈,但是妈妈为了挣钱,不在孩子身边,只有请爷爷奶奶帮忙带一下孩子。孩子也是特别地缺爱,缺乏安全感,渴望得到老师的关注。从那之后,我经常留心观察这个孩子。每次班里大扫除,他都非常积极,拿着扫把把地面的垃圾清扫干净。我趁机就在班里表扬了他,要同学们向他学习,看他是个扫地小能手!过了几天我还特地买了几本他特别喜欢的书送给了他。自那以后,我观察到他座位上的垃圾少了,不用老师单独提醒他也能自觉地捡地上的垃圾,吃饭时他也不经常掉饭菜在桌面上了。于是我让他做了小组长,他妈妈打电话告诉我孩子回家后特别开心,看到老师如此器重自己,更是下定决心要做一名合格的小学生。

三、反思分析

通过分析我们班这两位同学的故事,可以很清楚地了解到教师对学生的关心真的是渗透于生活的点点滴滴,学生需要的仅仅只是一个善意的微笑,一个赞许的目光,并不需要豪言壮语和豪迈激情,这种友好的沟通能够温暖孩子的内心,足以改变他的一生。我们作为教师,就应该给予那些生活在不完整家庭中的孩子更多的爱和关心,让他们感受到生活的温暖,感受到爱,从而增强这些孩子的自信心,让他们能够做到自立自强。

亲爱的老师们,让我们用关心和爱为这些孩子撑起一片广阔的天空,让他们自由地飞翔吧!

小不点的成长

王玉婷

一、背景

时光如梭,转眼间一学期紧张而繁忙的教学工作已经结束,2019年我加入了重庆市教科院巴蜀实验学校,带着新的希望在这里重新开始。在重庆市教科院巴蜀实验学校大家庭,我成为了一名一年级的班主任,开始了和孩子们一起的成长之旅。在这半学期中,我用心关注每一个孩子,和孩子们共同进步,在教育孩子方面,有收获的喜悦,也有不足与遗憾。

二、情节与细节

读书的时候,总有那么几个同学让人印象深刻,要么是学习冒尖的优生,要么是调皮捣蛋的后进生,而他就属于后者。还记得刚开学的时候,我们在操场上排队,我第一次见到这个小不点,他小小的个子,圆圆的脑袋,眼睛眯成一条缝,双手插在裤子口袋里,走起路来一摇一摆的,真让人忍俊不禁。从那时候起,这个小个子每天都会出现在我们班队伍的第一排,当起了排头,他的名字也让我深深记住——小刘。一年级的小朋友对于很多事物都充满了新鲜感,当然他也不例外。一个周一的下午,生活老师带孩子们吃完饭回到寝室,有孩子来报告说自己的牛奶和核桃不见了,这引起了生活老师的注意,每周一的下午孩子们都去上兴趣课了,生活老师也去食堂打饭了,究竟谁会在寝室拿了他的食物呢? 因为有了怀疑,生活老师在寝室就格外注意孩子们的一言一行。到了晚上,有孩子来说,在小刘的床下发现了空的牛奶盒,原来,拿东西的学生是这个小不点。跟生活老师了解完情况后,我找到他,想对他进行教育。说清情况后,他倒也不否认,勇敢地承认了自己的错误,一五一十地将情况告诉了我,见他这么坦诚,我感觉这个孩子应该只是一时好奇犯了错，于是对他进行了口头教育，让他把吃的东西都还给别人，他一一答应下来，还一直说他一定改正。我见他态度这样诚恳，欣喜若狂，心想：原来教育孩子竟然这样容易！于是，我告诉他，如果你能改正错误，你以后想吃什么，都可以告诉我，我可以奖励给你。他听了之后也很开心，脸上都笑开了花。我挥挥手，让他赶紧回到座位继续学习，他没跑两步，又转过头来，一把抱住了我，我愣了，这时听见他说："王老师，以前从来没有老师对我这么好！"顿时，我的心里暖了起来，我想其实孩子们就是这样单纯，他们就是需要爱，需要我们的关怀，以后我一定要更多地关心他们，相信在我的关怀下，他们一定会越来越棒的！

当我还沉浸在成功教育孩子的喜悦中时，一个消息犹如晴空霹雳向我袭来，这个小不点又"犯事"了。事情的起因是这样的，之前，和小不点同一个寝室的小朋友的拖鞋不见了，于是，生活老师找了一双新的拖鞋给他穿着，没想到才过没多久，新拖鞋又不见了。刚好今天中午同一个寝室只有那个小朋友和小不点在，于是，生活老师就找到小不点了解情况。一开始，小不点连连否认，说他也不知道是什么情况，不是他干的。生活老师听出他的话里有些许的破绽，于是仔仔细细地开始"盘问"，小不点没经得住这反复的追问，开始胡编乱造起来，他说："好像今天中午有个穿花衣服的人进来过。"生活老师听了之后很疑惑，今天中午她一直都在，怎么会有人来呢？结果，没过一会儿，小不点换衣服，一脱掉自己的大衣，里面正是一件花衣服！这下，生活老师豁然开朗。于是，我又找到了小不点。小不点这次的态度依然很诚恳，低着头，坦白了事情，承认了错误。经过上次的事情，我对小不点的信任还是有些许保留的。于是我再次联系了他的家长，小不点是单亲家庭，爸爸妈妈对于孩子的教育问题也很头痛，由于双方没有经常生活在一起，他们陪伴孩子的时间也非常有限，感觉给予孩子的关爱有些少，学习上，他们也很少帮助和关心孩子。这几次的事情让他们觉得自己教育孩子比较失败，孩子现在的行为让他们也很惭愧，很自责。于是我和他们就教育孩子的问题进行了沟通。在班级里往往有一类孩子很容易出现这样的情况，那些在家里没有得到足够的关注与爱，在班上也没朋友的小朋友，就想着靠这种方式，来博取众人的关注，也就是我们说的"刷存在感"。还有一些孩子因为生活上或者学习中缺乏成就感，他们很少得到父母的认可，导致自身缺少安全感，甚至逐渐产生自卑感，百无聊赖，于是就以这种方式寻求刺激。这种方式所带来的成就感，就能填补他们内心缺失的部分。一旦我们发现孩子有这些行为时，我们就要更加注意，多多关心和陪伴孩子。如果孩子在情感需求上得不到满足，而我们只是一味地制止，只会让孩子加剧这样的行为，对于他的情况毫无帮助。发现此类情况后，父母可以多花时间陪伴孩子，父母在与孩子相处的时候，多多观察孩子的行为习惯，耐心了解孩子的心态和需求，追根溯源，才能对症下药。在我们的沟通下，家长答应，每周一定会有一位家长在家陪伴孩子。我想，这次小不点一定能感受到他们的关心和爱。

三、结果

从那以后,每天中午我都会把小不点叫到教室,帮他补习功课,辅导他读书、写字,对他写得好的字,及时给予表扬,还会对他提出新的目标,希望他可以越来越好。有一天中午,我到教室有点晚,正在担心小不点自己一个人在教室不会认真学习,这时,有老师给我发来一个视频,视频里的小不点竟然独自一人在朗读课文,响亮的读书声把老师都吸引过去了。那一刻,看到他的进步我真的很开心。每天晚上上完晚自习后,我都会请两个小朋友和我一起做清洁,其中一个就是小不点,我利用闲暇时间,一边教他怎么做清洁,培养他的动手能力,一边根据他的表现表扬他,"你看你多棒呀!这么快就把教室打扫得干干净净,老师真没选错人!"每次小不点一听到表扬,干活也起劲,眼睛眯起来就更像一条线啦。有时候我也会在做清洁后,奖励小不点一颗糖或者一块巧克力,希望他能感受到老师的关心。慢慢地,好像没有老师和同学再反映过小不点的问题,看来,小不点真的进步啦!因为疫情,三个多月没见到孩子们,我对孩子们的学习和习惯养成都有些担心,没想到一开学,他们反而给了我惊喜。尤其是小不点,他不仅写字进步了很多,行为习惯也大大地进步了。看来,爸爸妈妈的陪伴,让他茁壮成长了起来。

四、反思分析

有人说,小孩子偷拿东西有可能不是品格问题,而是精神疾病。我们不需要担心孩子在品格上出现了问题,怀疑他不再是好孩子。相反,他很可能是精神上生了病,需要爸爸妈妈和老师给予关注和更多的爱。一个人的一些习惯一旦养成就很难通过教育去改变,因此来自父母和老师足够的爱,才是治愈孩子心灵疾病的最佳良药。只要我们是笔直的大树,孩子就不会长成歪脖子树。作为一名年轻老师兼班主任,我会尽自己的力量关心关爱孩子,孩子的培养目标应该是:先身心健康,再品行修养,最后学业能力。我希望自己能最大限度地帮助每一位孩子。道阻且长,行则将至!

经师易遇　人师难遭

钟　臻

一、背景

在物质生活条件高度发达的当今社会,人们追求物质,讲究效率。教育行业也是一样,部分教师变得功利化,只"教"不"育"。东晋史家袁宏的《后汉纪》有句名言:"经师易遇,人师难遭。"这句话的意思是老师以其精湛的专业知识教授他人(作经师)并不难,而能以其渊博的学识,高尚的人格修养去教人如何做人(作人师)就不那么容易了。相传汉灵帝时期,博学多才而又为人正直的郭泰深受人们的爱戴,魏昭儿时多次去拜访他,表示愿意做他的随从帮他打扫庭院,郭泰问他为什么不去读诗书而给他当佣人,魏昭回答道:"经师易遇,人师难遭。"后来司马光又把这句话搬进了《资治通鉴》里。现在我们八年级(3)班小徐同学的家长把这句话送给了我。

二、情景与细节

我认为家长过誉了,但是转校生小徐在我们八年级(3)班发生的翻天覆地的变化确实肉眼可见。第一次见小徐时,他一脸冰冷瞪家长时眼里露出的那股不满让我不寒而栗。他只是一个才十四岁的孩子啊,却有一头五颜六色的头发,穿一身黑色的破洞牛仔衣,还一脸的桀骜不驯……那个时候,他才刚刚从"特训营"回来,身上还贴满了各种"标签",如"逃学威龙""班级一霸""网吧王者"……他还多次冲撞老师和家长,不服从管教,更不要提学习了。诚然,面对这样的孩子,家长是早已不抱希望了的,只求他能在我们班平安无事地混满初中两年就好。

遇到这样的问题学生,说心里没疙瘩是不可能的,但本着"精致教育"的办学理念和教师的本心,我没有去埋怨和放弃他,而是凭着自己十余年丰富的德育经验,大胆地选择去改造他。

俗话说"知己知彼，百战不殆"，第一步，我通过家长、他以前的老师、同学等渠道去了解他的家庭背景、成长经历等信息。待汇总信息后我又运用我的专业知识和丰富经验进行系统性分析，发现了造成现状的各种原因。

（一）自身内在原因

他思维灵活，虽然接受知识的能力并不弱，但学习态度不端正，对学习不感兴趣，缺乏上进心，贪玩好耍，难以自控，加上学习基础较差，故学习成绩不理想。且他对人对事异常冷漠，除了之前"混社会"的几个"难兄难弟"，他几乎没有一个在校读书的正常朋友。

（二）外部环境原因

家长忙于做生意，又是二胎家庭，根本无暇顾及他。家长在物质方面无限满足他，但是在思想和行为方面严重欠缺对孩子的正确引导，且父母教育方法不统一，教育方式简单粗暴，经常对他打骂。他以前的学校因为他屡次违纪也劝其退学。家长在没办法的情况下才将他送到"特训营"。在"特训营"，他也被简单粗暴地对待，被压抑后他学会了伪装，表面平静，内心狂暴。

（三）心理分析

他在家得不到应有的关爱，在父母矛盾的教育下，他具有分裂的人格；他在校期间一直得到的都是负面评价，导致他没有自信，心底深处还极度自卑；他一直缺乏正常的同龄人朋友，特别是在青春期，这导致他内心孤独。在这样"四面楚歌"的情况下，孩子把自己的内心封闭起来，对家长和老师都有逆反心理，对待身边的人和事都极度冷漠不关心。

在分析了孩子的成长背景和各种原因后，经过一段时间的朝夕相处，我发现他虽然问题多，但好在他很聪明也重情义，不算完全没有希望。找准了他的问题，我开始着手解决问题了。

第二步，分清主次，先不管成绩，"攻心"为上。我们的第一次"交锋"发生在一个月后的班会课上。我看到小徐因为没有完成作业被课代表当众批评而遭到全班同学哄笑时，我轻松地说了句："嗨，小徐还是不错哈，一个月没有翻墙逃课了。在座的同学们如果你们半年没上学，不一定能像小徐一样坚持得这么久哦！不急，我们相信小徐，慢慢来。"瞬间教室里安静了下来，我很明显地看到小徐把拳头放下来了，眉头也舒展开了，眼底隐隐有泪光。第二次是因为小徐不听话在寝室用冷水洗头最后感冒发烧了，半夜生活老师打电话给家长，家长赌气不管。我急忙赶到学校，当着孩子的面把家长一顿"痛骂"，然后想办法让孩子去医院看了急诊，之后减免他一周的晨练，让他"睡懒觉"养好病……慢慢地，他的眼神有了光，脸上也洋溢着温暖的笑容，能跟父母和同学正常聊天了。

第三步，心回来了，就该帮助他学习了。首先我跟他多次谈心，就学习的问题上达成共识；其次我把他的座位换到热心肠的"学霸"旁边；最后我把家长和科任老师联合起来，形成教育的合力……

三、结果

随着时间的推移，我的策略起效了。最先有变化的就是他的表情开始有了"温度"，跟父母能够和颜悦色地交流了；他担任班级的体育委员开始有了"代入感"；他的学习开始进步，先是数学，接着是物理，然后是英语……事实证明，每个聪明的孩子都是潜力股，经过一年的努力，小徐从一个放弃学习的"后进生"飞速进步到了年级的第 78 名。

四、反思分析

正如苏霍姆林斯基所说："教育，首先是关怀备至地、深思熟虑地、小心翼翼地去触及幼小的心灵。在这里，谁有耐心和细心，谁就能取得成功。"也曾有教育专家说过："一切最好的教育方法，一切最好的教育艺术，都产生于教师对学生无比热爱的炽热心灵。"由于环境、遗传等因素的影响，每个学生都是千差万别的，我们的教育应该正视这种客观存在的差异，用爱去关心学生，再通过激励让爱转化成他们前进的动力。是的，当班主任十余年了，我一直贯彻这种理念，转变了一个又一个"问题学生"，学生们都亲热地叫我"钟妈"。

诚然，教师以其精湛的专业知识教授他人（作经师）并不难，而能以其渊博的学识，高尚的人格修养去教人如何做人（作人师）就不那么容易了。"教育"中，"教"和"育"不可分割，"教"是过程和方法，"育"才是最终目标。我一定坚持我的教育信仰，不仅要做"经师"，更要做"人师"，争取用爱浇灌出更多绚丽的祖国花朵！

多用微笑鼓励学生

冉帆雨

一、背景

《中小学教师职业道德规范(2008 年修订)》里明确具体地规定了教师所该有的师德师风,在日常教学中,作为教师应该有意识地注意自身的言行是否符合这六条师德标准,尤其是在对待基础薄弱的学生时,应倾注更多的耐心。

"学高为师,身正为范",教师要用自己的言行举止引导学生树立正确的人生观与价值观,在教学中相互成长。

当今社会,信息化发展迅速,物质生活条件逐步提高,学生的心理承受能力相对来说却有所下降,教师在教学过程中不仅要注重知识的传授,更要对学生进行道德素养的培养,引导学生树立正确的观念,让学生勇于面对困难和挫折。

二、情景与细节

明明同学是班上最高最壮的同学,可他的成绩却是班上最差的,行为习惯也很差,是个让班主任头疼的学生。令我比较欣慰的是,在期末复习这段时间,明明同学像变了个人一样,上课也不捣蛋了,课下有什么不懂的问题也会主动去问老师,学习态度有了很大的转变。所以尽管本次语文期末教学质量监测他只得了 59 分(其中作文得分 43 分,非作文板块得分 16 分),但比起前两次阶段性的考查他已经有了很明显的进步。

小瑶同学在半期过后的学习态度有巨大的转变,前半学期她上课讲话、开小差,课后作业完成质量不高,而后半学期她则非常努力。就语文课上表现而言,她可以说是专注度极高的同学之一,期末总复习她所做的练习题基本上都是全对的。可本次语文期末教学质量监测她只得了 104 分,相比起前两次阶段性考查等级还下降了,这让她心里很不好受,当着我的面开始掉眼泪。

我分别把明明和小瑶两位同学的答题卡拿出来仔细分析,情况如下:

明明试卷:单选题总分15分,得分3分;非单选题(除作文外)总分80分,得分13分,其中阅读题总分40分,得分3分;作文题总分55分,得分43分。

小瑶试卷:单选题总分15分,得分15分;非单选题(除作文外)总分80分,得分49分,其中阅读题总分40分,得分17分;作文题总分55分,得分40分。

明明同学试卷上很多题都是空着的,因为他平时未认真听讲,加之自身的语文基础特别薄弱,导致有很多题拿笔不知道该怎么回答;而小瑶同学则主要失分在阅读版块,说明在平时她还应拓宽自己的阅读面,提升语文阅读素养,当然这不是一朝一夕就能提升上去的,需要花大量的时间进行课外阅读。

三、结果

在与学生的积极沟通下,两位同学均能够客观地接受自己的等级评定,并决心今后以更加饱满的状态面对接下来的学习。

四、反思分析

说实话,当我看到明明的试卷时,我的第一反应是比较吃惊的。试想,一个连书本上的汉字都要认错写错的孩子,作文怎么可能得了高分? 那么难道我就要因此去批评明明吗? 显然不是的。第一,结合期末复习这段时间明明的表现来看,他确实是在认真学习;第二,作为老师要善于发现学生的闪光点,比如明明的作文,比如小瑶同学在语文学习上投入的精力,这些都是值得表扬的。老师应多用微笑鼓励学生。

我是一个奉行"课上师生,课下朋友"原则的人,更相信"教学相长",我一直认为从学生身上我能学到很多东西。对于所有学生,在课下我都愿意与他们如朋友一般地相处(当然自己要把握好与学生的距离),所以在课下我经常去教室里,面带微笑地同学生交谈,这也很好地拉近了我与学生之间的距离。距离拉近便于教育教学工作的展开,比如在平时我经常告诉明明要好好学习,还会给些小奖励,正因为和明明相处氛围比较融洽,所以尽管每次我都会告诉他一些枯燥的道理,他也并未产生厌烦的情绪。

对于案例中的情况我认为不应批评学生,反而要想方法多多鼓励他们,肯定他们。具体来说我认为有以下几点措施:

（一）遵循中小学教学原则

教师所做出的一切行为都应以教育教学原则为基础和前提。如以下几条原则：

1.启发性原则

教师在确立学生主体地位的基础上确立师生之间民主平等关系，在教育教学中激发学生的积极思维。古有言"不愤不启，不悱不发"，在当今教育原则的指导下教师也应注意对学生的启发式教学，而不是一味地否定学生，这不仅会打击学生的自尊心、自信心，甚至还会导致厌学心态。

2.循序渐进原则

教师在基本符合教学大纲顺序的基础上，根据教学情况，从实际出发调整教学速度，侧重教学内容。比如教师在对待明明这一类基础十分薄弱的学生时更应放慢教学速度，不应求快而忽略了学生的接受水平，应从基础出发，稳步学习。

3.教育性与科学性统一的原则

教师要讲究教学艺术，根据学生年龄特征和教学任务的特点，灵活地选择教学方式，追求"润物细无声"的效果。比如想要提高小瑶的阅读能力，教师可采取讲故事、分享交流会等方式与学生共同探讨文章内容，交流对同一篇文章的不同见解，做到"海纳百川"。

4.因材施教原则

学生是不同的个体，作为老师应该尊重每位学生的差异。比如对明明与小瑶两位同学，老师就该采取不同的教育教学方法，有针对性地进行思想和学科上的辅导。

（二）用微笑鼓励学生

微笑是最能拉近人与人之间距离的工具，当学生在学习中遇到困难或挫折时，老师应对其给予鼓励。初中学生年龄小，遇事易受挫，老师应担当起"引路人"的角色。

比如对待小瑶这种情况，老师更应以微笑来开导她："这只是一次小小的考试，分数并不能代表一切，现在该做的是把试卷拿出来仔细分析，看自己哪方面比较薄弱，然后针对性地进行学习。你的努力老师看在眼里，希望你不要气馁，人生路漫漫，还有很多挑战在前方等着你，我们应该越挫越勇，老师一直都很看好你！"而对待明明时，老师第一步要做的就是肯定他的作文，让他认识到自己并非什么都差，自己身上也是有闪光点的，以此激发他学习语文的兴趣和提高语文学习的耐心。

初中阶段特别是初一的孩子，会非常在意老师对自己的看法，所以老师在评价一个学生时要注意保护学生的自尊心和自信心，与学生交流时多用微笑鼓励他们，时间久了学生自然会感受到老师对他的关心。

（三）制定奖励机制

老师对某个任务完成质量高的同学应适当给予奖励，奖品不在于多贵，主要是对学生起鼓励作用。比如布置一个默写任务，一次性正确默写 8 首古诗的同学奖励一个笔记本；比如阶段性测试得"优"的同学奖励一个水杯等。奖励的目的在于激发学生们学习的兴趣，学生在乎的并不只是奖品，更在意的是奖品上蕴含着的老师的表扬与肯定，所以这也不失为一个好方法。当然如果想长期实行奖励机制，那么教师就要好好筛选一下奖品内容，避免重复，还要考虑到价格等因素。

　　以上就是我对教学案例的分析，在今后的教学中我会更加关注学生的主体性和独特性，更好地与学生保持沟通与交流，相互进步。

道德其里，法律其表

陈　丽

一、背景

　　法律如钢，给社会锻造一副钢筋铁骨；道德若水，为世界铺就一层温柔底色。十几岁的孩子能做什么呢？会做什么呢？十几岁的孩子正处在世界观、人生观和价值观的启蒙时期，道德与法治的教育就不能缺席。2019 年 5 月 11 日下午，我带着班里的孩子一块学习了道德与法治课。

二、情节和细节

　　小学五年级也算是小学阶段的高段了，他们可能每天都会有很多学习任务，还要为小升初做准备，但是总有一堂课不能缺席——道德与法治。

　　文化育人，在于育人。文化是什么，文化是相对于经济政治而言的人类全部精神活动及其产品，是在漫漫历史长河中熠熠生辉的宝贵财富。文化本身是一个很广泛的概念，而道德与法律是其重要组成部分。在这节课开始之前，我先与同学们分享一个回忆：那是很久之前的事情了，我曾经在回家的路上看到过一群人对一个瘦弱的人进行殴打，那周围还有一群看客。我的第一反应是好奇那些人为什么要打他，结果我旁边的看客跟我说："不要理他啦，这个人偷东西，活该被打，呸。"我问："那报警了吗，人都已经抓到了。"看客又说："等会儿再送警察，先好好教训教训他，看他以后还敢不敢偷东西。"那个小偷只是抱着头，身体到处乱窜，但是上方的铁棍仍然一下一下地招呼在他的身上，伴随着很多辱骂声。当说到这的时候，我问同学们："你们觉得那个小偷可怜吗？他是不是该被打，因为偷别人的东西。"我班的学习委员举起手，说："老师，那个人好可怜啊，他应该被打得很疼吧，为什么他们不直接将他交给警察叔叔呢？但是他做了坏事，我不知道要不要可怜他。"我看到不少同学在下面小声地讨论，又有一个孩子举起手说："老师，他偷东西是不对的，但是我知道那些人打人也是不对的，应该报警，交给警察叔叔来处理，我觉得这样才是正确的。"我说："是的，你说得对，他们不应该打人，当发现有人做错了事，应该找警察，法律会严惩坏人的。"同学们听完了我的回忆，我又讲了个小故事：有一天，李华去他的表弟小明家串门。这天，小明无比烦恼地说："我的文具老是丢，莫名其妙地就不见了，是不是我太粗心啦，用完就随手一放，哎，真是奇怪。"李华觉得没什么，劝道可能是不小心放哪里忘记了吧，下回小心点。然后他们玩了一会，李华就回家了。过了一段时间，李华放假回来又去找小明玩，听到了一个特别的事情。小明跟他说："自从我这段时间丢了四五次文具以来，我就注意了，绝对不能再这么粗心，可是你说气不气人，原来根本不是我的问题，而是我家的小狗老是把我的文具给衔走，可真是气。"李华附和道："你家的小狗可真是有意思，竟然还会衔文具，估计是没有吧……"我对学生们说："同学们，听了这个故事，结合实际生活中可能遇到的事情，有什么感悟吗？"我看着下面有些同学的眼睛，他们好像有着强烈的回答问题的想法，可就是没举手，可能是胆子小吧。"那李珊同学，请你来说说吧。""老师，我想说，是不是学校也有小狗啊？不然为什么我的文具也老是丢呢？都好几次了。""是的，大家都想想，这就是老师要告诉你们的道理，其实我们的身边也会有这样的狗狗，他们也许会出于特殊的或别的原因拿走我们的文具，当我们发现这样的情况时要及时跟老师说，让我们一起来解决并帮助他们。一个文具，一些零食，甚至一些衣服都可能会莫名其妙地失踪，但是同学们，那些东西难道会隐身吗？请同学们课下好好思考，当再次遇到类似的问题时该怎么做，当我们的东西隐身的时候我们会奇怪、烦闷、生气，可是当我们看到那些拳脚下的身体时，我们也会可怜他们。相信大家都不想看到那些拳脚，因为我们都是善良、宽容的孩子，我们也想为这个世界铺就一层温柔底色。"

三、结果

那天，我留给了学生们一个问题让他们课下思考，我希望将来他们再遇到会"隐身"的东西时，想一想如何维护自己利益的同时，也可以帮助到那些会"隐身"的孩子。现实生活中，有的孩子会有些小偷小摸的行为，这不是个例，而我们老师也是很重视的，因为被偷的不是什么贵重的东西，而屡遭偷窃是一件让被偷者烦闷的事情，而对于偷盗者来说，即使他是再小的年龄，小的错误也应该被纠正。我想，这是一个双向教育的问题，道德与法律的存在，是为了让世界更美好，如果每一次的道德与法治课，都能够用不同的方式真正融入学生们之间，在他们心中播下道德与法律的萌芽，定会有鲜花烂漫时。

四、反思分析

(一)道德其里,小的错误不容忽视

人们总说,以小见大。无论什么时期,学生的道德培养都十分重要,小学生也不例外。寄宿制学校相较于走读学校更具特殊性,住宿学生年龄普遍很小。学生在校时间长,作为一名教育工作者,我明白很多事情都应该看到,并且说到。你看他们好像懵懂无知,却偏偏犯下错误,有道德的缺失,也许初见之端不严重,但足以引起我们的重视。我们住宿制学校的老师有更多的责任,更需要一份细心,教导他们做人比传授知识更为重要,很多时候,高知的人道德缺失更可怕。

(二)安全之重,重于泰山

安全问题每每发生,各式各样的:打群架、溺水、飞来横祸、家庭危险、踩踏事件、口角争端……我们永远无法预知危险什么时候来临,总要防患于未然。每年我们都会一遍一遍地强调安全问题:夏天不能去水库、池塘游泳;不能随便吃陌生人的东西,也不能轻易跟着陌生人走;在家不能给陌生人开门;小心防火防电防煤气中毒;下楼梯要有秩序;同学之间要友爱团结等。但是安全问题还是屡屡发生,老师除了交给学生一些基本的保护技能之外,我觉得更应该让孩子们有一个警惕之心,遇到异常、奇怪的事情时,要有敏捷的意识。同时老师跟小学生讲这些安全问题时,应当结合具体的案例,这样他们遇到相似的问题时,孩子们心中可能会想老师(父母)说过这样的事情,他们不可以这样做。

(三)法律其表,普及法律知识

我们会可怜那个小偷,也会觉得打小偷的人的做法不可取。小偷自有他的错处,我们不应该再插一手,制定法律是为了什么,不就是为了惩处恶事吗?事物的发展都是一个渐变的过程,由量变到质变,小的恶事长年累月下来,也可能导致犯罪。当我们心中自有道德的约束时,我们便会衡量,有明辨是非善恶的能力。而那个打小偷的人有他的理由:他偷了我的东西,我为什么不能去教训教训他。错了,这才是我们法治课存在的意义所在,普及最基本的法律常识,我们不是执法人员,小偷做错了事,会受到法律的严惩,而那个打人的人就不应该僭越,否则,本是利益受损的人,借助法律能够维护自己的权益,但现在却触犯到法律,搭上了自己,是不明智的做法。

(四)齐学校家长之力,构建更加和谐的成长环境

学生时期的孩子,生活十分简单,大多是两点一线——学校和家里。学校教育是普

遍的,贯穿一个人的学生时代。然而从很多道德与法治典例来看,家庭教育的缺失是造成不可弥补后果的重要原因之一。往往很多家长忙于工作,疏于对孩子的管教,甚至有些家长理所当然地认为:"我把孩子交给你们学校了,就应由学校负责管理教育。"安全从来无小事,在孩子的教导阶段,学校和家长应该共同努力,为孩子的健康成长提供良好的环境。家长总有各种难处,我们也是理解的,但还是希望能够多言传身教,家长的教导对孩子的成长更为重要。在住宿制学校生活的孩子,家长的陪伴会少很多,但是距离可能是一种阻碍,却不是鸿沟,家长总应该及时地关心孩子,让他们感受到爱。有些孩子存在小偷小摸的行为,家长看不到,老师看到了;学生在家的不适当行为,家长看到了,这些事老师和家长都应该及时制止、引导,给予适当的惩罚。有些心理健康问题,如虚荣心、冷漠孤僻、不良情绪等都是住宿制学生较早地不在父母身边,更易产生的问题。任何迹象的出现和发展都是可窥见其源的,重点在于学校、学生、家长之间有效、积极的沟通交流。我们都希望孩子能够健康快乐地成长。

陪伴嘉骏的住读生活

李漫雪

一、背景

校园生活是一杯鸡尾酒,洋溢着艺术的色彩;校园生活是一块巧克力,蕴藏着沁人心脾的香甜;校园生活是一本日记,记录着我们在校学习生活的点点滴滴。

重庆市教科院巴蜀实验学校是一所以寄宿为特色的学校,而作为学校幼儿园的一名幼儿老师,除了日常的教育工作之外,还承担着住读幼儿的一日生活管理和心灵呵护的工作。

本学期,我们班有一名幼儿加入到了住读生的大家庭中。我们叫他嘉骏,一个白白胖胖的,开朗而大方的男孩。而就是这样一个性格开朗的孩子,在最开始住读的那段日子里,流了不少眼泪,原因很简单,想爸妈,想回家。

二、情景与细节

看到原本开朗的嘉骏渐渐变得沉默寡言,我开始质疑。质疑家长为什么要把这么小的孩子送到学校住读? 质疑家长这样做真的是为了孩子好吗? 甚至,质疑我们学校在幼儿园就招收寄宿幼儿科学吗? 我认为,作为家长,无论工作多么忙碌,也不能只顾自己轻松,就把孩子丢在学校。再忙,一家人的生活不就是应该在一起过每一天吗,有什么比亲情更重要的呢? 那么小的孩子,让他去面对没有父母的日子,对他心灵产生的影响,他现在表达不出来,在他以后的人生里会怎样也是一个未知数。

但是,当我每次看到学前班的住读孩子们放学之后在幼儿园里结伴开心地玩耍,看到他们每天放学之后可以自己选择画画、看书、唱歌,做自己想做的事情,我开始说服自己,也许嘉骏只是刚刚到住读的大家庭,一切的一切需要他慢慢地去习惯,去适应。

于是,我在工作之余无时无刻不在思考着怎么让嘉骏尽快地适应住读生活。经过自己的思考,以及跟班上主班老师、生活老师的讨论,我决定制定一个小计划来帮助嘉骏适应住读生活。

三、结果

首先,我做好配班老师的本职工作,在学习上给予嘉骏更多的关注的同时,在生活上给予嘉骏无微不至的照顾,让他感觉到幼儿园就像自己的家一样,班上的老师就像妈妈一样也能照顾好他。其次,在其他宝贝放学回家后的这段时间里,也是嘉骏最想妈妈的时候,我让他和妈妈通一通电话,讲一讲话,哪怕叫几声妈妈,也能一定程度上缓解嘉骏的情绪。此外,将嘉骏交给晚班老师之后,我会再单独给嘉骏妈妈打个电话,将嘉骏今天在园的情况反馈给嘉骏妈妈。同时,在与家长聊天的一言一语之中更进一步地了解嘉骏。最后,多与嘉骏交流,及时了解他的心事与想法,同时,鼓励嘉骏在生活中学会独立,尝试做一些自己力所能及的事情,也鼓励他和其他的住读小朋友交朋友,一起玩耍,一起学习。

经过这一年的学习生活,现在的嘉骏依旧开朗,有了小张、小魏等好朋友,生活自理能力也增强了,对我更是无所不谈,再也不会因为想妈妈而哭鼻子了。那天,嘉骏无意之间的一句,"漫漫老师,我觉得班上的老师和我妈妈一样好"让我这样一个坚强的人鼻酸了好一阵。

四、反思分析

后来,我也从各种渠道了解了不少关于寄宿制学校的内容,从中不断学习,不断思考,真正地理解了寄宿制学校的特色所在。

(一)寄宿制学校对幼儿的能力培养

首先,寄宿制学校能为幼儿养成良好的生活习惯。在寄宿幼儿园,孩子会更早地习惯独立入睡,早早地也会自己穿脱衣服,洗袜子,洗漱,叠被子等,养成良好的生活习惯。其次,幼儿学会讲规则并自觉遵守规则。定时进餐,定时户外活动,定时睡眠,以及一些必要的社会游戏规则,取放玩具的规则,排队等候的规则,与人交往的规则等,这些生活习惯的建立对于孩子的社会化是必要的,也是有益的。最后,独立能力逐步提升。寄宿幼儿园的孩子会比较独立,会慢慢习惯自己解决问题,如遇到与小朋友之间的矛盾,也会努力用孩子自己理解的方式去解决。

(二)如何做好寄宿制学校教育工作

1.学校教职工要转变思想

随着社会经济的快速发展,家长对子女的教育的要求更高,也更加地重视。学校不仅是教书育人的场所,也逐渐成为了服务于广大家长、学生的服务型单位。而作为教职工,必须转变自己的思想观念,增强服务意识,提高管理质量,从生活细微入手,对待学生要像对待自己的弟妹、子女那样,对他们要无微不至地关心,让所有住读的孩子在校有着"如家"的感受。

2.制度建设管理

根据教育要求和学校实际,逐步建立起完善的、全面的、科学的且有效的规章制度。不仅要对学生寄宿留校的相关生活细节标准化,也要对教师在服务寄宿学生的工作流程上进行标准化的建设。同时完善相关制度,使得有章可循,落实到人,责任到人。

3.创建轻松且有益幼儿成长的寄宿氛围

幼儿离家免不了对亲人的思念,寄宿制的学校应该积极地为幼儿创建轻松的生活氛围,把宿舍建成一个温馨的大家庭,让幼儿生活得安心、舒心,让家长放心、满意。同时,教师要结合幼儿的年龄特点开展丰富多彩的寄宿生活活动,让幼儿在生活中继续茁壮成长,让幼儿学会自己管理自己,自己教育自己,促进其全面发展。

作为一名配班老师,要在日常的幼儿一日生活之中认真执行教育教学工作,不断提升自身专业素养;配合主班老师做好班级管理工作,在课堂及课外,配合老师的组织,确保幼儿能够在园安全、健康地成长;同时,还要配合生活老师照顾好每位幼儿的进餐、午睡等生活环节。而作为一名以寄宿为特色的学校的老师更是多一份责任,需要照顾好每位住读幼儿的方方面面。

在我的教育教学工作之旅中,坚持致广大而尽精致的办学理念,谨记精诚做人,精心做事的校训,只愿做到平凡而不平庸!相信,在重庆市教科院巴蜀实验学校不断精细化、不断科学化的寄宿制度之下,每个孩子都会健康、独立、精彩地成长!

此时此刻我想对我们所有的住读孩子说:

宝贝们!你们负责成长,老师负责陪伴。从每天早上起床和你们一起迎接崭新的太阳,到晚上陪着你们伴着月光进入梦乡。

我们每天一起有哭有笑,这才叫人生;校园生活有苦有甜,这才叫完整;心情有喜有悲,这才叫体会;日子有阴有晴,这才叫自然。

祝愿你们每个人都成为独特的、唯一的、最优秀的自己。愿你们拥有快乐童年、五彩人生、美好的校园生活。

祝愿我们每个人都有收获和进步,我们一起努力、加油!